应用型教育数智化财会专业"十四五"系列教材
校企合作精品教材

会计信息系统

主　编　邓晓燕
副主编　江爱灵　冷　芳

华中科技大学出版社
http://press.hust.edu.cn
中国·武汉

内 容 简 介

本教材注重夯实会计信息系统理论基础,以用友 ERP-U8 V10.1 软件为基础,运用同一个案例,分层教学,介绍了构成会计信息系统最重要和最基础的总账、薪资、固定资产、应收应付、供应链、UFO 报表子系统的基本功能与应用流程。本教材不仅详尽介绍会计信息系统的理论知识以及发展前沿,还设计了具有逻辑性和实用性的实验内容及实验操作指导,读者可以结合学习基础和教学目标,选择学习其中的若干实验或者实验组合,最大限度地实现"因材施教"。

本教材可满足财会专业本、专科学生的学习需求,如果社会人员有会计信息系统的学习需求,也可以参考本教材内容。

图书在版编目(CIP)数据

会计信息系统/邓晓燕主编. —武汉:华中科技大学出版社,2025.1
ISBN 978-7-5772-0502-1

Ⅰ.①会… Ⅱ.①邓… Ⅲ.①会计信息-财务管理系统 Ⅳ.①F232

中国国家版本馆 CIP 数据核字(2024)第 038484 号

会计信息系统
Kuaiji Xinxi Xitong

邓晓燕 主编

策划编辑:聂亚文	
责任编辑:段亚萍	
封面设计:孢 子	
责任监印:周治超	
出版发行:华中科技大学出版社(中国·武汉)	电话:(027)81321913
武汉市东湖新技术开发区华工科技园	邮编:430223
录 排:武汉创易图文工作室	
印 刷:武汉市籍缘印刷厂	
开 本:787mm×1092mm 1/16	
印 张:16.25	
字 数:416 千字	
版 次:2025 年 1 月第 1 版第 1 次印刷	
定 价:48.00 元	

本书若有印装质量问题,请向出版社营销中心调换
全国免费服务热线:400-6679-118 竭诚为您服务
版权所有 侵权必究

前言
Preface

当前,新一轮科技革命和产业变革深入发展,数字化转型已经成为大势所趋,企业的会计信息化工作面临巨大的机遇与挑战。高校会计专业作为向社会输送会计人才的基地,应紧密结合社会实际需求,不断优化会计信息系统课程内容,使其更加具有实践性、应用性和前瞻性。

编者结合近几年的教学改革实践和广大读者的反馈意见,在保留原自编教材特色的基础上,对其进行了全面的修订,希望在推送会计信息化的理论与实践知识的过程中,使读者了解会计信息系统的基本理论、发展前沿及变化趋势,能准确应用会计信息系统进行业务处理,进一步理解企业管理软件的系统结构和运行特征,提升独立思考和创造性解决现实问题的能力。本教材可满足财会类专业应用型本科学生的学习需求,具有如下特点:

1.体系结构合理,突出应用能力的培养。按照应用型人才培养目标定位和教学要求,本教材共分为八章,第一章是会计信息系统导论,具体内容包括会计信息系统的概念与发展历程、会计信息系统对会计工作的影响、会计信息系统的结构以及数字技术在会计信息系统中的应用。第二章至第八章以用友 ERP-U8 V10.1 软件为基础,运用同一个案例,分层教学,介绍了构成会计信息系统最重要和最基础的总账、薪资、固定资产、应收应付、供应链、UFO 报表子系统的基本功能与应用流程。

2.理论实验一体化的思想贯穿始终。在教材中夯实会计信息系统理论基础,并兼顾理论性和时代性特征,不仅详尽介绍会计信息系统的理论知识以及发展前沿,还设计了具有逻辑性和实用性的实验内容及实验操作指导,充分体现了理论与实验相结合的设计思路。从每章逻辑结构可以看出,从系统概述、业务处理、章节习题到章节实验形成一个完整的闭环,从多个层面支持读者对会计信息系统原理的基本把握、对整体流程的掌控和实务能力的提升。

3.实验内容注重逻辑性与全面性。教材的实验部分以明昌科技公司2023年1月份的实际业务流程为主线,每个实验反映企业核算的不同方面。考虑到读者学习能力及学习目标存在区别,教材各章节实验设计为"拼板"模式,既相互联系又相互独立。读者可以结合学习基础和教学目标,选择学习其中的若干实验或者实验组合,最大限度地实现"因材施教"。

例如,对信息化要求不高的中小微企业应用,只需掌握第二章至第五章的实验;对信息化管理的要求不高,但薪资管理和固定资产核算工作量较大的中小企业,可以在第二章至第五章实验的基础上,继续学习第六章和第七章的实验内容;对信息化管理要求较高的大中型企业,需要详细地管理企业信息,那么需要在第二章至第七章的基础上,掌握第八章供应链的相关内容。另外,教材在附录部分设计了财务业务一体化综合实验,时间跨度是2个月,帮助有需要的读者更全面地感受业务处理流程,增强对系统的整体把握。

4.教学资源丰富多样。首先,教材将教学内容按照知识点进行分解,录制成配套的视频资料,可实现随时随地访问学习。其次,教材针对各章节实验撰写了非常详尽的操作步骤,借助注意事项对实验中遇到的问题给予特别提示。

本教材由武昌工学院邓晓燕担任主编,武昌工学院江爱灵、武昌首义学院冷芳担任副主编。教材第一章由邓晓燕、冷芳编写;第二、三、四、五、六、七、八章由邓晓燕编写,各章节习题与财务业务一体化综合实验的编写由江爱灵老师完成。

本教材在编写过程中参阅了有关专家编写的教材和专著,从内容和结构上得到了一些启发和借鉴,在此向这些教材和专著的作者和出版社表示衷心的感谢。另外,教材的编写得到了新道科技股份有限公司的大力支持,湖北分公司技术总监陈楚豫参与了教材的整体设计,并对编写提供了有益的建议,在此深表感谢。

由于编者学术水平有限,本教材在内容安排及语言表述等方面难免有不妥之处,敬请专家、学者及广大读者批评指正。

目录
Contents

第一章　会计信息系统导论 /1
　第一节　会计信息系统的基本概念 /1
　第二节　会计信息系统的发展历程 /2
　第三节　会计信息系统对会计工作的影响 /4
　第四节　会计信息系统的结构 /6
　第五节　会计信息系统的新发展 /8

第二章　系统管理 /16
　第一节　系统概述 /16
　第二节　账套管理 /18
　第三节　操作员及权限管理 /19
　第四节　系统安全机制 /21
　实验一　系统管理 /24

第三章　公共基础信息设置 /28
　第一节　系统概述 /28
　第二节　基本信息设置 /29
　第三节　基础档案设置 /29
　第四节　数据权限及金额权限设置 /34
　实验二　基础设置 /37

第四章　总账管理系统 /49
　第一节　系统概述 /49
　第二节　总账系统初始设置 /53
　第三节　总账系统日常业务处理 /61
　第四节　总账系统期末处理 /66
　实验三　总账管理系统初始化 /72
　实验四　总账系统的凭证管理 /77
　实验五　总账系统的出纳管理 /95
　实验六　总账系统的期末处理 /98

第五章　UFO报表系统　/107
　　第一节　系统概述　/107
　　第二节　报表的编制　/117
　　第三节　报表数据处理与图表生成　/119
　　实验七　UFO报表系统　/124

第六章　薪资管理系统　/131
　　第一节　系统概述　/131
　　第二节　薪资管理系统初始设置　/133
　　第三节　薪资管理系统业务处理　/136
　　第四节　计件工资核算　/138
　　第五节　薪资管理系统期末处理　/139
　　实验八　薪资管理系统　/142

第七章　固定资产管理系统　/160
　　第一节　系统概述　/160
　　第二节　固定资产管理系统的初始设置　/163
　　第三节　固定资产管理系统的日常业务　/166
　　第四节　固定资产管理系统的期末处理　/168
　　实验九　固定资产管理系统　/173

第八章　供应链管理系统　/182
　　第一节　系统概述　/182
　　第二节　供应链管理系统的初始设置　/183
　　第三节　采购管理系统　/186
　　第四节　销售管理系统　/190
　　第五节　库存管理与存货核算　/193
　　实验十　供应链系统初始设置　/199
　　实验十一　供应链系统业务处理　/221

附录　财务业务一体化综合实验　/238

参考文献　/253

第一章 会计信息系统导论

· 知识传授 ·

1. 掌握会计信息系统的相关概念;
2. 掌握会计信息系统的发展历程;
3. 掌握会计信息系统对会计工作的影响;
4. 了解会计信息系统的结构;
5. 了解会计信息系统的发展趋势。

· 能力培养 ·

1. 能够为中小企业制订会计信息化方案;
2. 能够为中小企业实施会计信息化方案;
3. 能够建立中小企业会计信息系统的内部控制制度。

· 价值塑造 ·

1. 通过学习我国会计信息系统的发展历程,提升职业认同感和自豪感;
2. 通过了解会计信息系统的功能结构,注重跨学科知识体系的搭建,掌握全局观、系统观、对立统一等辩证思维方法,主动向管理型财务拓展;
3. 通过学习数字技术在会计信息系统中的应用,调整认知,培养数据思维;
4. 通过了解会计信息系统的发展趋势,提升创新创业的思维与能力,激发对创业的热情与积极性,树立终身学习观。

第一节 会计信息系统的基本概念

会计信息化是会计发展史上重要的里程碑。会计信息化不仅改变了会计处理工具,而且改变了手工会计环境下会计机构及会计岗位的设置、会计业务处理流程和处理方式以及内部控制的手段等各方面。会计信息化的深入发展对于提高会计核算质量、强化会计信息管理、促进会计职能转变、提高会计工作效率、加强国民经济的宏观管理等各方面都具有十分重要的意义。

一、会计数据

会计数据是指在会计事项处理中,以"单、证、账、表"等形式表现的各种未曾加工的数字、字母与特殊符号的集合。会计数据不仅包括引起资金增减变动的原始数据,还包括并不引起资金增减变动但需要在会计核算中记录和反映的客观事实,例如经济业务发生时取得的原始凭证,上面的记录就是会计数据。会计数据来源广泛,种类繁多,具有系统性、周期性、连续性和多重利用性等特点。

二、会计信息

会计信息是指按照一定的要求或需求对会计数据进行加工或处理,以财务报告及附注等形式,向投资者、债权人或其他信息使用者反映企业财务状况、经营成果以及资金变动的财务信息,是记录会计核算过程和结果的重要载体,是反映企业财务状况,评价经营业绩,进行再生产或投资决策的重要依据。

在会计信息系统中,对原始凭证加工后产生记账凭证,此时,原始凭证是会计数据,记账凭证是会计信息;对会计凭证进行加工处理后产生会计账簿,此时,会计账簿就是会计信息,而记账凭证及其所附的原始凭证就是会计数据;对会计凭证和会计账簿加工处理后产生会计报表,此时,会计账簿和会计凭证是会计数据,会计报表是会计信息。

会计数据与会计信息并不是绝对的概念,有的资料既可以是会计数据,也可以是会计信息。例如,某部门某个期间的费用资料,对于部门管理人员来说是会计信息,但对于企业管理层来说,该部门的费用资料仅是会计数据,还需要做进一步的统计分析才能变成企业管理层所需要的会计信息。

三、会计信息系统

随着现代经济与科学的飞跃发展,人们逐渐加深对会计本质的认识,即会计是一项对会计信息进行输入、处理、输出的经济信息系统,其主要职能是为会计信息使用者提供经济活动(价值运动)的状态、结构、历史及未来趋势的画面。会计的各项活动均可以体现为对会计信息的某种作用:原始凭证的审核与记账凭证的填制,是会计信息的提取与确认;登记账簿,是会计信息的分类存储;成本计算,是会计信息的计量;账务检查与核对,是会计内部信息的反馈;编制会计报表,是会计信息的输出,等等。

本教材所讲的会计信息系统是指狭义的会计信息系统,是指在现代科学技术背景下,以计算机为主要工具,对各种会计数据进行收集、记录、存储、处理与输出,完成会计核算任务,并提供数据管理、分析与决策相关的会计信息的系统,其实质是将会计数据转化为会计信息的系统,是企业管理信息系统的一个重要子系统。

第二节 会计信息系统的发展历程

会计信息系统是伴随着计算机的发展而发展的。国外会计信息系统的发展,主要经历了单项电算化核算阶段、综合电算化处理阶段、管理信息系统阶段和决策支持系统阶段四个阶段。我国会计信息系统起步较晚，但发展历程相似，也是从单项电算化核算逐渐发展为企业信息管理。

一、理论研究与探索开发阶段

1979年，为了改变我国财会工作手工核算的落后局面，财政部在长春第一汽车制造厂进行会计信息化试点。1981年8月，在第一汽车制造厂召开的"财务、会计、成本应用电子计算机专题讨论会"上，首次提出了"会计电算化"的概念，并解释为"由计算机代替人工记账、算账、报账，并能部分替代人脑完成会计信息的分析和判断的过程"，接下来很长一段时间，"会计电算化"一词被广泛应用。

1983年，受新技术革命浪潮的冲击及微型计算机的普及，会计信息化也得到了迅速的发展。这一时期所开发的会计核算软件，实质上是将电子计算机作为一个高级的计算工具用于会计领域，使会计人员摆脱手工账务处理过程中繁杂的重复劳动，对于提高会计核算质量、强化会计管理、促进会计职能的转变、提高会计工作的效率、加强国民经济的宏观调控等方面有着重要意义。

二、商品化软件面市阶段

随着工作的深入开展，财政部1989年颁布的《会计核算软件管理的几项规定（试行）》和1990年颁布的《关于会计核算软件评审问题的补充规定（试行）》，是指导我国会计信息化工作的重要法规，有力地推动了会计信息化工作的规范化。我国的会计信息系统进入了有计划、有组织的稳步发展阶段，各种商品化的会计软件竞相涌现，出现了用友、金蝶等众多优秀的商品化会计软件。但是，本阶段的会计信息化软件无法使会计信息与企业其他信息有效融合，还不能实现最大限度的数据共享，在企业内部造成一个个信息"孤岛"，无法充分发挥应有的作用。

三、与其他业务相结合的管理型发展阶段

进入20世纪90年代后，随着信息技术的发展，会计信息化逐渐进入与其他业务结合的管理型发展阶段。在这一阶段，会计信息系统以账务处理系统为核心，纳入了薪资、固定资产、成本管理、应收应付款、采购、销售等子系统，功能更加完备。另一方面，财务数据和业务数据实现了充分共享，各模块不再是独立核算的模块，而是构成了一个有机整体。它们基于同一平台，按照规范的业务流程，互相传递数据，企业内部各部门都能够第一时间得到其需要的信息，解决了以往信息孤岛的缺点，实现了企业资金流与物流的一体化管理目标。

四、与内控相结合建立ERP系统的集成管理阶段

随着现代企业制度的建立和内部管理的现代化，单纯依赖会计控制已难以应对企业面对的内、外部风险，会计控制必须向全面控制发展。财政部先后颁布了《内部会计控制规范——基本规范（试行）》和六项具体内部会计控制规范，要求单位加强内部会计及会计相关的控制，以堵塞漏洞、消除隐患，保护财产安全，防止舞弊行为，促进经济健康发展。

为适应建立和实施内部控制制度的新要求，防范风险，加强管理，提高竞争力，企业开始全

面、系统地依托其既有的会计信息化系统,构建与内部控制紧密结合的 ERP 系统。本阶段的会计信息系统基于现代信息技术平台,融物流、资金流、信息流与业务流为一体,信息不再局限于企业某一部门,而是可以扩展到整个企业集团,甚至可以扩展到整个供应链,使得整个供应链的信息都可以及时汇总,为企业经营决策提供更全面的信息。

第三节 会计信息系统对会计工作的影响

一、会计信息系统对手工会计的改进

相比于传统的手工会计,会计信息系统在效率、准确性、安全性等方面都有着极大的优势,能够更好地应对各种管理和财务问题,提高工作效率和准确性,同时保障数据安全。

1. 效率提高

手工会计需要手动进行数据的输入、计算和核对,工作量大、耗时长。会计信息系统可以自动对账,自动计算各种报表,极大地提高了工作效率。另外,会计信息系统还可以快速查询数据,帮助会计信息使用者随时掌握公司的财务状况,方便及时做出决策。

2. 准确性提高

手工会计在数据输入和计算过程中容易出现错误,比如计算公式错误、金额填写错误等,这些错误会严重影响会计报表的准确性。会计信息系统通过软件程序自动处理数据,可以有效规避一些手工记录或计算可能产生的错误,保证会计报表的准确性。

3. 安全性提高

传统手工会计本质上是人工记录,容易出现人为错误或恶意篡改数据的情况。而会计信息系统有完善的数据权限控制功能,必须经过授权才能进行相关操作。同时,会计信息系统还会对重要数据进行加密和备份,保证数据的安全性,防止数据丢失或被恶意攻击。

二、会计信息系统与手工会计的比较

1. 会计信息系统与手工会计的相同点

1) 会计工作的目标相同

会计工作的开展,无论是使用会计信息系统形式还是手工核算的形式,其最终目标都是相同的,最终目标都是加强经营管理,提供会计信息,提高企业经济效益。

2) 遵守相同的会计制度及财经法规

会计工作的开展,无论是使用会计信息系统形式还是手工核算形式,都必须遵守相同的会计制度及财经法规,会计信息系统也要随着会计法规、会计准则的变化而实时更新。

3) 会计理论与会计方法相同

会计理论是会计学科的结晶,会计方法是会计工作的总结。会计信息系统改进的是会计核算的方式和手段,以及某些业务加工和处理的理念,开发和使用会计信息系统应当遵循基本的会计理论与方法。

4) 会计档案的保存相同

会计档案是重要的历史资料,必须按规定妥善保管。会计信息系统形式下会计档案的物理介质虽然发生了变化,但其信息资料必须同手工会计一样按规定合理地保存。

5) 编制会计报表相同

会计报表是企业财务状况与经营成果的综合反映,也是国家宏观经济管理的依据之一,通常有规定的格式。无论使用会计信息系统还是手工核算形式,编制出的会计报表都应该是相同的。

2. 会计信息系统与手工会计的不同点

会计信息系统与手工会计相比不仅仅是处理工具的变化,它在账务处理程序、内部控制方式及组织机构等方面都与手工会计处理有许多不同之处。

1) 会计核算工具不同

会计发展的过程中使用过不少工具,比如手工会计阶段使用过算盘、电子计算器等工具。会计信息系统使用的工具是电子计算机,大量繁重的数据处理过程都由电子计算机完成。

2) 信息载体不同

手工会计的所有信息都是以纸张为载体,占用空间大,不易保管,查找困难。会计信息系统档案表现为纸介质与磁介质并存的双重会计档案载体,除必要的会计凭证、账簿、报表仍使用纸张作为载体之外,其他均可用光盘、磁盘、硬盘等介质作为信息载体,占用空间小,查找方便,保管容易。

3) 账簿的形式和错账更正方法不同

手工会计中的日记账、总账必须使用订本式账页,账页中有"承前页"字样,且账页中的空行、空页用红线划销;而会计信息系统与手工账簿明显不同,打印输出的账簿不会因为人为原因产生空行、空页。

手工会计更正错账可采用划线更正法、红字冲销法和补充登记法,在会计信息系统环境下,为了保证审计的追踪线索不致中断,对于已记账的凭证不能采用划线更正法,只能采用红字冲销法和补充登记法更正,以保留改动痕迹。

4) 账务处理程序不同

手工会计核算时常用的账务处理程序有记账凭证账务处理程序、汇总记账凭证账务处理程序以及科目汇总表账务处理程序等。在会计信息系统环境下,由于业务量的数量对于计算机系统来说基本没有影响,通常使用记账凭证账务处理程序,根据记账凭证登记余额表。

5) 会计工作组织体制不同

在手工会计核算时,会计部门一般具有若干会计岗位,如工资会计、材料会计、固定资产会计、成本会计等岗位,进行专门的业务核算,设专人负责记账、编制报表等工作。在使用会计信息系统核算时,会计工作岗位的划分已经发生了实质的改变,如设置了账套主管、凭证录入、凭证审核、系统维护等岗位。

6) 人员构成不同

手工会计核算下,会计部门的人员均是会计专业人员。在使用会计信息系统核算时,会计部门通常由会计专业人员、计算机软件、硬件及操作人员组成。

7) 内部控制方式不同

手工会计依据会计流程进行严密的内部控制,如账证核对、账账核对、账实核对等控制方式。在使用会计信息系统核算时,采取的则是输入控制、权限控制、时序控制等。

第四节 会计信息系统的结构

一、会计信息系统的物理结构

会计信息系统的物理结构包括计算机硬件、软件、会计人员和会计信息系统的运行规程,其核心部分是功能完备的软件。企业组织要建立会计信息系统,必须根据企业自身的特点和要求,综合考虑购建计算机的硬件、软件,并培训相应的会计信息化人员。

1. 会计信息系统的硬件

会计信息系统正常运行,对硬件配置有一定要求,主要体现在中央处理器的频率、硬盘与内存的运转速度、存储空间等指标上。企业根据自身的特点和要求,综合考虑计算机的硬件配置。

2. 会计信息系统的软件

会计信息系统的软件属于应用软件,本质上是一套保证系统运转的程序,用来实现系统目标。会计信息系统的软件分为通用软件与专用软件,通用软件是标准的、应用范围较广的通用商品化软件,例如用友、金蝶等会计信息系统软件;专用软件是根据企业的特点和要求专门定制开发的软件。

3. 会计信息系统的人员

会计信息系统的人员是指直接从事会计信息系统研制、开发、维护和使用的人员,主要包括会计信息系统的开发人员、操作人员、维护人员以及管理人员。如果企业选择购买通用的商品化软件,则不需要配备开发人员。

4. 会计信息系统的规程

会计信息系统的规程是对保证会计信息系统正常运行所必需的系统各种规章、制度、规定的总称,主要包括宏观规程与微观规程。宏观规程是我国开展会计信息化工作的依据,是指以财政部为核心制定的一系列会计信息系统规程制度,例如《中华人民共和国会计法》《关于全面推进我国会计信息化工作的指导意见》《企业会计信息化工作规范》等;微观规程是企业内部会计信息化工作必须遵循的规章制度,例如内部控制制度、会计工作制度规范、岗位责任制制度、会计档案管理制度等。

二、会计信息系统的功能结构

会计信息系统的功能结构是与物理结构相对应的另一种系统结构划分方法,是指会计信息系统由哪些子系统组成,每个子系统具有哪些功能,以及各个子系统的相互关系。由于企业性质、所处行业以及会计核算和管理的需求不同,会计信息系统包含的内容不完全相同,子系统的划分不完全相同,会计信息系统的总体功能结构方案也会有很大区别。

一般来说,单个企业会计信息系统的功能结构包括财务会计和管理会计两大系统,这些系统又可以根据具体职能进一步划分为若干子系统,如图1.1所示。对企业级系统来说,由于会计信息系统是作为一个整体设计的,所以各子系统相互依赖,存在着复杂的数据传递关系,这是会计信息系统功能结构的重要方面。

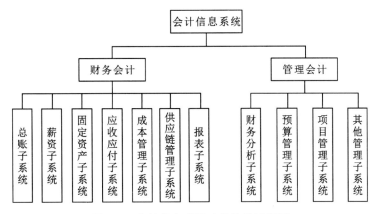

图1.1 会计信息系统功能结构示意图

1. 财务会计系统功能介绍

(1)总账子系统。总账子系统是以凭证等原始资料(数据)为处理起点,通过凭证输入和处理,完成记账、银行对账、结账、账簿查询及打印输出等工作。

(2)薪资子系统。薪资子系统是进行薪资核算和管理的系统,该子系统与人力资源管理、总账子系统具有数据传递关系。

(3)固定资产子系统。固定资产子系统实现固定资产的财务核算、折旧计提和分配、设备管理等功能,也提供了固定资产按类别、使用情况、所属部门、价值结构等所做的分析、统计,各种条件下的查询打印,以及固定资产子系统与其他系统的数据接口管理。

(4)应收款/应付款管理子系统。应收款/应付款管理子系统主要是进行客户和供应商往来款的发生、清欠管理工作,及时掌握应收、应付款项的最新情况。应收、应付款的核算与管理,以发票、费用单、其他应收/应付单等原始单据为依据,记录采购或销售业务以及其他业务形成的应收、应付款项;以收回或偿付账款的凭证为依据,记录反映各应收应付款项的收回、偿还和余额变动情况,从而对应收、应付款进行控制和管理。

(5)成本管理子系统。成本管理子系统满足会计核算的事前预测、事后核算分析的需要,主要包括成本核算、成本分析、成本预测功能。成本管理子系统还具有与总账、供应链、薪资、固定资产、存货子系统等的数据传递功能。

(6)供应链核算子系统。供应链核算子系统主要包括采购子系统、销售子系统、存货核算子系统、库存管理子系统等。其中,采购子系统主要对采购计划、采购订单、采购到货、采购入库进行核算与管理。销售子系统主要以企业销售业务为主线,对销售报价、销售订单、销售发货、销售开票等进行核算与管理。存货核算子系统主要核算企业存货的出入库及结余成本,为企业进行存货核算与管理提供基础数据,会计人员通过存货分析,可以有效降低库存量,加速资金周转。

(7)报表子系统。报表子系统从其他子系统取数,完成各种会计报表的编制与汇总,生成各种内部报表、外部报表、汇总报表和分析报表,以及根据报表数据生成各种分析图等。

2. 管理会计系统功能介绍

管理会计系统主要运用管理会计的方法,在财务会计核算基础上进行企业内部管理与控制,一般包括财务分析子系统、预算管理子系统、项目管理子系统,以及领导查询、决策支持等。随着企业管理的科学化,管理会计系统的功能会不断完善。

(1)财务分析子系统。财务分析子系统从会计信息系统的数据库中提取数据,运用各种专门的分析方法,完成对企业财务活动的分析,如指标分析、报表分析、因素分析、现金收支分析等,实现对财务数据的进一步加工,生成各种分析和评价企业财务状况和经营成果的信息,为决策提供正确依据。

(2)预算管理子系统。预算管理子系统把需要进行预算管理的集团公司、子公司、分支机构、部门、产品、费用要素等对象,根据实际需要分别定义成利润中心、成本中心、投资中心等不同类型的责任中心,然后确立各责任中心的预算方案,制定预算审批流程,明确预算编制内容,进行责任预算的编制、审核,实现对各个责任中心的控制、分析和绩效考核。

(3)项目管理子系统。项目管理子系统主要对组织的工程项目进行核算、控制与管理。项目管理主要包括项目立项、计划、跟踪与控制、终止的业务处理以及项目自身的成本核算等功能。系统可以及时、准确地提供有关项目的各种资料,包括项目文档、项目合同、项目的执行情况(如资金状况、具体任务执行情况)等,通过对项目中的各项任务进行资源的预算分配,实时掌握项目的进度,及时反映项目执行情况及财务状况,并且与总账、应收/应付款核算、固定资产管理、采购管理、库存管理等子系统集成,对项目收支进行综合管理,实现对项目的物流、信息流、资金流的综合控制。

(4)其他管理子系统。根据组织管理的实际需要随时调整或增减,比较常用的系统有领导查询子系统、决策支持子系统等。

对制造企业来说,会计信息系统除了上述的总体结构方案外,还有两种比较常见的方案,方案一是把会计信息系统划分成会计核算子系统和财务管理子系统,方案二按照财务、业务和管理来划分,把会计信息系统划分成财务系统、购销存系统和管理分析系统。

对商品流通企业来说,由于财务、会计处理实现了与进销存管理的全面集成,因此会计信息系统一般可以划分为财会系统、进销存系统两大块,从财务、进销存、物流配送、决策分析等入手,以企业工作流程为基础,对企业的决策分析、绩效考核、促销分析等进行有效管理。

第五节 会计信息系统的新发展

随着大数据、人工智能、云计算、区块链等新技术创新迭代速度加快,经济社会数字化转型全面开启,对会计信息化实务和理论提出了新挑战,也提供了新机遇。现代化技术逐步融入会计领域,为企业会计工作的开展以及基于会计信息做出更加科学、精准、高效的决策提供了驱动力,赋能经济高质量发展。

一、财务云

财务云,是指在财务共享服务管理模式基础之上,融合大数据、人工智能、移动互联、云计算、物联网等各类新兴技术的应用,为用户提供"5A"式财务服务体验——任何时间(anytime)、任何地点(anywhere)、任何人(anyone)都可以通过任何工具(anydevice)获得财务服务(anything),并向企业的大数据中心转型发展,推动企业融入数字创新时代。

"财务云"从财务共享服务的实践中演变而来,既是财务管理模式的创新,又在信息技术发展的驱动下,被赋予了更高的期望和定位,从早期的"会计工厂"向"财务大数据中心"转型与发展。

1. 财务共享服务

财务云是一种基于财务共享服务的管理模式,将分散、重复、大量的财务交易处理业务全面纳入共享服务中心进行集中处理,实现财务的标准化、专业化和流程化。财务共享服务中心是数据中心,主要负责采集数据、加工数据并提供数据,战略财务和业务财务是数据的使用团队,业务财务为经营服务,战略财务为决策服务。建立财务共享服务中心,最终目的是推动财务组织的转型升级,在共享服务的基础上,实现财务组织操作与管理分离,实现组织、流程、系统、人员的再造,建立企业的战略财务和业务财务团队。例如,蒙牛集团在企业内部搭建了资金共享平台,实现对资金的集中管控,由集团总部统一调度、管理和运用所有的资金,大量实时汇总的资金大数据,使现金流预测模型更加精确,让集团对内部资金的管理更精细、更高效、更主动。

2. 技术的创新应用

财务共享服务完成了流程和组织的变革,实现了财务交易处理业务的集中化、规模化、流程化效应,为新兴技术的应用提供了天然的场景,也推动了信息技术在财务领域的创新应用,从业务连接环节的数据采集,到共享服务中心的交易处理,再到数据分析与决策支持,财务共享中心更加自动化、智能化和数字化。

在财务共享服务中心,交易流程更加自动化,数据采集更加全面。例如,不少企业共享中心的财务云系统平台,与采购系统、销售系统、税务系统以及银行系统实现了数据对接,能够更加自动化地进行业务处理。一些业务规模和交易处理量大的共享中心,利用智能识别、电子发票等技术将非结构化数据转为结构化数据,为财务交易处理流程提供了自动化的前提,并沉淀了大量的经营数据,让共享中心利用数据发挥更大的价值。在交易处理流程中,财务共享服务中心借助工作流引擎、规则引擎、会计引擎等,实现信息的自动流转、审核及核算工作的自动化。进一步地,机器学习、RPA 等技术的应用让共享中心实现了智能审核与核算,极大提升了财务的处理效率和风险控制,推动了财务的智能化。

新奥集团是一家业务板块广泛、子公司众多的大型集团公司,其财务共享中心日常业务种类繁多,且有相当一部分业务流程需依靠人工完成,员工工作强度大、耗时久。在财务数字化转型中,新奥集团利用 IBM RPA、规则引擎等技术,打造自动化财务机器人,引入虚拟员工,在财务共享中心上岗。自动化机器人代替人工完成业务流程中重复度高、规则精确和吞吐量大的任务,以及跨岗位的多人操作、跨数据源的数据核对等,只有异常处理、需要创意和决策的任务才交给人工操作。借助 RPA 技术,新奥集团财务共享中心不仅更快速、更高效地完成工作,而且最大限度释放员工价值,让员工做对企业有更高附加值的工作。

3. 财务的大数据中心

财务云应致力于成为企业的大数据中心。财务云帮助企业建立财务与业务的广泛连接,使财务部门拥有大量数据的采集能力,实现大规模地采集利益相关者的交互数据,包括企业自身的经营状况、所有连接者的信息(包含客户、供应商、员工等)、潜在的业务机会与竞争关系、国家宏观经济形势和全球经济变化等,将获取到的企业经营过程中的大量数据转化成信息,由最小数据集向大数据转变,数字化、可视化地提供利益相关者真正需要的信息,为业务财务、战略财务和经营单位提供财务数据服务,为管理层提供经营决策支持,为实现企业数字化赋能。

蒙牛集团建立了服务于上下游的供应链融资平台,通过"互联网+大数据",从蒙牛上下游、奶源等第一层直联的上万数量合作伙伴,逐步延伸到第二层的上百万数量的蒙牛生态圈伙伴,实现高效、低成本融资。目前,蒙牛已与多家金融机构合作开展供应链金融业务,通过 EAS 系统和银行在数据渠道上打通,上下游企业可以直接登录蒙牛供应链融资平台,高效融资,使得以蒙牛为核心企业的生态圈更加健康。

二、数据挖掘与财务大数据分析

数字经济时代,大数据的大量性(volume)和多样性(variety)给管理者使用决策模型提供便利,可以得出更加科学合理的结果。大数据不仅能收集到财务信息,也能收集到非财务信息;不仅能收集结构化数据,也能收集到非结构化、半结构化数据;除了企业内部业务数据,更延伸到企业外部,包括所属行业、供应链、竞争对手、监管机构、政府部门等所有利益相关者的数据。

数据挖掘是指从大量的数据中通过算法搜索隐藏于其中信息的过程,实质上是深层次的财务数据的分析方法,可以快速实时挖掘到隐藏在海量数据中有价值的信息,有效解决传统财务分析存在的忽视非财务数据的片面性问题,以及时间上的滞后性问题,使得企业管理者更好地进行决策。例如,阿里巴巴为了保持现金流的稳定性和充足性,防止现金流风险,建立了大数据财务风险预警体系,将产生财务风险的内外部经营环境等抽象因素数据化,利用大数据处理技术对各种风险因子异常变化情况进行识别,任何涉及现金流的风险因子出现异常,预警体系都能够基于大数据分析处理进行主动识别,并预警潜在的现金流风险,通知管理人员及时进行风险的管控。

一个完整的数据挖掘流程一般包括问题识别、数据集成、数据准备、模型建立、模型评价和部署应用等六个阶段。第一步要进行问题识别,找出财务分析中问题的具体内容,为数据挖掘找准方向。第二步、第三步是数据集成与数据准备,重点关注获取的财务数据是否符合解决问题的需要,根据不同的需求选择合适的数据。数据准备将一些冗余数据以及格式不一致的数据进行处理,转换成便于挖掘的数据集合进行储存。第四步是模型建立,建立模型是数据挖掘最核心的环节,这一阶段需要根据不同的任务,对海量的财务数据进行建模分析。第五步是模型评价,主要包括功能性评价和服务性评价。功能性评价指从技术上评价所建立模型对于完成财务分析任务的质量,而服务性评价主要是考察用户的认可度如何,进而找出该模型的不足,不断地进行修正。第六步是部署应用,通过验证的数据挖掘技术可以应用到不同的数据集上,满足企业管理者的需求。

三、智能财务

麦肯锡《自动化和人工智能如何重塑财务职能》中显示,大多数财务活动都存在自动化计划,其中以交易型活动最易于自动化,对于一般的会计活动而言,77%的活动是可以全自动化的,12%的活动可以高度自动化。牛津大学研究者也曾预测,未来20年,在英国会计行业中,财务行政人员和注册会计师可能被机器完全替代的概率分别为96.8%和95.3%。

随着人工智能等新一代信息技术飞速发展,专家系统、深度学习、知识图谱、自然语言处理技术在财务领域不断加深应用,为智能财务的发展带来了无限可能性。上海国家会计学院智能财务研究院院长刘勤认为,智能财务的本质是利用智能技术对财务管理的重构,是利用以人工智能为代表的新一代信息技术对人类财务领域知识进行发现、创造、管理和利用的一门学科。用友公司创始人、董事长兼CEO王文京则表示,财务智能化已经走过了一个阶段,RPA(机器人流程自动化)、OCR(字符识别)、自然语言规则引擎、知识图谱等很多已经在企业的会计和财务领域有所应用。第三方支付集团公司汇付天下表示,由于技术的赋能,汇付天下每天可以实现超过百亿元的资金结算量,自动结算对象涉及超过百万家商户;每天处理的交易超过3000万笔,但成本核算可以精确到按笔进行。更为重要的是,公司每天的管理、销售、运营等日报,全部可以自动产生。

智能财务是覆盖财务流程的智能化,它涵盖三个层面:第一,是基于业务与财务相融合的智能财务共享平台,这是智能财务的基础;第二,是基于商业智能的智能管理会计平台,这是智能财务的核心;第三,是基于人工智能的智能财务平台,这代表智能财务的发展。

1. 基于业财融合的智能财务共享平台

财务只有与业务真正融合才能发挥出价值创造的效力,业财融合在企业中却极少获得成功落地,这主要是因为业财融合需要将企业运营中的三大主要流程,即业务流程、会计核算流程和管理流程进行有机融合,建立基于业务驱动的财务一体化信息处理流程,使财务数据和业务数据融为一体,最大限度地实现数据共享,实时掌控经营状况。所以长期以来,企业业务流程、会计核算流程和管理流程各自为战,缺乏一种技术手段可以将其完全连接起来。

企业智能财务共享平台是现代企业财务体系拥抱互联网、云计算等技术的全新理念和有力探索。互联网和"云"的核心思想是连接,共享的核心思想是开放,架构于互联网和"云"上的智能财务共享平台通过连接和数字化改造,实现了财务与业务的实时连带发生,颠覆了传统交易方式,消灭了报销、报账流程,真正实现了业务财务的深度一体化。具体而言,基于智能财务共享平台,企业可以搭建云端企业商城。利用电商化平台实现与供应商、客户之间的无缝连接,并借助发票电子化打通税务数据与交易的关联,回归交易管理为核心的企业运营本质,重构传统财务处理流程,实现对员工日常消费以及大宗原材料采购的在线下单、支付,企业统一对账结算,实现了交易透明化、流程自动化、数据真实化。

在智能财务共享平台体系下,大量审核、记账环节都经由系统自动化实时完成,财务人员只需事前做好管理控制、做好预算、设置好流程即可,可以从烦琐重复的劳动中解脱出来,聚焦在管理分析、风险监控识别等工作上面。

2. 基于商业智能的智能管理会计平台

财务工作始于数据、止于数据,但财务却并非只是数据的搬运工,而是数据的整合加工者。管理会计平台作为财务体系中负责价值创造的部分,需要具备模型化、多视角、大数据和灵活性等特点。

商业智能(BI)是一套商业方面辅助决策的解决方案,基于智能财务共享平台中大量实时记录的详细数据所形成的财务数据中心,企业可以获得及时、完整、真实的内外部基础数据,这为商业智能破解了最大的发展瓶颈。商业智能通过组建企业级数据仓库,得到企业数据的全局视图,在此基础上,再利用合适的查询和分析工具、数据挖掘等工具对数据进行分析和处理,形成有用的信息。

通过构建基于商业智能的智能管理会计平台,企业可以获得贴合不同用户需求的多维度、立体化的数据信息,为管理者的决策过程提供智能化支撑。总体而言,商业智能拥有强大的建模能力、多维度的构架体系、专业的数据处理技术和灵活的技术特点,与管理会计对信息平台的要求吻合。

3. 基于人工智能的智能财务平台

从 AlphaGo"人机大战"开始,人工智能成为大众话题。人工智能正在逐步渗透到财务领域,有两个技术已经影响到会计领域:一是专家系统,应用在记账凭证的处理、现金管理、存货管理、风险评估等领域;二是神经网络,应用在信用评估、预算管理、内部审计、破产预测等方面。

(1)AI 是智能化财务的大脑。财务有了"大脑",能够实现对人的指令分解,指挥各项管理工作的开展。若没有智慧大脑,很难说是智能化财务。

(2)ERP 和 OA 是智能化财务的"四肢"。从智能财务的实现角度分析,ERP 和 OA 系统等作为运行管理的工具,可以有效减少财务管理的误差,有助于财务智能化目标的实现。

(3)大数据是智能化财务的"血液"。基于大数据构建的智能财务,若只有大脑和工具而没有大数据,那么财务工作就是简单的核算型财务,未达到智能化财务。智能化财务的实现,大数据分析是重要支持与保障。

总体而言,智能财务在我国还是新生事物,作为一项复杂的系统工程,不可避免地要面临各种挑战,例如,面临会计政策法规及监管的挑战、对会计人才培养方向的调整等。尤其是业务、支付、财务、资金、税务等各类系统之间如何打通交互和连接,消除"信息孤岛",实现数据共享和协同,正成为企业数字化转型过程中共同面临的难题。

本 章 小 结

本章介绍了会计数据、会计信息和会计信息系统的概念,分析了我国会计信息系统的发展历程,阐述了会计信息化对会计工作的影响,区分了会计信息系统的物理结构与常见的功能结构,最后简要介绍了会计信息系统的新发展。

拓展延伸

2022年影响中国会计人员的十大信息技术

由上海国家会计学院主办,金蝶软件等公司联合主办的"会计科技Acctech应对不确定性挑战"高峰论坛在沪举行。论坛上公布了"2022年影响中国会计人员的十大信息技术"评选结果,并邀请各界嘉宾对入选十大信息技术的应用进行深入解读,对潜在影响的五项信息技术进行前景判断。

本次评选委员会主任、中国会计学会会计信息化专业委员会主任委员、上海国家会计学院副院长刘勤介绍,本次评选前后历经4个月,遴选了来自学术界、实务界、软件厂商、专业机构的198位专家,推选出35项技术作为十大信息技术的候选技术、16项技术作为五大潜在影响技术的候选技术。面向专家和广大会计从业人员,通过网络在线投票分别选出10项影响会计人员的信息技术和5项潜在影响的信息技术,共获得公众投票有效样本6769份、专家投票有效样本198份。

刘勤指出,由于疫情原因,一些对会计工作有影响的技术,如在线审计和远程审计、在线办公和远程办公、财务机器人、商业智能等技术,得到了会计人员更多关注。

最终,财务云、会计大数据分析与处理技术、流程自动化(RPA和IPA)、中台技术(数据、业务、财务中台等)、电子会计档案、电子发票、在线审计与远程审计、新一代ERP、在线与远程办公、商业智能(BI)被评为2022年影响中国会计人员的十大信息技术。2022年五大潜在影响技术排名则是金税四期与大数据税收征管、业财税融合与数据编织、大数据多维引擎与增强分析、机器人任务挖掘与智能超级自动化、分布式记账与区块链审计。

资料来源:中国青年报,有改动

章节测试

一、单选题

1. 下列关于一般中小企业实施会计信息系统做法合理的是( )。
   A. 购买通用会计核算软件 B. 自行开发
   C. 委托外部单位开发 D. 企业与外部单位联合开发

2. 下列不属于会计信息系统的特征的是( )。
   A. 人机结合 B. 会计核算自动化、集中化
   C. 数据处理及时准确 D. 适应变化的会计准则的要求

3. 会计信息系统可以是一个独立的系统,也可以是( )的一个子系统。
   A. ERP B. BRL C. AIS D. EML

4. 下列各项中不属于企业与外部单位联合开发缺点的是( )。
   A. 软件开发工作需要外部技术人员与内部技术人员、会计人员充分沟通
   B. 系统开发的周期较长

C.开发系统的实用性差,常常不适用于企业的业务处理流程

D.企业支付给外单位的开发费用相对较高

5.(　　)是专门用于会计核算、财务管理的计算机软件、软件系统及其功能模块。

A.会计电算化　　B.会计信息化　　C.会计软件　　D.会计信息系统

6.严格地按照软件生命周期的阶段划分,分阶段逐步开发软件的方法,叫作(　　)。

A.原型法　　B.面向对象法　　C.生命周期法　　D.结构化方法

7.会计信息系统下,许多会计核算基本上实现了自动化,但(　　)工作仍需手工完成。

A.登记账簿　　B.会计数据的收集　　C.记账　　D.审核签字

8.会计核算软件与手工进行会计核算双轨运行的时间一般要求在(　　)以上。

A.一年　　B.三年　　C.一个月　　D.三个月

9.(　　)年美国通用电气公司第一次用电子计算机计算职工工资,从而引起了"会计工具"的变革。

A.1998　　B.1999　　C.1954　　D.1955

10.会计软件按功能特点划分,分为(　　)。

A.通用会计软件、专用会计软件

B.核算型、管理型、决策型

C.单机版会计软件和网络版会计软件

D.商品化会计软件和非商品化会计软件

二、多选题

1.会计信息系统和手工会计的不同点包括(　　)。

A.信息载体不同　　B.会计核算工具不同

C.人员构成不同　　D.会计档案保存不同

2.会计信息系统的核心部分包括(　　)。

A.系统管理　　B.凭证管理　　C.工资管理　　D.报表管理

3.下列关于会计信息化说法正确的有(　　)。

A.会计信息化是企业利用计算机、网络通信等现代信息技术手段开展会计核算,并将会计核算与其他经营管理活动有机结合的过程

B.相对于会计电算化而言,会计信息化是一次质的飞越

C.会计信息化是由会计人员及有关操作人员操作会计数据,指挥计算机替代人工来完成会计工作的活动

D.会计信息化利用信息技术解决会计核算和报告工作的相关问题

4.下列关于会计电算化和会计信息化关系的表述正确的有(　　)。

A.会计电算化是会计信息化的基础工作

B.会计信息化是会计电算化的基础工作

C.会计电算化是会计信息化的初级阶段

D.会计信息化是会计电算化的初级阶段

5.我国会计信息系统的发展阶段分为(　　)。

A. 理论研究与探索开发阶段

B. 商品化软件面市阶段

C. 与其他业务相结合的管理型发展阶段

D. 与内控相结合建立 ERP 系统的集成管理阶段

三、判断题

1. 会计本质可以看作一个信息系统。（   ）

2. 用友 ERP-U8 V10.1 软件以 SQL Server 作为后台数据库。（   ）

3. 会计信息系统是一个以解决会计核算为目的的软件。（   ）

4. 会计信息系统与手工会计遵守相同的会计法规及财经制度。（   ）

第二章 系统管理

· 知识传授 ·

1. 掌握系统管理的主要功能；
2. 掌握账套建立和修改的基本操作；
3. 掌握用户、角色的区别与联系；
4. 掌握权限管理的意义及操作方法；
5. 理解系统管理的安全运行机制。

· 能力培养 ·

1. 能够根据业务要求为中小企业建立账套并管理账套；
2. 能够熟练根据部门和职员设置操作员；
3. 能够熟练根据岗位分工设置操作员权限。

· 价值塑造 ·

1. 通过认识系统管理平台，了解会计信息系统的功能结构，掌握全局观、系统观、对立统一等辩证思维方法，树立会计信息处理的全局观；
2. 通过权限学习，明确操作员权限，使各岗位职责权限更加明晰，增强会计信息保密意识，确保财务信息的安全；
3. 通过学习账套的输出和引入，强化安全管理，培养财务数据的安全意识。

第一节 系统概述

在用友 ERP 软件中，系统管理和企业应用平台是操作最频繁的两个界面。系统管理是一个独立的公共管理平台，来对用友 ERP 软件所属的各个子系统进行统一的操作管理和数据维护。用友 ERP 系统由多个模块组成，为同一个主体的不同方面服务，各个模块之间相互联系、数据共享，共同协作来实现财务业务一体化，为企业资金流、物流和信息流的统一管理与实时反映提供了有效的方法和工具。

系统管理是用友 ERP 软件运行的基础，它为其他子系统提供了公共账套、账套库及其他的相关数据，各子系统的操作员也需要在系统管理中统一设置并分配权限。

一、系统管理的主要功能

1. 账套管理

账套就是一套账,是一组相互关联的企业数据。一般来说,每一个独立核算的企业都有一套完整的账簿体系,把这个账簿体系建立在计算机中就称为一个账套。在用友 ERP 软件中,可以为多个企业(或企业内多个独立核算的部门)分别建账,各个不同的账套之间彼此独立,互不影响,用友 ERP 软件中最多允许建立 999 个账套。

账套管理功能一般包括账套的建立、修改、删除、输出和引入等。

2. 账套库管理

账套库和账套是两个不同的概念,账套库的概念小于账套,是账套内多个年度账的集合,账套是由一个或多个账套库组成的。一个账套对应一个会计主体,账套中的某个账套库对应这个会计主体的某年度区间内的业务数据。例如,"实验一 系统管理"中,我们建立了"001 明昌科技"账套并于 2023 年 1 月启用,到了 2024 年年初,我们可以继续录入 2024 年数据,那么"001 明昌科技"的账套中就只有一个账套库,即"001 明昌科技 2023—2024 年"。如果不连续使用,我们也可以新建 2024 年的账套库,那么"001 明昌科技"账套中就有两个账套库,即"001 明昌科技 2023 年"和"001 明昌科技 2024 年"。

理论上说,我们可以一直连续使用一个账套库,但是由于某些原因,如需要调整基础档案、调整组织机构、调整业务内容等,或者一个账套库中数据过多影响了业务处理性能,需要使用新的账套库并重置一些数据,这时就需要新建账套库。

账套库管理包括账套库的建立、输出和引入。

3. 操作员及操作权限管理

通过对系统操作分工和权限的管理,可以保证系统的数据安全,一方面可以阻止没有权限的人员进入系统,另一方面可以对系统中各个模块的操作进行协调管理,以保证操作员各司其职,流程顺畅。

操作员管理包括操作员的增加、修改、删除、注销等。操作员权限的管理包括操作员权限的增加、修改、删除等。

4. 数据安全管理

对企业来说,系统运行安全和数据存储安全至关重要。系统管理提供了清除系统运行过程中的异常任务和单据锁定,自动记录运行情况形成上机日志等功能,该功能可实现对系统的实时监控、防止操作异常、查看上机日志、设置备份计划等功能,确保会计信息系统的正常运行。

二、系统管理的操作人员

系统允许以两种身份注册进入系统管理,一种是系统管理员(admin),另一种是账套主管。系统管理员和账套主管的工作职责,以及在用友 ERP 软件中的权限都是不同的。

1. 系统管理员

系统管理员负责整个系统的安全运行与数据维护,具体工作包括监控系统日常运行、进行系统维护、防范安全风险、数据备份、系统用户权限管理等内容。系统管理员并不能参与企业实际业务处理工作,其主要职责是建立、引入和输出账套,设置操作员及其权限,设立系统的安全机制等。

2. 账套主管

账套主管主要负责所辖账套的管理,拥有所有子系统的操作权限,具体工作包括本账套的修改,本账套操作员的权限分配,根据业务需要,确定企业会计核算的规则、用友 ERP 软件各个子系统的参数设置,组织企业业务处理按规范流程运行。另外,账套主管还能够对账套库进行操作。

虽然系统管理员和账套主管均能设置操作员的权限,但是在权限范围上略有不同。系统管理员可以为用友 ERP 软件中所有账套中的任何操作员授予任何级别的权限,但是账套主管只能针对其所辖账套的操作员授予权限,并且不能授予某操作员账套主管的权限。

第二节 账套管理

账套管理主要是系统管理员的职责,包括账套建立、修改、输出和引入。

一、建立账套

建立账套是指预先设置企业的基本信息、核算方法、编码规则等内容的过程,建立账套是账套操作的前提。用友 ERP 软件提供了建账的向导功能,用户只要依照系统给出的引导进行操作即可。

1. 账套编号

账套编号是账套在系统内部的识别代码。在一个财务软件中可以建立多个账套,账套编号是系统识别不同账套的标志。账套编号用数字表示,每个账套均应有独立的账套编号,且不能重复。

2. 账套名称

账套名称是指供用户识别的账套名。一般情况下,账套名称就是单位名称,用于标识该账套的会计主体。在用友 ERP 软件中,账套名称并不是唯一的,系统允许同时存在账套编号不同但账套名称相同的账套。

3. 账套数据存储路径

账套数据存储路径是指账套数据的存放位置。用友 ERP 软件会提供一个默认的数据路径,用户可使用该路径,也可另选其他路径。

4. 账套启用日期

账套启用日期是指新建账套开始使用的会计核算日期,系统一般默认为当前的计算机系统时间,用户可使用默认也可以修改。

二、修改账套

建立账套之后,如果发现设置的基本规则与信息有误,或者基本规则与信息发生了变化,那么可以通过修改账套来进行修改,修改账套只能由账套主管进行。在修改过程中,有些项目是灰色的,比如,"账套号""账套路径""启用会计期",不允许修改。有些项目是白色的,则可以修改,比如"账套名称""单位信息""企业类型""行业性质""存货是否分类""客户是否分类""供应商是否分类""有无外币核算"。

三、输出账套

账套输出也称为账套备份,是指将系统中的财务数据以文件的形式备份到硬盘、U盘或者光盘等介质的过程。对于账套库数据来说,也有引入和输出操作,其原理与账套的引入和输出是相同的,所不同的是账套库引入和输出的对象不是整个账套,而是针对账套中的某个账套库。

账套的输出会产生两个文件,一个是名为"UFDATA.BAK"的数据库文件,代表着真实备份的账套数据,另一个是名为"UfErpAct.Lst"的引导文件,负责将备份账套引入系统。"UfErpAct.Lst"引导文件可以使用记事本打开,里面记载着账套的名称、编号、存放地址等信息。

通过账套输出,定期将企业财务数据备份到不同存储介质上,可以避免来自于电脑病毒、人为破坏、硬件损坏、自然灾害等原因产生的数据丢失和损坏的威胁,可以确保数据安全。其次,对于存在异地管理的母子公司,账套输出可以解决数据汇总和数据审计的问题,通过将子公司数据输出并引入母公司的系统中,实现母子公司数据合并。另外,可以通过账套输出将不再使用的账套删除,释放服务器的容量,提高服务器运行速度。

四、引入账套

引入账套功能是指将系统外某账套数据引入本系统中。账套数据恢复也叫引入账套,是账套数据备份的反向操作,是指将财务软件外的账套数据引入财务软件中。该功能一方面可以恢复财务软件内受损的数据,另一方面有利于集团公司内部查账,对集团公司来说,可以将子公司的账套数据定期引入母公司系统中,以便进行有关账套数据的分析和合并工作。

账套引入主要是通过引导文件(UfErpAct.Lst)将备份文件(UFDATA.BAK)引导进系统。

第三节 操作员及权限管理

一、操作员管理

操作员也叫用户,是指有权登录系统并可以对系统进行操作的人员。例如,刘强、张倩、王宁、李亮都是明昌科技公司的财务人员,都拥有用友ERP软件的操作权限,因此这四人均属于操作员。操作员每次注册登录系统,都要进行身份的合法性检查,登录系统后,只能操作被分配了权限的某些系统功能。

为了保证会计信息系统中数据的安全,软件提供操作员设置功能,可以进行操作员的增加、修改、删除、注销及权限控制等操作。增加操作员时,操作员编号必须唯一;为防止审计痕迹被消除,操作员一旦在系统进行过操作,则不能被删除或修改。

二、角色管理

角色是指在企业管理中拥有某一类职能的组织,既可以是实际的部门,也可以是拥有同一类职能的人所构成的虚拟组织。一个操作员可以分属于多个不同的角色,一个角色也可以拥有多个操作员。

我们可以在系统管理中增加用户或者角色,用户和角色的设置可以不分先后顺序,但是在企业中如果要对用户进行批量授权,我们可以先增加角色,对角色授权,然后在增加用户时勾选所属角色。如果单位财务部门人员稳定,数量不多,也可不设置角色,直接增加用户,并给用户授权。

三、权限管理

用友 ERP 软件可以实现三个层次的权限管理:功能级权限管理、数据级权限管理和金额级权限管理。如果操作员在建账时被指定为账套主管,已经自然具有账套的所有权限,则无须再进行权限设置。

1. 功能级权限管理

功能级权限设置是指对操作员是否具备某功能模块相关业务处理的权限进行设置。比如授予操作员"填制凭证"的功能级权限,只有赋予了相应的功能权限,在进行业务操作的时候才能够看见系统名称以及操作菜单。功能级权限管理在系统管理中的"权限"中设置,设置时首先要指定账套,然后指定操作员,通过勾选相应菜单赋予功能。

2. 数据级权限管理

数据级权限设置是指在功能级权限设置后,对具体记录或字段进行的控制,是功能权限设置的细化和延伸。数据级权限包括两方面控制:一是记录级权限控制,即控制操作员不能接触某一类实体,例如对某个操作员不信任,只允许其编制转账凭证而不能编制收付款凭证;二是字段级权限控制,即控制操作员无法接触操作对象的某个属性,例如采购订货单中,为了防止客户报价信息泄露,可以指定除了账套主管之外的操作员都看不见订货单中客户报价这个内容。

数据级权限在企业应用平台中进行设置。它分两步进行:第一步,通过"数据权限设置控制"选出对哪些业务对象进行权限控制,比如通过"数据权限设置控制"勾选"科目"进行控制;第二步,通过对操作员进行"数据权限分配",完成对所选业务对象的权限分配,比如对已被授予"填制凭证"的功能级权限的操作员授予"库存现金"和"银行存款"这两个科目的数据级权限,使该操作员的权限设置更为细化。

3. 金额级权限管理

金额级权限管理在企业应用平台中进行设置,该设置实现具体金额的数量等级划分,对不同岗位的操作员授予不同金额级别的控制,主要用于完善内部金额控制,限制操作员可以使用的金额数量。例如,给操作员授予使用"银行存款"科目 5 000 元以下的权限,则该操作员填制凭证使用"银行存款"科目时,只能输入 5 000 元以下的金额,超过 5 000 元则没有权限操作。

第四节 系统安全机制

安全机制是确保系统安全平稳运行不可或缺的功能,安全机制主要包括以下内容,由系统管理员进行操作。

一、系统运行监控

系统管理显示页面是一个监控页面,屏幕会根据系统的执行情况实时变化,系统管理员通过观测屏幕页面来监控系统的运行。屏幕上半部分可以监测登录系统的具体时间和站点;屏幕下半部分可以监测操作员执行操作的详细情况。

二、清除异常任务/选定任务/所有任务

系统在运行过程中,会因为死机、网络掉线、不当操作等原因导致系统运行异常。系统管理赋予系统管理员职责,能够通过"视图"功能清除异常任务,释放由异常任务所占据的系统资源,使系统恢复正常运行。另外,系统还提供了清除特定任务的功能,可以是指定的任务,也可以是所有任务,以释放被任务占据的系统资源。

三、清除单据锁定

系统在使用过程中可能会导致单据被锁定,例如操作员强行终止某项进程,导致后台数据库的任务记录没有来得及更新,认为操作员还在进行该项操作,致使该任务的单据被锁定。此时就必须由系统管理员通过"视图"功能解除单据锁定,使系统恢复正常运行。

四、形成上机日志

系统会将每个操作员登录和退出系统的时间、操作的具体内容进行记录并形成上机日志,以保留审计线索。

五、设置自动备份计划

自动备份计划是让系统按照事先的设定,定时对账套进行自动备份输出,既可以减轻系统管理员的工作量,又能保障数据的安全。

本章小结

本章以用友 ERP 软件为例,通过介绍系统管理的概念和主要功能,分析了系统管理员与账套主管在职责及权限上的区别,详细阐述了账套建立、修改、输出、删除和引入的具体操作,以及操作员、角色和权限的设置方法,说明了系统管理的安全机制。

拓展延伸

加快会计数字化转型,推动会计信息化工作向更高水平迈进

当前,新一轮科技革命和产业变革深入发展,数字化转型已经成为大势所趋。《中华人民共和国国民经济和社会发展第十四个五年规划和2035年远景目标纲要》提出,加快数字化发展,建设数字经济、数字社会、数字政府,营造良好数字生态,打造数字中国。国务院印发的《"十四五"数字经济发展规划》,就不断做强做优做大我国数字经济提出具体举措。

财政部按照党中央、国务院决策部署,立足中国国情,坚持问题导向,加强对我国会计信息化工作的顶层设计。2021年11月,财政部印发《会计改革与发展"十四五"规划纲要》提出了"以数字化技术为支撑,以会计审计工作数字化转型为抓手,推动会计职能实现拓展升级"的总体目标和"切实加快会计审计数字化转型步伐"的主要任务。按照《规划纲要》的总体部署,2021年12月,财政部印发了《会计信息化发展规划(2021—2025年)》,提出了符合新时代要求的国家会计信息化发展体系,明确了"十四五"时期会计信息化工作的6个具体目标和9项主要任务,是做好当前和今后一段时期会计信息化工作的具体行动指引。

资料来源:财政部,有改动

章节测试

一、单选题

1. 只有( )才有权建立和管理用户。
   A. demo   B. admin   C. user   D. 账套主管

2. 以账套主管的身份注册进入系统管理,可以进行以下( )操作。
   A. 建立账套   B. 修改账套   C. 输出账套   D. 引入账套

3. 下列叙述正确的是( )。
   A. 一个账套可以定义多个账套主管,一个用户也可以担任多个账套的账套主管
   B. 一个账套只能定义一个账套主管
   C. 一个用户只可以担任一个账套的账套主管
   D. 一个账套可以定义多个账套主管,一个用户只可以担任一个账套的账套主管

4. 用友 ERP-U8 管理软件中,最多允许建立( )个账套。
   A. 999   B. 1 000   C. 20 000   D. 9 999

5. 操作权限管理的实质是( )。
   A. 设置操作员的权限   B. 设置操作员的口令
   C. 设置操作员的代码   D. 设置操作员的姓名

6. 用友软件的后台数据库是( )。
   A. Access   B. Excel   C. DBF   D. SQL

7. 下列关于操作员的权限和口令的说法正确的是( )。
   A. 权限由操作人员自定   B. 口令由系统管理员确定
   C. 权限由系统管理员赋予   D. 口令操作员不可自己更改

第二章　系统管理

8. 在用友 ERP-U8 软件中，操作员及其权限的设置一般是在（　　）中完成的。
   A. 系统管理　　　B. 企业应用平台　　　C. 工资管理　　　D. 固定资产管理
9. 以下不属于系统管理界面的操作内容为（　　）。
   A. 引入账套　　　B. 新建账套　　　C. 修改账套　　　D. 录入期初余额
10. 用友 ERP-U8 V10.1 软件中，具有修改账套权限的是（　　）。
    A. 系统管理员　　　B. 账套主管　　　C. 总账会计　　　D. 出纳

二、多选题

1. 在用友 U8 中，系统允许以（　　）两种身份注册进入系统管理进行操作，其他人不能操作。
   A. 操作员　　　B. 账套主管　　　C. 系统管理员　　　D. 出纳
2. 年度账管理包括（　　）。
   A. 建立新年度账　　　　　　　B. 年度账的引入和输出
   C. 年度账备份　　　　　　　　D. 结转上年数据
3. 建立账套的内容包括（　　）。
   A. 录入用户新建账套的基本信息
   B. 录入存货、客户和供应商的分类设置信息
   C. 数据精度定义
   D. 设计分类编码
4. 系统管理员对账套备份会生成两个文件，它们分别是（　　）。
   A. UFDATA.BAK　B. SQL SERVER　C. UfErpAct.Lst　D. U8
5. 必须进行数据备份的情况是（　　）。
   A. 每月结账前和结账后
   B. 会计年度终了进行结账时
   C. 更新软件版本或需进行硬盘格式化时
   D. 消除计算机病毒前

三、判断题

1. 账套一旦建立并使用，其所有核算参数将不能进行修改。（　　）
2. 系统管理员（admin）负责整个系统的总体控制和维护工作，可以管理该系统中所有的账套。以系统管理员身份注册进入，可以进行账套的建立、修改、引入和输出，设置用户和账套主管，设置和修改用户的密码及其权限等。（　　）
3. 上机日志，所有人员都不能删除。（　　）
4. 系统管理员或账套主管可以对非账套主管的用户已拥有的权限进行删除，用户权限一旦被引用，便不能被删除。（　　）
5. 在用友 ERP 管理系统中，只能有一个系统管理员，但可以有多个账套主管。（　　）

四、简答题

1. 系统管理员、账套主管和一般操作员在操作权限上有何差异？
2. 账套和账套库的关系是怎样的？
3. 系统运行安全管理包括哪些内容？

实验一 系统管理

【实验目的】

(1)掌握用友 U8 中系统管理的相关内容。

(2)理解系统管理在整个系统中的作用及重要性。

【实验资料】

1. 账套资料

1)账套信息

账套号:001。账套名称:明昌科技。采用默认账套路径。启用会计期:2023 年 1 月。会计期间设置为默认。

2)单位信息

单位名称:湖北明昌科技有限公司。单位简称:明昌科技。单位地址:武汉市洪山区武珞路 888 号。邮政编码:430000。联系电话及传真:66886688。税号:111112222233333。

3)核算类型

记账本位币:人民币(RMB)。企业类型:工业。行业性质:2007 年新会计制度科目。要求按行业性质预置会计科目。

4)基础信息

湖北明昌科技有限公司没有外币核算,进行经济业务处理时,需要对存货、客户、供应商进行分类。

5)分类编码方案

会计科目分类编码级次为42222;

部门编码级次为122;

结算方式编码级次为12;

客户分类编码级次为122;

供应商分类编码级次为122;

存货分类编码级次为122;

其余分类编码级次采用默认值。

6)数据精度

采用系统默认值。

7)系统启用

暂不启用任何子系统。

2. 操作员资料

操作员资料如表2.1所示。

表 2.1　操作员资料

编号	姓名	口令	所属部门
001	刘强	1	财务部
002	张倩	2	财务部
003	王宁	3	财务部
004	李亮	4	财务部

注：操作员认证方式均为"用户＋口令"。

3. 功能级权限分配

1）刘强

工作岗位：会计主管。

工作职责：负责会计信息系统运行环境的建立，以及各项初始设置工作；负责会计信息系统的日常运行管理工作，监督并保证系统的有效、安全、正常运行；负责总账系统的凭证审核、记账、账簿查询、月末结账工作；负责报表管理及其财务分析工作。

用友 U8 中的权限：具有系统所有模块的全部权限。

2）张倩

工作岗位：出纳。

工作职责：负责库存现金和银行存款的管理工作。

用友 U8 中的权限：具有"总账—凭证—查询凭证""总账—凭证—出纳签字"权限以及"总账—出纳"的全部操作权限。

3）王宁

工作岗位：总账会计。

工作职责：负责总账系统的凭证管理工作。

用友 U8 中的权限：具有总账系统的全部操作权限。

4）李亮

工作岗位：会计助理。

工作职责：协助财务部其他人员完成工作。

用友 U8 中的权限：暂无。

【实验要求】

(1) 根据以上资料建立账套，增加用户，并给用户设置权限。

(2) 用户刘强觉得自己的登录密码过于简单，请帮助刘强重新设置密码，新密码为 123。

(3) 近期，由于企业开展了一系列的外贸业务，经常收到美元并预计该业务会持续进行，需对账套基础信息进行修改，增设美元外币核算。

(4) 为确保数据安全，请将账套进行输出备份。

【操作指导】

1. 建立账套

以系统管理员(admin)的身份注册登录"系统管理"平台。双击桌面上的"系统管理"图标,以 admin 登录,密码为空,点击"登录"按钮。

建立账套

在"系统管理"界面点击"账套"下拉菜单,选择"新建",选择建账方式为"新建空白账套"。

点击"下一步",打开"创建账套"界面,依次输入账套号、账套名称、启用会计期等账套信息,其中蓝色项目必须输入。

点击"下一步",进入"单位信息"界面,根据实验资料录入单位信息,包括单位名称、单位简称、单位地址、邮政编码、联系电话及传真、税号等信息。

点击"下一步",进入"核算类型"界面。选择本币代码、本币名称、企业类型、行业性质,勾选"按行业性质预置科目"。

点击"下一步",进入"基础信息"界面。勾选"存货是否分类""客户是否分类""供应商是否分类"复选框。

点击"下一步",进入"创建账套"对话框,点击下方"完成"按钮,弹出"可以创建账套了么"询问窗口,点击"是",进入"编码方案"界面。在"编码方案"界面,按照实验资料所给内容修改系统默认值,完成后点击"确定"按钮,再点击"取消"按钮,打开"数据精度"对话框。

在"数据精度"界面,按照实验资料所给内容修改系统默认值,如果不需要修改,直接点击"确定"。

账套创建完成之后,系统会询问是否进行系统启用,点击"否",系统弹出"请进入企业应用平台进行业务操作!"提示框,关闭此提示框,回到"系统管理"主界面。

系统管理的
用户管理

2. 增加用户

(1)点击"权限"下拉菜单,选择"用户"选项,打开"用户管理"界面。

(2)点击"增加"按钮,打开"操作员详细情况"窗口,输入编号"001",姓名"刘强",口令以及确认口令"1",所属部门"财务部",点击"增加"按钮,自动进入下一个用户的增加界面。

张倩、王宁、李亮的增加操作同刘强,此处不再赘述。

3. 设置权限

点击"权限"下拉菜单,选择"权限"选项,打开"操作员权限"界面。从左侧的列表中选择要分配权限的操作员"001 刘强",右上角账套下拉列表中选择"001 明昌科技",勾选"账套主管"

系统管理的
权限管理

复选框,系统询问"设置普通用户:[001]账套主管权限吗?",点击"是",刘强即被授予"001 明昌科技"账套主管的权限。

从左侧的列表中选择要分配权限的操作员"002 张倩",右上角账套下拉列表中选择"001 明昌科技",点击左上方"修改"按钮,选择"财务会计"—"总账"—"凭证",勾选"查询凭证"和"出纳签字"复选框,选择"财务会计"—"总账",勾选"出纳"复选框,点击"保存"按钮。

从左侧的列表中选择要分配权限的操作员"003 王宁",右上角账套下拉列表中选择"001 明昌科技",点击左上方"修改"按钮,点击"财务会计"前面的"＋"号,勾选"总账"复选框,点击"保存"按钮。

4. 修改用户信息

点击"权限"下拉菜单,选择"用户"选项,打开"用户管理"界面。选中"001 刘强",点击"修改"按钮,打开"修改用户信息"窗口,在"口令"处删除之前的信息,重新录入新口令"123",同时确认新口令为"123",修改完点击"确定"即可。

5. 修改账套信息

在"系统管理"主界面,用账套主管"001 刘强"进行登录,登录时可以用操作员的编号"001",也可以用操作员的姓名"刘强",登录口令为"123",登录时间为 2023 年 1 月 1 日。

点击"账套"下拉菜单,选择"修改"选项,一直点击"下一步",在"基础信息"界面勾选"有无外币核算"复选框。修改完成后,系统弹出"修改账套成功"对话框。

修改账套

6. 账套备份

(1)打开"系统管理"界面,以系统管理员 admin 登录,密码为空。

(2)在"系统管理"界面点击"账套"下拉菜单,选择"输出"选项,打开"账套输出"界面,选择要输出的账套。

输出账套

(3)点击"输出文件位置"旁边的"...",系统弹出"请选择账套备份路径"窗口,选择备份账套保存路径"C:\"(此处为举例,可选择存放在存储空间比较大的磁盘),点击"确定"按钮,系统提示输出成功,同时在"C:\"目录下生成两个文件。

第三章 公共基础信息设置

·知识传授·

1. 了解用友 ERP 软件企业应用平台的基本功能;
2. 掌握基础档案设置的具体内容;
3. 掌握基础档案设置的操作方法。

·能力培养·

1. 能够根据资料整理出中小企业的公共基础信息;
2. 能够在会计信息系统中熟练设置公共基础信息。

·价值塑造·

1. 通过与各部门沟通交流,强化团队协作意识,培养职业沟通和协调能力;
2. 通过整理公共基础信息,了解业务模块的因果联系,树立会计信息处理的全局观,增强不断学习以及适应社会发展的能力;
3. 通过在系统中设置公共基础信息,养成严谨细致、精益求精的职业素养。

第一节 系统概述

企业应用平台是用友 ERP 软件进行业务处理的基础平台,由基础信息、业务工作和系统服务几个模块组成,能够使系统资源得到高效、合理的使用。企业应用平台和系统管理一样,是用友 ERP 软件中用得最频繁的端口,其主要工作包括基本信息设置(系统启用、编码方案、数据精度)、基础档案设置、数据权限与金额权限设置、单据设置等内容。

通过企业应用平台,系统使用者能够访问其所需的信息、设计工作流程、处理业务工作。由于系统管理员(admin)负责的是整个系统软件和硬件的正常运营,以及系统数据库的日常维护,不能进行日常的业务操作,所以系统管理员不能登录企业应用平台,由账套主管和有操作权限的操作员登录并使用企业应用平台。

第二节 基本信息设置

在基本信息设置中,可以对建账过程确定的编码方案和数据精度进行修改,并进行系统启用设置。

一、系统启用

用友 ERP 软件由许多相对独立的模块组成,这些模块也称为子系统,这些子系统经过启用才能进入操作,系统启用是指设定各个子系统启用的日期。

企业应根据自身业务需要对这些子系统进行合适的搭配,可以单独启用其中的某个子系统,也可以搭配启用。例如职工的工资项目中如果包含计件工资项目,那么需要同时启用薪资管理和计件工资两个模块。系统启用赋予了企业很大的灵活性,企业可以根据自身业务需要,选择启用哪些系统,以及什么时候启用。启用之后的子系统菜单才会出现在平台的业务工作模块中,并且相应地增加某些基础档案的设置。例如只有在启用了计件工资系统之后,才可以进行工序资料的档案设置。

启用系统的方法有两种:

第一种方法是在建账完成后立即进行系统启用,按照系统提示启用系统,此处由系统管理员启用。

第二种方法是建账结束后,在企业应用平台进行系统启用,此处由账套主管启用。

二、编码方案修改

编码方案是由系统管理员在建立账套时设置的,如果编码方案需要修改,可以在系统管理中由账套主管通过修改账套进行修改,也可以在企业应用平台中由具有操作权限的操作员进行修改。但是如果编码方案已经被使用,则不能再修改。

三、数据精度修改

数据精度是由系统管理员在建立账套时设置的,如果数据精度需要修改,可以在系统管理中由账套主管通过修改账套进行修改,也可以在企业应用平台中由具有操作权限的操作员进行修改。但是如果数据精度已经被使用,则不能再修改。

第三节 基础档案设置

企业应用平台是用友 ERP 系统进行业务处理的基础平台,在这个平台上集成了财务会计、管理会计、供应链、生产制造、人力资源、集团应用等子系统。基础档案是各个子系统运行所需要的基础数据来源,是用友 ERP 系统运行的基石,关系到日后的业务操作与数据统计工作。企业在启用系统之前,应根据实际情况对现有基础档案进行整理,结合系统基础档案设置的要求,确定其内容和编码方案,事先做好基础数据的准备工作。

一、部门档案设置

部门是指构成企业整体的各个机构,比如明昌科技公司由行政部、采购部、销售部和生产部这四个部门组成。用友 ERP 系统中的部门可以指实际职能部门,也可以是虚拟的部门。当需对某一部门的信息进行统计、汇总、分析时,就需要对部门档案进行设置。部门档案设置部门的相关信息,主要包括部门编码、部门名称、部门属性、部门负责人等内容。

二、人员档案设置

人员是指企业各部门中的员工,所以人员必须隶属于某个部门,由于人员档案中必须录入人员类别,所以只有在设置完部门档案和人员类别之后才能设置人员档案。设置人员档案是指建立企业的职工具体信息,主要包括人员编码、人员姓名、人员类别、性别、所属部门等。人员档案设置中的"是否为操作员"选项,如果勾选,则表明将该人员添加到系统管理中,使之同时成为操作员。如果该员工已经是操作员,则不需要勾选。

三、客商信息设置

客商是指与本企业有业务往来的其他单位。客商包括客户和供应商两大类,比如明昌科技公司从华彩公司购买主板,那么对于明昌科技公司而言,华彩公司是供应商;明昌科技公司将 Z5 手表卖给祥光公司,那么对于明昌科技公司而言,祥光公司是客户。当企业需要对与客户和供应商之间发生的业务活动进行信息统计、分析和汇总时,需要预先设置客户档案和供应商档案。

设置客户档案/供应商档案时,需要输入客户/供应商的基本信息、联系方式、信用数据等内容。如果某个客户是一般纳税人,那么必须输入税号,否则会影响开具销售增值税专用发票。

四、财务档案设置

1. 外币设置

外币设置是指当企业有外币核算业务时,设置所使用的外币币种、核算方法和具体汇率。用户可以增加或者删除外币币别,通常在设置外币时,需要输入外币币符、外币名称、折算方式、固定汇率/浮动汇率等。如果是固定汇率,还需要输入期初的记账汇率,后期在总账系统填制凭证的时候,如果有外币业务,只需要输入外币本币金额,系统根据期初汇率自动计算出入账的人民币数额。

2. 会计科目设置

会计科目是填制会计凭证、登记会计账簿、编制会计报表的基础,会计科目设置的详细程度直接影响到会计信息的详细程度。会计科目设置是基础档案设置的重点,其主要内容包括会计科目编码、会计科目名称、会计科目类型、账页格式、数量核算、外币核算、是否封存等。

1)辅助核算

辅助核算是会计科目的一种延伸,设置某科目有相应的辅助核算后,相当于设置了该科目按辅助核算进行更为详细的核算。但辅助核算又不同于一般的明细科目，它具有更加灵活方便的特性，一个辅助核算可以在多个科目下使用，一个会计科目可以设置单一或多个辅助核算，例如可以将应收账款科目同时设置为客户往来辅助核算与部门辅助核算。使用辅助核算功能后，当录入凭证时，不仅会有相关科目的总分类账、明细账等正式账簿，还会生成相应的辅助核算账簿，方便用户分析特定的数据报表。

辅助核算具有如下作用：

①简化会计科目体系。进行辅助核算时，可以用相关的辅助档案代替明细科目，从而达到简化会计科目体系的作用。比如明昌科技公司有10个工程项目，每个工程项目下设10个明细科目，如果不采用辅助核算需要有100个科目，如果使用项目核算只需要建立10个项目档案，10个明细科目可以共用这10个项目档案，科目体系大大精简了。再如，明昌科技公司要按客户核算其应收账款和预收账款，假设该企业共有100个客户，因此除了需要设置应收账款和预收账款2个一级科目外，还需要在这两个一级科目下分别按客户设置100个二级科目，因而总共需要设置202个会计科目。如果将应收账款和预收账款分别设置为客户往来辅助核算的话，只需要设置应收账款和预收账款2个一级科目，同时建立100个客户档案，应收账款和预收账款两个科目可以共用客户档案。

②使会计科目体系变得相对稳定。使用传统明细科目核算时，如果相关信息发生变动，会导致会计科目需要同步修改，而使用辅助核算时，由于不必建立相应的明细科目，当相关信息发生变动时不会影响到会计科目，因而使得会计科目体系变得相对稳定。如在前例中，工程项目和客户发生变动，在使用明细科目核算时必须要对相关会计科目进行修改，而使用辅助核算时会计科目体系不必修改，只需对项目档案和客户档案进行修改即可。

③便于信息的查询和统计分析。使用传统明细科目核算时，只能进行"纵向查询"，即只有明细账和总账及余额表。而使用辅助核算时，不仅可以进行"纵向查询"，还可以进行"横向查询"和相关的统计、分析，比如项目有单独的项目统计分析等报表，应收账款可以进行账龄分析等操作，极大地丰富了信息查询手段，使得用户可以及时方便地获取必要的决策和管理信息，符合会计信息化环境的特点和对会计信息质量的要求。

典型的辅助核算可以设置如下类型：

①客户往来核算。当某一科目需要核算和反映不同的客户信息时，可以使用客户往来辅助核算。例如，企业可能需要按不同客户核算和反映其应收账款、应收票据、预收账款等科目信息，因而可以将这些科目设置为客户往来辅助核算；再如，当企业需要按客户对商品销售进行流向分析以反映各客户购买排序及比重情况时，可以将主营业务收入科目设置为客户往来辅助核算。

②供应商往来核算。当某一科目需要核算和反映不同的供应商信息时，可以使用供应商核算。例如，企业可能需要按不同供应商核算和反映其应付账款、应付票据、预付账款等科目信息，因而可以将这些科目设置为供应商核算。

③个人往来核算。当某一科目需要核算和反映不同的个人信息时，可以使用个人核算。例如，当企业需要按不同职员反映其差旅费等借款情况时，可将其他应收款设置为个人核算；当企业需要反映不同业务员的销售业绩时，可以将主营业务收入科目设置为个人核算。

④部门核算。当某一科目需要核算和反映不同的部门信息时，可以使用部门核算。例如，当企业需要按不同部门反映管理费用等情况时，可以将管理费用等科目设置为部门核算。

⑤项目核算。许多企业在实际业务处理中会对多种类型的项目进行核算和管理,例如,在建工程、对外投资、技术改造项目、项目成本管理、合同等,这些都是单独作为项目管理进行核算的。在传统手工会计中,项目核算一般是设置大量的明细科目,然后根据科目开设账页,最后在账页中开设收入、成本、费用等专栏进行明细核算,工作量比较大。

项目核算是一个广义的概念,由于可以将不同的客户、供应商、个人和部门看作不同的项目,因而可以采用项目核算。如果企业需要反映不同在建工程项目的建造成本时,可以将在建工程科目设置为项目核算,而将各项工程项目作为不同的项目;如果企业需要反映不同产品的生产成本时,可以将生产成本科目设置为项目核算,而将各种产品看作不同的项目;如果企业需要反映在不同地区的销售情况,以统计产品在哪些地区更受用户欢迎时,可以将主营业务收入科目设置为项目辅助核算,而将各地区看作不同的项目。

⑥自定义项目。在填制凭证的时候,除了摘要、科目、金额等基本信息之外,假设还需要录入其他的辅助核算无法解决的基本信息,这些信息不是凭证的主要信息,在系统预设的辅助核算无法满足的情况下,可以通过自定义项目解决。

用友 ERP 系统辅助核算使用中的注意事项:

①一个会计科目可同时设置多种辅助核算,例如管理费用既想核算各部门的使用情况,也想了解各项目的使用情况,那么,可以同时设置部门辅助核算和项目辅助核算。

②个人往来辅助核算不能与其他专项一同设置,客户往来辅助核算与供应商往来辅助核算不能一同设置。辅助核算必须设在末级科目上,但为了查询或出账方便,有些科目也可以在末级和上级设置。但若只在上级科目设账类,其末级科目没有设该账类,系统将不承认,也就是说当上级科目设有某辅助核算时,其末级科目中必设有该账类,否则只在上级设辅助核算,系统将不处理。

③尽量不要修改会计科目的辅助核算,比如原来有辅助核算取消辅助核算或者没有设置辅助核算添加辅助核算,修改时必须对期初余额和相关凭证都进行修改。如果修改有问题,那么很可能会造成总账与辅助账对账不平。

2)指定科目

指定科目是指定出纳的专管科目。出纳人员主要负责对库存现金、银行存款这两个科目的管理,因此事先通过指定科目功能来明确出纳负责的科目,系统才能确定什么凭证是出纳凭证,才能执行对记账凭证进行出纳签字,在出纳管理功能中查询现金、银行日记账,进行银行对账,在制单中进行支票控制和资金赤字控制等。指定科目包括指定现金总账科目、指定银行总账科目及指定现金流量科目。指定现金流量科目是为了编制现金流量表,如果单位无须编制现金流量表则可以不用指定现金流量科目。

3)日记账与银行账

在用友 ERP 系统中,几乎所有的科目都可以设置为日记账,不局限于库存现金和银行存款。但是,银行科目一定要设置为银行账,这样在填制凭证的时候,只要是银行账的会计科目发生金额,系统会要求输入结算方式和结算号等核算信息,以方便日后进行银行存款对账,也可以进行支票登记。

3. 凭证类别设置

凭证类别设置是指对记账凭证进行分类编制。在填制凭证之前,必须进行凭证类别的设置,用友 ERP 系统预置了常用的凭证类别:①记账凭证;②收款凭证、付款凭证、转账凭证;③现金凭证、银行凭证、转账凭证;④现金收款凭证、现金付款凭证、银行收款凭证、银行付款凭证、转账凭证;⑤自定义凭证类别。选择哪一种凭证类别取决于企业业务量多少,如果业务量不多,可以只设置记账凭证一种类别;如果业务较多,可以设置为收款凭证、付款凭证、转账凭证;如果业务量很大,还可以设置为现金收款凭证、现金付款凭证、银行收款凭证、银行付款凭证和转账凭证五种类型。

在具体的凭证类别界面,为了防止填制凭证时凭证类别选择错误,用友ERP系统针对不同类别的凭证,提供了限制条件与限制科目的设置,系统会根据这些限制条件在凭证类别选择错误时给予提示。例如,收款凭证必须满足"'借方'必有'库存现金'或者'银行存款'"的限制条件,付款凭证必须满足"'贷方'必有'库存现金'或者'银行存款'"的限制条件,转账凭证必须满足"'凭证'必无'库存现金'与'银行存款'"的限制条件。

4. 项目目录设置

在用友ERP系统中,专设项目核算辅助账,将相同特性的项目定义为一个项目大类,然后在每一大类下进行项目管理,一个项目大类可以核算多个项目。为了便于管理,还可以对这些项目进行分类管理,使其与总账业务处理过程同步进行核算管理,从而大大减轻了工作量。使用项目核算与管理的首要步骤是设置项目档案,设置步骤如下:

(1)定义项目大类。定义时首先选择项目属性,常见的是普通项目。如果要定义存货项目,并且已经启用了存货核算系统,则可选择"使用存货目录定义项目",即将存货核算系统中定义好的存货目录作为项目目录;如果需要进行成本核算,则选择"成本对象";如果要编制现金流量表,则选择"现金流量项目"。属性设定后是定义该大类的级次,以及每一级的编码长度,系统最多允许八级。最后是定义项目栏目,即增加项目大类应包含的信息。

(2)指定核算科目。将项目大类与对应的会计科目连接起来,被指定的会计科目必须事先在会计科目设置中修改辅助核算为"项目管理",指定为某项目大类的核算科目后,这些会计科目都归属在这个项目大类下进行辅助核算。

(3)定义项目分类。对项目大类进行分类管理,例如明昌科技公司将"产品大类"按照类型不同分为"手表"与"智能手环",将"基建工程大类"按照施工主体不同分为"外包工程"和"自营工程"。如果项目大类下包括的项目很多,可以进行再分类。

(4)定义项目目录。将项目大类下的具体项目档案录入系统,例如明昌科技公司"产品"项目大类中,"手表"分类中包括"Z5手表""Q1手表"。项目属性不一样,项目目录要求录入的信息各不相同,普通项目的基本信息包括项目编号、项目名称、是否结算、所属分类等信息;如果是存货目录项目,其信息还包括存货规格型号、存货属性等;如果是项目成本项目,其信息还包括完工日期等。

五、结算方式设置

结算是指在商品经济条件下,各经济单位间由于商品交易、劳务供应和资金调拨等经济活动而引起的货币收付行为。结算按支付形式的不同分为现金结算、票据转让和转账结算。现金结算是收付款双方直接以现金进行的收付。票据转让是以票据的给付表明债权债务关系。转账结算是通过银行或网上支付平台将款项从付款单位账户划转到收款单位账户的货币收付行为。

设置收付结算方式一般包括设置结算方式编码、结算方式名称等。其目的是建立和管理企业在经营活动中所涉及的货币结算方式,方便银行对账、票据管理和结算票据的使用。

第四节　数据权限及金额权限设置

权限控制是会计信息系统内部控制的重要组成。在会计信息系统中,提供了三种不同性质的权限管理——功能权限、数据权限和金额权限,分别用于实现对不同用户、不同业务对象和不同业务内容的控制(由于账套主管具有本账套的最高权限,故不参与数据权限与金额权限的分配)。其中,功能权限设置在系统管理中进行,数据权限与金额权限设置在企业应用平台上进行。

一、数据权限设置

数据权限是针对业务对象进行的控制,可以选择对特定业务对象的某些项目和某些记录进行查询和录入的权限控制。

很多情况下,不同的操作员对应的管理内容是不同的。例如,客户档案是企业的一项重要资源,手工管理方式下,客户信息一般散落在业务员手中,每个业务员掌握数量不等的客户信息资源。业务员一旦离开企业,极易造成客户资源的流失,给企业带来损失。企业建立会计信息系统时,需要全面整理客户资料并录入系统,以便有效地管理客户、服务客户。明昌科技公司通过数据权限设置,可以实现不同管理岗位其所能接触和管理的客户范围和客户内容是不同的,如设置销售一部张峰只能查看和管理自己辖区的客户,而无权查阅企业所有的客户;销售二部赵敏查看客户时只能看到客户编码、客户名称几项基本内容,不能看到客户联系人、信用情况等信息。

二、金额权限设置

金额权限设置实现具体金额的数量等级划分,对不同岗位的操作员授予不同金额级别的控制。金额权限主要用于设置用户可使用的金额级别,会计信息系统中提供了对如下业务对象的金额权限设置:采购订单的金额审核额度、科目的制单金额额度。

本章小结

本章以用友 ERP 软件为例,通过介绍企业应用平台的概念和主要功能,分析了系统管理与企业应用平台的区别与联系,详细阐述了公共基础信息设置的具体内容,包括基本信息设置、基础档案设置、数据权限与金额权限的设置等。

拓展延伸

会计科目编码

会计科目是一种用于分类和核算企业经济业务的科目,对企业经济业务数据进行分类、记录、整理和报告,是会计核算的基础。对会计科目进行编码可以提高会计工作效率,方便数据的分类、整理和比较,也是为了符合会计核算规范和要求。

在会计信息系统中,会计科目编码通常用阿拉伯数字编制,采用分段组合的编码方式,从左到右分成数段,每一段设有固定的位数,表示不同层次的会计科目,如第一段表示总账科目(一级科目),第二段表示二级明细科目,第三段表示三级明细科目。

一级会计科目的编号一般采用四位纯数字表示,其中第一位数字表示会计科目的类别,其中1表示资产类,2表示负债类,3表示共同类,4表示所有者权益类,5表示成本类,6为损益类;第二位数字可以划分大类下面的小类;剩余两码为流水号。

二级会计科目一般采用六位编码,其中前四位为一级科目的代码,后两位为流水号。如:银行存款科目编码为1002,根据银行的不同,可以设置多个二级科目,例如100201中国建设银行、100202中国工商银行、100203中国农业银行。

总账科目(一级科目)原则上由财政部统一制定,明细科目的编码可以自行确定,为了保证会计信息质量的可比性,一般不宜改变总账科目(一级科目)名称和编码。但是,企业在不违反会计准则中确认、计量和报告规定的前提下,也可以根据本单位的实际情况自行增设、分拆、合并总账科目(一级科目),对于企业不存在的交易或者事项,可不设置相关总账科目(一级科目)。

章节测试

一、单选题

1. 不属于企业基础信息设置的是( )。
   A. 客户档案　　　　B. 多栏账定义　　　　C. 部门档案　　　　D. 人员档案
2. 用友 ERP-U8 V10.1 软件中,必用模块为( )模块。
   A. 销售管理　　　　B. 薪资管理　　　　C. UFO 报表　　　　D. 库存管理
3. "应收账款"科目通常设置( )辅助核算。
   A. 部门　　　　B. 个人往来　　　　C. 客户往来　　　　D. 供应商往来
4. 在删除会计科目时,以下( )情况可以删除。
   A. 有余额的科目　　　　　　　　B. 有发生额的科目
   C. 既有余额又有发生额的科目　　D. 既无余额又无发生额的科目
5. 会计科目建立的顺序是( )。
   A. 先建立下级科目,再建立上级科目
   B. 先建立明细科目,再建立总账科目
   C. 先建立上级科目,再建立下级科目
   D. 不分先后

6. 设置会计科目编码要求( )。
A. 可以任意设置　　　　　　　　　B. 一级科目编码应按财政部统一规定
C. 必须按财政部统一规定　　　　　D. 各级科目编码长度要相同

7. 下列说法正确的是( )。
A. 已经使用的会计科目可以进行删除
B. 增加会计科目时,应遵循自下而上的顺序
C. 删除会计科目时,应遵循自上而下的顺序
D. 增加的会计科目编码必须遵循会计科目编码方案

8. 必须先建立以下( )档案,才能建立人员档案。
A. 本单位信息　　　B. 部门档案　　　C. 职务档案　　　D. 岗位档案

9. 若会计科目的编码方案为 4-2-2-2,则某会计科目的四级科目全编码为( )。
A. 100101　　　B. 10010102　　　C. 1001010101　　　D. 10101

10. 关于总账的启用日期,以下哪一种说法是正确的?( )
A. 总账启用会计期必须小于等于账套的启用日期
B. 总账启用会计期必须小于等于系统日期
C. 总账启用会计期必须大于等于账套的启用日期
D. 总账启用会计期必须大于等于系统日期

二、多选题

1. 假设部门编码规则为＊＊ ＊＊＊,请选出下列不符合该规则的部门编码( )。
A. 10000　　　B. 102　　　C. 1021　　　D. 201001

2. 在用友 U8 软件中,凭证类别的限制类型有( )。
A. 借方必有　　　B. 贷方必无　　　C. 贷方必有　　　D. 借方必无

3. 设置会计科目必须填写的项目是( ),其他可以默认。
A. 科目编码　　　B. 科目名称　　　C. 科目类型　　　D. 辅助核算

4. 用友 ERP-U8 V10.1 预置的常用的凭证类别有( )
A. 通用记账凭证
B. 收款凭证、付款凭证、转账凭证
C. 现金凭证、银行凭证、转账凭证
D. 现金收款凭证、银行收款凭证、现金付款凭证、银行付款凭证、转账凭证

三、判断题

1. 建立人员档案时,人员编码必须唯一,人员姓名不可重复。( )
2. 科目编码中的一级科目编码必须符合现行的会计制度。( )
3. 科目编码的级次和级长可根据单位的实际情况来确定。( )
4. 不设置客户的税号,则不能给该客户开具销售专用发票。( )

四、简答题

1. 指定会计科目的作用是什么?
2. 举例说明项目辅助核算的用途。
3. 用友 U8 中提供了哪些科目辅助核算功能?

实验二 基础设置

【实验目的】
(1)掌握用友 U8 中基础设置的相关内容。
(2)理解基础设置在整个系统中的作用及重要性。

【实验资料】
启用总账管理系统,启用日期为 2023 年 1 月 1 日。

1. 机构人员

(1)部门档案(见表 3.1)。

表 3.1 部门档案

部门编码	部门名称
1	行政部
101	总经办
102	人事处
103	财务部
2	采购部
3	销售部
301	销售一部
302	销售二部
4	生产部

(2)人员类别。

湖北明昌科技有限公司在"正式工"下面设置了 5 类人员,具体人员类别如表 3.2 所示。

表 3.2 人员类别

人员类别编码	人员类别名称
10101	企业管理人员
10102	采购人员
10103	销售人员
10104	车间管理人员
10105	生产人员

(3)人员档案(见表3.3)。

表3.3 人员档案

人员编码	姓名	性别	人员类别	所属部门	是否为业务员
001	高波	男	企业管理人员	总经办	是
002	杨敏	女	企业管理人员	人事处	是
003	刘强	男	企业管理人员	财务部	是
004	张倩	女	企业管理人员	财务部	是
005	王宁	女	企业管理人员	财务部	是
006	李亮	男	企业管理人员	财务部	是
007	宋嘉	男	采购人员	采购部	是
008	张峰	男	销售人员	销售一部	是
009	赵敏	女	销售人员	销售二部	是
010	李佳佳	女	车间管理人员	生产部	是
011	王兵	男	生产人员	生产部	否

注:所有人员的雇佣状态均为"在职"。

2. 客商信息

(1)地区分类(见表3.4)。

表3.4 地区分类

分类编码	分类名称
01	华中地区
02	华东地区
03	华北地区
04	华南地区

(2)客户分类(见表3.5)。

表3.5 客户分类

分类编码	分类名称
1	长期客户
101	事业单位
102	企业单位
2	短期客户
3	其他

(3)客户档案(见表3.6)。

表3.6 客户档案

客户编码	客户名称	客户简称	地区分类	客户分类	分管部门	分管业务员
01	武汉祥光商贸公司	祥光公司	01	102	销售一部	张峰
02	黄石人禾商贸公司	人禾公司	01	102	销售一部	张峰
03	沈阳恒昌贸易公司	恒昌公司	03	102	销售二部	赵敏
04	杭州飞讯贸易公司	飞讯公司	02	2	销售一部	张峰
05	广州光华培训学校	光华学校	04	3	销售二部	赵敏

(4)供应商分类(见表3.7)。

表3.7 供应商分类

分类编码	分类名称
1	原料供应商
2	成品供应商

(5)供应商档案(见表3.8)。

表3.8 供应商档案

供应商编码	供应商名称	供应商简称	地区分类	供应商分类	分管部门	分管业务员
01	武汉华彩贸易公司	华彩公司	01	1	采购部	宋嘉
02	长春飞叶科技公司	飞叶公司	03	1	采购部	宋嘉
03	北京恒隆科技公司	恒隆公司	03	2	采购部	宋嘉
04	上海云湖商贸公司	云湖公司	02	2	采购部	宋嘉

3. 存货

(1)计量单位组及计量单位(见表3.9)。

表3.9 计量单位组及计量单位

计量单位组编号	计量单位组名称	计量单位组类别	计量单位编号	计量单位名称
01	基本计量单位	无换算率	01	个
			02	块
			03	根
			04	千米

(2)存货分类(见表3.10)。

表 3.10　存货分类

存货类别编码	存货类别名称
1	原材料
2	库存商品
3	劳务

（3）存货档案（见表3.11）。

表 3.11　存货档案

存货编码	存货名称	计量单位	所属分类	税率	存货属性
101	主板	个	1	13%	外购、生产耗用
102	摄像头	个	1	13%	外购、生产耗用
103	表壳	套	1	13%	外购、生产耗用
104	表带	根	1	13%	外购、生产耗用
201	Z5手表	块	2	13%	内销、自制
202	Q1手表	块	2	13%	内销、自制
203	S7手环	块	2	13%	内销、自制
301	运费	千米	3	9%	内销、外购、应税劳务

4. 财务

1）外币及汇率

湖北明昌科技有限公司采用固定汇率核算外币，外币只涉及美元一种，假定工商银行为美元账户，币符为＄，2023年1月初记账汇率为1∶6.7。

2）会计科目

用友 U8 中已预设了一级会计科目，湖北明昌科技有限公司根据需要对会计科目进行增加和修改，并完成会计科目的指定（见表3.12）。将"库存现金（1001）"指定为现金总账科目；将"银行存款（1002）"指定为银行总账科目；将"库存现金（1001）""建行存款（100201）""工行存款（100202）"指定为现金流量科目。

表 3.12　会计科目

科目编码	科目名称	外币/计量单位	方向	辅助核算
1001	库存现金		借	日记账
1002	银行存款		借	日记账、银行账
100201	建行存款		借	日记账、银行账
100202	工行存款	美元	借	日记账、银行账
1121	应收票据		借	客户往来

续表

科目编码	科目名称	外币/计量单位	方向	辅助核算
1122	应收账款		借	客户往来
1123	预付账款		借	供应商往来
1221	其他应收款		借	
122101	应收职工借款		借	个人往来
1403	原材料		借	
140301	主板	个	借	数量核算
140302	摄像头	个	借	数量核算
140303	表壳	套	借	数量核算
140304	表带	根	借	数量核算
1405	库存商品		借	项目核算
1604	在建工程		借	项目核算
2201	应付票据		贷	供应商往来
2202	应付账款		贷	供应商往来
2203	预收账款		贷	客户往来
2211	应付职工薪酬		贷	
221101	应付工资		贷	
221102	应付福利费		贷	
221103	应付工会经费		贷	
221104	应付职工教育经费		贷	
2221	应交税费		贷	
222101	应交增值税		贷	
22210101	进项税额		借	
22210102	销项税额		贷	
222102	应交企业所得税		贷	
222103	未交增值税		贷	
5001	生产成本		借	
500101	直接材料		借	项目核算
500102	直接人工		借	项目核算
500103	制造费用		借	项目核算

续表

科目编码	科目名称	外币/计量单位	方向	辅助核算
5101	制造费用		借	
510101	折旧费		借	
510102	工资		借	
510103	其他		借	
6001	主营业务收入		贷	项目核算
6401	主营业务成本		借	项目核算
6601	销售费用		借	
660101	办公费		借	
660102	差旅费		借	
660103	折旧费		借	
660104	招待费		借	
660105	工资及福利费		借	
660106	其他		借	
6602	管理费用		借	
660201	办公费		借	部门核算
660202	差旅费		借	部门核算
660203	折旧费		借	部门核算
660204	招待费		借	部门核算
660205	工资及福利费		借	部门核算
660206	其他		借	部门核算
6603	财务费用		借	
660301	利息		借	
660302	手续费		借	
660303	汇兑损益		借	

3) 凭证类别

凭证类别如表 3.13 所示。

表 3.13 凭证类别

凭证类别	限制类型	限制科目
收款凭证	借方必有	1001,1002

续表

凭证类别	限制类型	限制科目
付款凭证	贷方必有	1001,1002
转账凭证	凭证必无	1001,1002

4)项目档案

湖北明昌科技有限公司有两大类项目,分别是产品项目和基建工程项目。

①产品项目。

项目大类:产品。

核算科目:1405库存商品、500101生产成本/直接材料、500102生产成本/直接人工、500103生产成本/制造费用、6001主营业务收入、6401主营业务成本。

项目分类:1手表、2智能手环。

项目目录:具体项目档案如表3.14所示。

表3.14 产品项目

项目编号	项目名称	所属分类码
001	Z5手表	1
002	Q1手表	1
003	S7手环	2

②基建工程项目。

项目大类:基建工程。

核算科目:1604在建工程。

项目分类:1外包、2自营。

项目目录:具体项目档案如表3.15所示。

表3.15 基建工程项目

项目编号	项目名称	所属分类码
001	新建	1
002	改扩建	1
003	设备安装	2

5)结算方式

结算方式如表3.16所示。

表3.16 结算方式

结算方式编码	结算方式名称	票据管理
1	现金	否
2	网银转账	否
3	支票	是

续表

结算方式编码	结算方式名称	票据管理
301	现金支票	是
302	转账支票	是
4	商业汇票	是
401	银行承兑汇票	是
402	商业承兑汇票	是
5	其他	否

【实验要求】

(1)引入实验一账套数据。

(2)启用总账管理系统,启用日期为2023年1月1日。

(3)依照实验资料完成基础档案设置。

(4)为确保数据安全,请将账套进行输出备份。

【操作指导】

1. 引入账套

首先把装有账套文件("UFDATA.BAK"和"UfErpAct.Lst")的文件夹拷贝到引入盘目录下。注意这两个文件必须放在同一个目录中,否则不能引入。

引入账套

以系统管理员(admin)的身份注册登录"系统管理"平台。双击桌面上的"系统管理"图标,以 admin 登录,密码为空,点击"登录"按钮。

在"系统管理"界面点击"账套"下拉菜单,选择"引入"选项,打开"请选择账套备份文件"窗口,选择要引入的账套数据备份文件,选择"UfErpAct.Lst"引入文件,点击"确定"按钮。

弹出系统提示消息,询问是否重新选择引入账套的存放路径,根据情况进行选择(此处也可以选择默认),点击"确定"按钮,系统开始引入账套,直至提示"账套[001]引入成功!"。

2. 系统启用

双击打开"企业应用平台"界面,以账套主管"001 刘强"的身份注册登录,登录时可以用操作员的编号"001",也可以用操作员的姓名"刘强",登录密码为"123",账套选择"001 明昌科技",操作日期为 2023 年 1 月 1 日,点击"登录"按钮。

系统启用

在"企业应用平台"主窗口,点击左下角的"基础设置",选择"基本信息"—"系统启用",勾选"总账"前面的复选框,选择"总账"的启用日期为 2023 年 1 月 1 日,点击"确定"按钮,弹出询问框"确实要启用当前系统吗?",点击"是",完成总账系统的启用。

3. 基础档案设置

1)机构人员

①部门档案设置。

在"企业应用平台"主窗口,点击左下角的"基础设置",选择"基础档案"—"机构人员"。

双击打开"部门档案"窗口,窗口分为左、右两个部分,左边窗口显示系统已有部门的列表,右边显示正在增加的部门。

点击窗口上方的"增加"按钮,可增加新的部门,输入完成之后点击窗口上方的"保存"按钮。

②人员类别设置。

在"企业应用平台"主窗口的"基础设置"中,选择"基础档案"—"机构人员",双击打开"人员类别"窗口,左侧选中"正式工",点击窗口左上方的"增加"按钮,根据实验资料增加"企业管理人员""采购人员""销售人员""车间管理人员"和"生产人员"五个类别。

部门档案

③人员档案设置

在"企业应用平台"主窗口的"基础设置"中,选择"基础档案"—"机构人员",双击"人员档案"打开"人员列表"窗口,点击上方的"增加"按钮,按照实验资料增加新的人员,信息输入完成,点击窗口上方的"保存"按钮,系统自动进入下一人员的录入界面。

人员信息

2)客商信息

①地区分类。

在"基础设置"中选择"基础档案"—"客商信息",双击打开"地区分类"窗口,点击左上角"增加"按钮,增加"01 华中地区",用同样的方法增加其他地区分类。

客商信息

②客户分类。

在"基础设置"中选择"基础档案"—"客商信息",双击打开"客户分类"窗口,点击左上角"增加"按钮,增加"1 长期客户",用同样的方法增加其他客户分类。

③客户档案。

在"基础设置"中选择"基础档案"—"客商信息",双击打开"客户档案"窗口,点击左上角"增加"按钮,在"基本"选项卡中,录入"客户编码""客户名称""客户简称""所属地区"以及"所属分类"。

在"联系"选项卡中,录入"分管部门"以及"专管业务员"。

录入完成,点击"保存并新增"按钮,自动进入下一个客户的档案增加界面,根据实验资料完成所有客户档案的增加。

④供应商分类。

在"基础设置"中选择"基础档案"—"客商信息",双击打开"供应商分类"窗口,点击左上角"增加"按钮,增加"1 原料供应商",用同样的方法增加其他供应商分类。

⑤供应商档案。

在"基础设置"中选择"基础档案"—"客商信息",双击打开"供应商档案"窗口,点击左上角"增加"按钮,在"基本"选项卡中,录入"供应商编码""供应商名称""供应商简称""所属地区"以及"所属分类"。

在"联系"选项卡中,录入"分管部门"以及"专管业务员"。

录入完成,点击"保存并新增"按钮,自动进入下一个供应商的档案增加界面,根据实验资料完成所有供应商档案的增加。

3)存货

①计量单位组和计量单位。

存货信息

在"基础设置"中选择"基础档案"—"存货"—"计量单位",双击打开"计量单位-计量单位组"窗口。首先增加计量单位组,点击上方"分组"按钮,弹出"计量单位组"窗口。

点击"增加"按钮,录入"计量单位组编码"为"01","计量单位组名称"为"基本计量单位","计量单位组类别"为"无换算率",增加完成,保存退出。

选中左边的计量单位组"基本计量单位",点击上方"单位"按钮,弹出"计量单位"窗口,点击"增加"按钮,根据实验资料增加"个""块""根""千米"四个计量单位。

②存货分类。

在"基础设置"中选择"基础档案"—"存货"—"存货分类",双击打开"存货分类"窗口。根据实验资料增加"原材料""库存商品""劳务"分类。

③存货档案。

在"基础设置"中选择"基础档案"—"存货"—"存货档案",双击打开"存货档案"窗口。点击"增加"按钮,弹出"增加存货档案"窗口,根据实验资料录入存货信息。

点击"保存并新增"按钮,自动进入下一项存货的录入界面,根据实验资料完成所有存货档案的新增。

外币设置

4)财务

①外币及汇率。

"100202 银行存款/工行存款"为美元账户,期初固定汇率为6.7。在"基础设置"中选择"基础档案"—"财务",双击打开"外币设置"窗口,点击上方"增加"按钮,输入币符"$",输入币名"美元",点击右下角"确认"按钮。输入2023年1月1日的记账汇率为6.7,输入完毕点击"退出"按钮退出。

②会计科目的新增。

会计科目

在"基础设置"中选择"基础档案"—"财务",双击打开"会计科目"窗口,系统显示所有按"2007年新会计制度科目"预置的会计科目。

以"100201 银行存款/建行存款"为例,介绍一般科目的新增。在"会计科目"窗口,点击上方"增加"按钮,打开"新增会计科目"对话框,输入"科目编码"为"100201","科目名称"为"建行存款",勾选"日记账"和"银行账"复选框,点击"确定"按钮。

以"100202 银行存款/工行存款"为例新增外币科目。在"会计科目"窗口,点击上方"增加"按钮,打开"新增会计科目"对话框,输入"科目编码"为"100202","科目名称"为"工行存款",勾选"外币核算",选择"美元"币种,勾选"日记账"和"银行账"复选框,点击"确定"按钮。

以"140301 原材料/主板"为例,增加数量核算科目。在"会计科目"窗口,增加"140301 主板",勾选"数量核算"复选框,填入计量单位"个",点击"确定"按钮。

以"销售费用"和"管理费用"为例,成批增加下级科目。在"会计科目"窗口,点击"编辑"—"成批复制",打开"成批复制"对话框。在"成批复制"对话框中,输入将科目编码6602(管理费用)的所有下级科目复制为科目编码6601(销售费用)的下级,点击"确认"按钮。

③会计科目的修改。

以"1001 库存现金"为例,介绍一般科目的修改。在"会计科目"窗口,选择"1001 库存现金",点击"修改"按钮或者双击该科目,弹出"会计科目_修改"对话框。选中"日记账"复选框,点击"确定"按钮返回。

以"1122 应收账款"为例,修改辅助核算科目。在"会计科目"窗口,选择"1122 应收账款",点击"修改"按钮或者双击该科目,弹出"会计科目_修改"对话框。勾选辅助核算类型为"客户往来",点击"确定"按钮即完成了该科目的修改。

④会计科目的指定。

在"会计科目"窗口,点击"编辑"—"指定科目",打开"指定科目"对话框,左边选中"现金科目",将"1001 库存现金"由待选科目选入已选科目,完成现金科目的指定。

左边选中"银行科目",将"1002 银行存款"由待选科目选入已选科目,完成银行科目的指定。

左边选中"现金流量科目",将"1001 库存现金""100201 银行存款/建行存款""100202 银行存款/工行存款"和"1012 其他货币资金"由待选科目选入已选科目,完成现金流量科目的指定。

⑤凭证类别。

在"基础设置"中选择"基础档案"—"财务"—"凭证类别",打开"凭证类别预置"对话框,选择"收款凭证 付款凭证 转账凭证",点击"确定"。

凭证类别

在"凭证类别"窗口,点击上方"修改"按钮,双击"收款凭证"后的"限制类型",点击"限制类型"旁边的下三角按钮,选择"借方必有",在"限制科目"中输入 1001 和 1002。用同样的方法,修改"付款凭证"和"转账凭证"的"限制类型"与"限制科目"。

⑥项目档案。

设置"产品"项目。

在"基础设置"中选择"基础档案/财务",双击"项目目录",进入"项目档案"窗口。

项目目录

点击上方"增加"按钮,打开"项目大类定义_增加"对话框,输入新项目大类名称为"产品",项目类型为"普通项目",点击"下一步",输入要定义的项目级次(本例采用默认值),点击"下一步",输入要修改的项目栏目(本例采用默认值),点击"完成"按钮,返回"项目档案"窗口。

在"项目档案"窗口中,在右上角项目大类中选择"产品",点击"核算科目"选项卡,在右上角"项目大类"下拉列表中选择"产品"大类。将"1405 库存商品""500101 生产成本/直接材料""500102 生产成本/直接人工""500103 生产成本/制造费用""6001 主营业务收入"和"6401 主营业务成本"从待选科目区域选择到已选科目区域,选择完毕,点击"确定"按钮。

在"项目档案"窗口中,点击"项目分类定义"选项卡,点击右下角的"增加"按钮,输入"分类编码"为"1","分类名称"为"手表",点击"确定"按钮。用同样的方法,输入"2 智能手环"项目分类。

在"项目档案"窗口中,点击"项目目录"选项卡,点击右下角的"维护"按钮,进入"项目目录维护"窗口。点击"增加"按钮,输入"项目编号"为"001","项目名称"为"Z5 手表",选择"所属分类码"为"1"。用同样的方法,输入"002 Q1 手表""003 S7 手环"项目档案。

用同样的方法,设置"基建工程"项目。

⑦结算方式。

结算方式

在"基础设置"中选择"基础档案"—"收付结算"—"结算方式",进入"结算方式"窗口。点击左上角的"增加"按钮,按实验资料录入结算方式编码、结算方式名称后保存。对于支票及汇票,要勾选票据管理,选择相应的票据类型。

第四章 总账管理系统

◆ 知识传授 ◆

1. 掌握总账管理系统的功能结构；
2. 掌握总账管理系统的凭证管理；
3. 掌握总账管理系统的出纳管理；
4. 掌握总账管理系统的账簿管理；
5. 掌握总账管理系统的期末处理。

◆ 能力培养 ◆

1. 能够根据企业实际进行总账系统的初始设置；
2. 能够熟练填制凭证、复核凭证和登记账簿，查询各类账簿；
3. 能够根据企业实际设置期末转账凭证；
4. 能够熟练完成银行对账工作；
5. 能够熟练进行错账更正。

◆ 价值塑造 ◆

1. 通过分析业务的具体内容，熟悉我国会计准则及其变动，思考企业业务流程，增强不断学习以及适应社会发展的能力；
2. 通过填制凭证的具体操作，在执业过程中秉持独立的第三方立场和实事求是的工作作风，诚信尽责，严谨细致，树立正确的价值观；
3. 通过业务模块的因果联系，用全局的眼光观察和审视会计业务，启发求知探索、不断进取的拼搏精神，树立终身学习观；
4. 通过岗位角色扮演，体验团队合作的愉悦感和成就感，意识到团结就是力量，培养集体荣誉感以及团队协作精神。

第一节 系统概述

总账管理系统，简称为总账系统，也叫账务处理系统，是以会计凭证为起点，将记账凭证以会计分录的形式存放在数据库中，它的主要作用是存储信息，并对信息进行归类、汇总，为包括报表系统在内的其他系统提供所需的信息。用友总账系统是整个用友财务软件的核心,它与其他系统之间存在大量的数据传递。

一、总账系统的主要功能

总账管理系统的主要功能包括初始设置、凭证管理、出纳管理、账簿管理和月末处理等。

1. 初始设置

总账系统初始设置指操作员根据企业的需要建立账务应用环境,将通用会计信息系统变成适合本单位实际需要的专用系统。一般而言,初始化功能越强,会计信息系统的适应性越好。总账初始化主要工作包括选项设置和会计科目期初余额的录入等。

2. 凭证管理

总账系统的凭证管理主要包括凭证的填制、出纳签字、审核、记账、查询、打印等,是总账系统日常工作的核心,也是会计信息系统内部控制的核心。凭证管理包括通过严密的制单控制确保填制凭证的完整性与正确性,提供了资金赤字控制、支票控制、预算控制等功能,加强对业务的管理和控制。

3. 出纳管理

出纳管理旨在加强出纳人员对库存现金及银行存款的管理。出纳管理可完成现金日记账、银行存款日记账、资金日报表的查询以及打印,可以进行支票管理,能够通过银行对账功能与银行核对账务,并生成银行存款余额调节表。

4. 账簿管理

账簿管理查询功能强大,除了传统的总账、明细账、余额表等账簿可以进行查询之外,还可实现总账、明细账、凭证联查,并可查询包含未记账凭证的最新数据。不仅如此,系统还提供了辅助核算账簿的查询,操作员不仅可以按照会计科目进行查询,也能够按照部门、人员、客户、供应商和项目进行查询。

5. 月末处理

总账系统通过系统预设的各类自定义转账功能,月末自动完成月末分摊、计提、销售成本结转、汇兑损益结转、对应结转、期间损益结转业务,实现期末规范性业务的自动处理。另外,系统通过月末处理还可以进行试算平衡、对账、结账工作,对本月工作完成情况进行检查,生成月末工作报告。

二、总账系统与其他系统的数据关系

总账系统是会计信息系统的核心,其他各子系统都是总账系统的补充。总账系统主要以会计凭证为数据处理对象,因此,它与其他各子系统之间的数据联系主要表现为会计凭证数据的传递,以满足登记总账和明细账的需要。总账系统与其他子系统之间的关系如图4.1所示。

总账系统与其他各子系统之间的关系主要表现为:总账系统接收薪资管理系统、固定资产管理系统、应收应付款系统、资金管理系统、存货管理系统以及成本管理系统生成的记账凭证,对这些凭证进行审核记账后生成相应的账表数据,为企业决策和财务分析提供有力的数据支持。

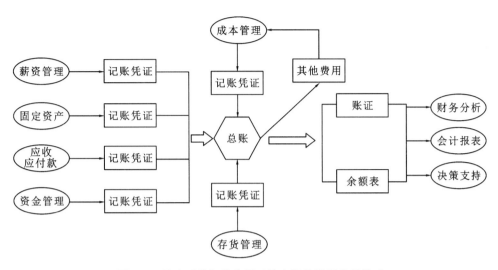

图 4.1　总账系统与其他子系统之间的数据传递关系

三、用友 ERP 软件企业管理解决方案

不同企业对信息管理的需求存在着差异,企业对信息化工作的重视程度也影响企业选择合适的管理解决方案。比如,有的大中型企业对信息管理要求较高,包括财务人员在内的员工信息化水平较高,需要更加详细的企业数据,那么可以选择启用更多的模块;有些中小微企业对信息化工作缺乏重视,对信息管理的要求仅为完成基本的账务处理和报税工作,且财务人员信息化水平有限,那么可以只选择启用"总账"和"UFO 报表"两个模块即可。企业应根据自身实际情况合理启用相应的模块,实现信息化管理目标。

1. 对信息化要求不高的中小微企业

假设中小微企业对信息化管理的要求不高,仅要求完成基本的账务处理和报税工作,且财务人员信息化水平有限,那么无须启用过多的模块,只选择启用"总账"和"UFO 报表"两个模块比较合适(见图 4.2)。

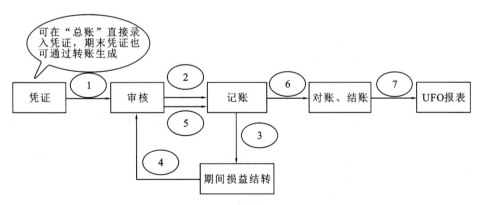

图 4.2　对信息化要求不高的中小微企业 ERP 管理流程图

2. 薪酬或固定资产核算较为复杂的中小企业

假设中小企业对信息化管理的要求不高,仅仅需要完成账务处理和报税等基本工作,但企

业薪资管理和固定资产核算工作量较大,比如有些企业员工人数多,工资计算比较复杂,或者固定资产较多,核算工作量大,则在选用"总账"和"UFO报表"模块的基础上增加"薪资管理"和"固定资产"模块即可。这两个模块的作用在于自动生成薪资或者固定资产相关凭证传递到总账(见图4.3)。

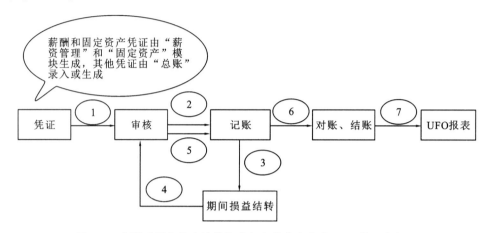

图 4.3　薪酬或固定资产核算较为复杂的中小企业 ERP 管理流程图

3. 对信息化要求较高的大中型企业

假设大中型企业对信息化管理的要求较高,不仅要处理财务信息,完成账务处理和报税等基本工作,还要更为详细地管理企业信息。比如,业务部门人员也要使用相应的模块录入和查询信息,采购人员要在"采购管理"模块进行"采购订单""到货单""采购入库单"的填写;销售人员要在"销售管理"模块进行"销售订单""销售发货单""销售发票"的填写;仓库保管人员要在"库存管理""存货核算"模块填写相关单据;往来会计要在"应收款管理""应付款管理"中确认债权、债务的成立和收付。在此情况下,除了选用"总账"和"UFO报表"这两个必选模块、"薪资管理"和"固定资产"这两个可选的模块以外,还可以启用"采购管理""销售管理""库存管理""应收款管理""应付款管理""存货核算"等模块,以确保采购部门、销售部门、仓库等部门数据的录入和查询(见图4.4)。

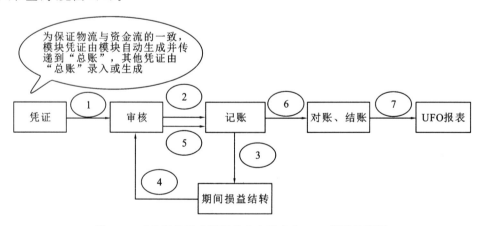

图 4.4　对信息化要求较高的大中型企业 ERP 管理流程图

第二节 总账系统初始设置

在公共基础平台章节,教材详细介绍了系统启用的功能,总账系统只有经过启用才能进入操作,系统启用是指设定总账系统启用的日期。

一、选项设置

为了最大范围满足不同企业用户的信息化需求,作为通用商品化管理软件的核心子系统,总账通过内置大量的选项(也称参数)提供面向不同企业应用的解决方案,企业根据自身的实际情况进行选择,以确定符合企业个性特点的应用模式。

在总账模块的"设置"界面,打开"选项"窗口,可以看到有 8 个页签。下面就几个主要页签进行详细介绍。

1. 凭证页签

在凭证页签界面,可以看到"制单控制""凭证控制""凭证编号方式""现金流量参照科目"四个部分,可以对总账系统的凭证管理进行设置,如图 4.5 所示。

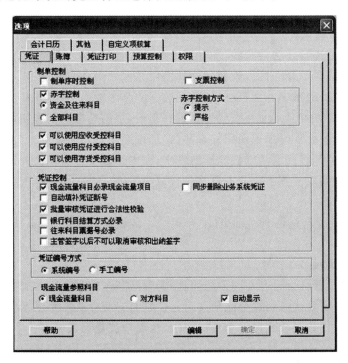

图 4.5 凭证页签设置

1)制单控制:设置系统对填制凭证的控制要求

①制单序时控制:填制凭证必须按照日期的先后顺序,新填制的凭证日期不得小于该类别现有的最后一张凭证的制单日期。制单序时控制和系统自动编号联用才有效。

②支票控制:只有银行科目选择的结算方式勾选了票据管理才能进行。在使用银行科目编制凭证时,系统针对票据管理的结算方式进行登记,如果录入支票号在支票登记簿(总账/出纳)中已经存在,系统提供登记支票报销功能,否则,系统只提供支票登记簿的功能。

③赤字控制:当某科目的余额出现负数的时候,系统是否予以提示或者严格控制。赤字控制可以只针对"资金及往来科目"(往来科目是指供应商、客户、个人往来辅助核算的科目),也可以针对所有科目。

④可以使用应收、应付、存货受控科目:如果某些往来科目在科目设置时被赋予客户往来或者供应商往来辅助核算,那么这些科目就成为应收系统或者应付系统的专管科目,只能在应收或者应付系统中使用,总账系统没有权限使用它们制单,如果希望在总账中也能使用这些往来科目填制凭证,则必须勾选该选项。

2)凭证控制:设置填制凭证时辅助项目的控制要求

①现金流量科目必录现金流量项目:如果企业选择使用项目辅助核算方法作为编制现金流量表的基础,就需要选择该项目。选择后,在填制凭证时如果遇到涉及现金流量的会计科目,还需要录入现金流量项目。

②同步删除业务系统凭证:业务系统删除凭证后,总账系统不再作为作废凭证,同步删除,便于凭证号及时补空。

③自动填补凭证断号:如果会计凭证编号是系统自动编号,则在新增凭证时,系统按凭证类别自动查询本月的第一个断号默认为本次新增凭证的凭证号。如无断号则为新号,与原编号规则一致。

④批量审核凭证进行合法性校验:凭证审核的合法性校验,以提高凭证输入的正确率,合法性校验与保存凭证时的合法性校验相同。如使用总账工具中的凭证引入功能,或在年中进行了辅助核算的调整,应选择此项,以保证凭证数据的合法性。

⑤银行科目结算方式必录及往来科目票据号必录:填制凭证时如果使用银行科目,是否必须录入结算方式;填制凭证时如果使用往来科目,是否必须录入票据号。

⑥主管签字以后不可以取消审核和出纳签字:在主管签字之前相关凭证已审核、出纳已签字,在取消审核或出纳取消签字之前主管需先行取消签字。

3)凭证编号方式

对凭证进行编号,提供两种凭证编号方式——自动编号和手工编号,系统默认是自动编号。

4)现金流量参照科目

指定现金流量参照科目时存在两种应用:一为参照现金流量科目;二为参照非现金流量科目。为提高效率,系统默认参照现金流量科目,选中"自动显示"选项时,系统依据上一选项指定的现金流量科目(或非现金流量科目)自动显示在现金流量录入界面。

2.账簿页签

账簿页签用于设置各种账簿的输出方式和打印要求,如图4.6所示。

1)打印位数宽度

正式账簿打印参数控制。定义正式账簿打印时各栏目的宽度,包括摘要、金额、外币、数量、汇率、单价。此设置针对明细账打印、套打、新打印控件无效。

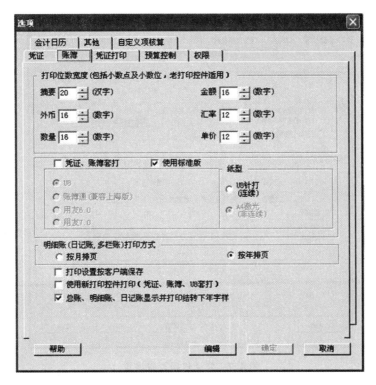

图 4.6 账簿页签设置

2) 凭证、账簿套打

凭证、账簿套打适合于用各种打印机输出管理用表单与账簿。

3) 明细账(日记账、多栏账)打印方式

①按月排页：即打印时从所选月份范围的起始月份开始将明细账顺序排页，再从第一页开始将其打印输出，打印起始页号为"1页"，若所选月份范围不是第一个月，则打印结果的页号必然从"1页"开始排。

②按年排页：即打印时从本会计年度的第一个会计月开始将明细账顺序排页，再将打印月份范围所在的页打印输出，打印起始页号为所打月份在全年总排页中的页号。这样，若所选月份范围不是第一个月，则打印结果的页号有可能不是从"1页"开始排。

4) 打印设置按客户端保存

如果有多个用户使用多台不同型号的打印机时，选择此项则按照每个用户自己的打印机类型和打印选项设置，打印凭证和账簿，每个客户端保存自己的凭证、账簿打印设置。

5) 使用新打印控件打印

凭证、账表在使用非套打打印时及凭证、账表在使用 U8 套打打印时可使用新打印功能，新的打印功能更加灵活，提供更多的自定义打印设置。

6) 总账、明细账、日记账显示并打印结转下年字样

总账、明细账、日记账显示及打印界面最后一行摘要处显示"结转下年"，在方向、余额处显示对应信息。

3. 凭证打印页签

用于设置凭证的输出方式和打印要求，如图 4.7 所示。

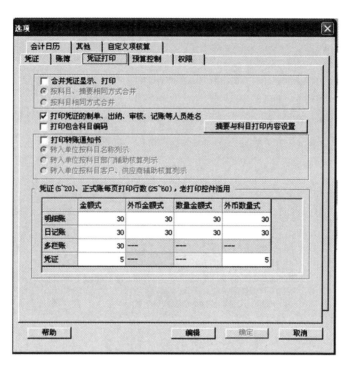

图 4.7 凭证打印页签设置

1)合并凭证显示、打印

为解决凭证中科目相同辅助核算不同时,凭证分录过多,而在凭证查询或打印时并不需要过多的辅助信息,只保留科目汇总金额。

2)打印凭证的制单、出纳、审核、记账等人员姓名

在打印凭证时,是否自动打印制单人、出纳人、审核人、记账人的姓名。

3)打印包含科目编码

在打印凭证时,是否自动打印科目编码。

4)摘要与科目打印内容设置

在待选项中选中需要打印的辅助项或自定义项,选入可供打印的摘要栏或科目栏中,即可按指定的位置打印。

5)打印转账通知书

为适应集团管理的特殊需求,在集团总公司做完凭证后,其下属分支机构应根据总公司的记账科目做对应的账务处理,此通知书即为分支机构记账的原始单据。

①转入单位按科目名称列示:所有科目均可指定为打印转账通知书的科目,打印时转出单位为总公司,而转入单位为科目名称,这种应用为将下属分支机构设置为明细科目时使用。

②转入单位按科目部门辅助核算列示:所有带有部门辅助核算的科目均可指定为打印转账通知书的科目,打印时转出单位为总公司,而转入单位为科目分录中部门名称,这种应用为将下属分支机构设置为部门时使用。

③转入单位按科目客户、供应商辅助核算列示:所有带有客户、供应商辅助核算的科目均可指定为打印转账通知书的科目,打印时转出单位为总公司,而转入单位为科目分录中客户名称或供应商,这种应用为将下属分支机构设置为客户或供应商时使用。

6)凭证、正式账每页打印行数

可对明细账、日记账、多栏账和凭证的每页打印行数进行设置。

4. 预算控制页签

根据预算管理系统或财务分析系统设置的预算数对业务发生进行控制,如图4.8所示。

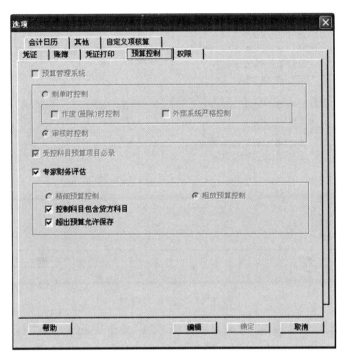

图4.8 预算控制页签设置

(1)预算管理系统。超预算时会根据预算管理中选择的控制方式,出现仅提示、审核不通过、审核不通过等待审批三种情况。

(2)专家财务评估。该选项从专家财务评估系统取数。专家财务评估的预算控制点在凭证录入时,当某一科目下的实际发生数导致多个科目及辅助项的发生数及余额总数超过预算数与报警数的差额,则报警。

(3)超出预算允许保存。从财务分析系统中获取预算数,如制单输入分录时超过预算数也允许保存超预算的分录。

5. 权限页签

权限页签主要是数据级和金额级权限的控制,如图4.9所示。

1)权限控制

①制单权限控制到科目:凭证录入控制,限定操作员的工作权限,防止凭证录入错误。在制单时,操作员只能使用具有相应制单权限的科目制单生成凭证。

执行银行对账期初录入、银行对账单录入、银行对账、查询对账勾对结果、核销银行账时,操作员只能使用具有相应权限的科目。

②制单权限控制到凭证类别:凭证录入控制,限定操作员的工作权限,防止凭证录入错误。在制单时,操作员只能使用具有相应制单权限的凭证类别制单生成凭证。

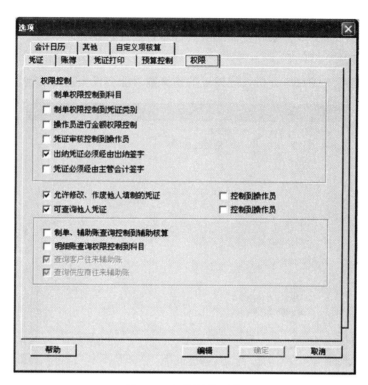

图 4.9 权限页签设置

③操作员进行金额权限控制：凭证录入控制，限定操作员的工作权限，防止凭证录入错误或超权限报销费用。可以对不同级别的操作员进行金额大小的控制，例如财务主管可以对 10 万元以上的经济业务制单，一般财务人员只能对 5 万元以下的经济业务制单，这样可以减少由于不必要的责任事故带来的经济损失。如为外部凭证或常用凭证调用生成，则不做金额控制，结转凭证也不受金额权限控制。

④凭证审核控制到操作员：操作员只能审核指定操作员填写的会计凭证，但是账套主管默认可审核所有人填制的凭证。

⑤出纳凭证必须经由出纳签字：严格控制出纳凭证的操作流程，填制凭证时，有被指定现金、银行科目的相关科目，如勾选此选项，则必须由出纳人员签字才可记账。

⑥凭证必须经由主管会计签字：规范凭证操作流程。填制凭证完成后，角色为主管会计的操作员方可签字，账套主管默认是可以签字的。

2）允许修改、作废他人填制的凭证

严格责任控制，非本人填制的凭证是否能够修改、作废。选择此项可以修改、作废他人填制的凭证，如果勾选了"控制到操作员"，则修改、作废的权限明细到操作员。

3）可查询他人凭证

严格财务数据保密，非本人填制的凭证不得查询，选择此项可以查询他人填制的凭证。

4）制单、辅助账查询控制到辅助核算

出于财务数据保密考虑，在辅助账查询时，按查询条件控制操作人员的查询内容，无权限的辅助项不可查询。例如既要控制客户又要控制部门，则需设置操作员不可查询所有辅助账，只有综合辅助账的查询功能权限。

5)明细账查询权限控制到科目

出于财务数据保密考虑,在明细账查询时,按查询条件控制操作人员的查询内容,无权限的科目不可查询。

6. 会计日历页签

可查看各个会计期间的开始日期与结束日期;可以查看账套的名称、单位名称、账套存放路径等账套信息;可以修改小数位数和本位币精度,如图 4.10 所示。

图 4.10　会计日历页签设置

7. 其他页签

其他页签主要包括外币核算方式、部门排序方式等设置,如图 4.11 所示。

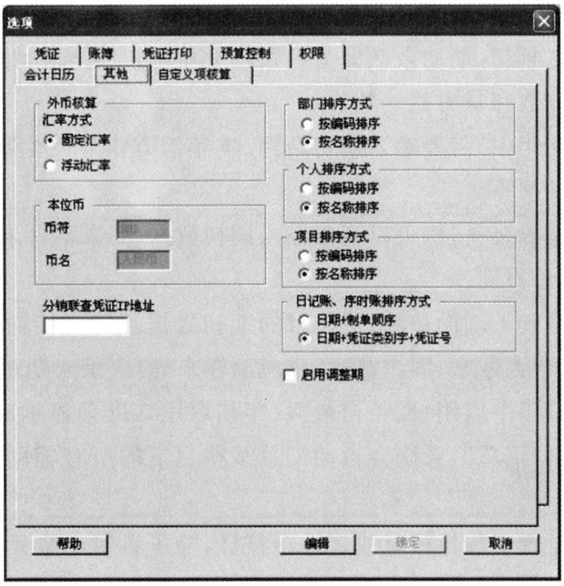

图 4.11　其他页签设置

1)外币核算

有外币业务发生时,凭证默认的汇率取值。固定汇率即在制单时,系统默认取外币设置中的凭证日期所在会计期间的固定汇率;浮动汇率即在制单时,系统默认取外币设置中当日汇率,如未设置汇率,则取外币设置中的凭证日期所在会计期间的固定汇率。

2)本位币

显示账套核算的本位币的币符和币名。

3)分销联查凭证 IP 地址

输入网络分销管理系统应用服务器的地址,针对网络分销管理系统传入的凭证,可以联查原始单据。

4)排序方式

①部门排序方式:在查询部门账时,是按部门编码排序还是按部门名称排序。跨年查询账表的部门辅助账不受该选项控制。

②个人排序方式:在查询个人账时,是按个人编码排序还是按个人名称排序。跨年查询账表的个人往来账不受该选项控制。

③项目排序方式:在查询项目账时,是按项目编码排序还是按项目名称排序。跨年查询账表的项目辅助账不受该选项控制。

④日记账、序时账排序方式:在查询日记账、序时账时,按"日期+凭证类别字+凭证号"或"日期+制单顺序"排序。

二、设置期初余额

期初余额是指期初已存在的账户余额。总账系统的初始设置还需要输入各会计科目的年初余额、本年累计借方数、本年累计贷方数、期初余额。对于特定账户而言,年初余额+本年累计增加额-本年累计减少额=期初余额。

期初余额的具体输入规则如下:

(1)如果建账时间在年初,期初余额即为各账户上年年末的余额,此时,年初余额等于期初余额,没有本年借方累计数和贷方累计数。

(2)如果建账时间在年中,需要输入期初余额、本年借方累计发生额与本年贷方累计发生额,年初余额由系统自动推算。

(3)如果会计科目是末级科目,可以直接输入期初数据;如果不是末级科目,期初余额由系统根据下级科目余额汇总得到。

(4)如果会计科目设置了辅助核算,该科目的期初数据不能直接输入,必须根据辅助项录入期初余额,往来科目(个人往来、客户往来、供应商往来等)应录入期初未达项,用鼠标双击辅助核算科目的期初余额(年中启用)或年初余额(年初启用),屏幕显示辅助核算科目期初余额录入窗口,录入完成点击"汇总",系统会自动汇总某科目下的所有辅助核算期初数据,作为本账户的期初数据。

(5)如果会计科目设置了数量核算或者外币核算,除了科目的金额数据之外,还需要输入数量或者外币的期初数据。

期初余额输入完毕之后要进行试算平衡。如果期初试算不平衡,虽然可以填制凭证,但是不能进行记账。凭证一旦记账,期初余额不能再修改,也不能执行"结转上年余额"的功能,除非取消记账。

第三节　总账系统日常业务处理

会计凭证是指记录经济业务发生或者完成情况的书面证明,是登记账簿的依据。每个企业都必须按一定的程序填制和审核会计凭证,根据审核无误的会计凭证进行账簿登记,如实反映企业的经济业务。

一、凭证管理

1. 填制凭证

在用友 ERP 软件中,记账凭证可以手工填制,也可以由总账系统通过期末业务转账生成,或者由外部系统生成传递到总账。企业也可以将某张凭证作为常用凭证(由于部分经济业务具有规律性,某些凭证的内容相似或完全相同,可以将此类凭证预先设置为常用模板,以便以后直接调用)存入常用凭证库中,在填制与"常用凭证"类似或完全相同的凭证时,可调用此常用凭证,以此加快凭证的录入速度。本节所指的填制凭证是指手工填制凭证,手工填制凭证时需要注意以下几点:

(1)凭证类别。在基础设置部分,我们已经详细介绍了凭证类别,在填制凭证的时候,需要选择所属的凭证类别。如果凭证类别选择错误,系统在保存凭证时会弹出错误信息提示框,例如"不满足借方必有条件""不满足贷方必有条件""不满足凭证必无条件"等。

(2)制单日期。一般情况下,制单日期晚于或者等于凭证业务的发生日期,但是要在电脑的系统日期之前。如果总账在初始设置时勾选了"制单序时控制",那么制单日期不能早于系统中所属凭证类别最后一张凭证的日期。

(3)凭证摘要。摘要是对经济业务内容的简要说明,要求文字说明要简练、概括,以满足登记账簿的要求。摘要需要手动输入,如果很多经济业务是重复进行的,某些摘要会反复出现,例如提现、应收账款收回等,为了加快凭证的录入速度,可以预先设置这些经常使用的摘要为常用摘要,此处也可以调用常用摘要。

(4)会计科目。应当根据经济业务的内容,按照会计制度的规定,确定应借应贷的科目。填制凭证必须是最末级科目,可以通过科目参照完成会计科目的录入。

①如果输入的是银行科目,且在基础设置中定义了结算方式,并勾选了票据管理,那么系统会要求输入结算方式和票据号的信息,以便于企业与银行之间进行账实核对。

②如果输入的是银行存款,且在总账的初始设置中勾选了支票控制,那么系统会提示登记支票登记簿。

③如果输入的是外币科目,且在基础设置中增加了外币科目并录入了期初汇率,那么系统

会要求输入外币金额,同时根据期初汇率自动计算本币金额。

④如果输入的是带有数量核算的会计科目,系统会要求输入数量和单价,从而自动计算总金额。

⑤如果输入的是带有其他辅助核算(个人往来、客户往来、供应商往来、项目核算等)的会计科目,系统会要求输入辅助项目及其金额,以便记账时记入辅助账中。

(5)金额。金额即该笔分录的借方或贷方本币发生额,金额不能为零,但可以是红字,红字金额以负数形式输入。凭证的借贷方金额必须相等,否则系统不允许保存。

(6)附件张数。没有经过汇总的原始凭证,按自然张数计算;经过汇总的原始凭证,每一张汇总单或汇总表算一张附件。

2. 复核凭证

为确保登记到账簿的每一笔经济业务的准确性和可靠性,需要对记账凭证进行复核。复核凭证主要包括出纳签字、审核凭证和主管签字三方面的工作。根据会计制度的规定,审核与制单不能为同一人。

1)出纳签字

在指定了现金科目和银行科目后,出纳可以对出纳凭证(包含"库存现金"和"银行存款"科目的凭证)进行出纳签字,以加强对现金和银行存款的管理,出纳人员通过出纳签字功能对涉及现金或者银行科目的凭证进行检查核对。

出纳签字由具有签字权限的出纳人员进行,不属于凭证管理的必选内容,企业可以在总账系统的"权限"选项卡中进行设置,选择是否勾选"出纳凭证必须经由出纳签字"。出纳签字可以一张一张进行,也可以成批进行。

2)审核凭证

记账凭证是登记账簿的依据,为了保证账簿登记的正确性,记账凭证填制完毕必须进行审核。只有具有审核权限的人员才能进行审核操作,凭证的审核人与凭证的制单人不能是同一人,审核的内容主要包括审核记账凭证是否与原始凭证相符、会计分录是否正确等,审核过程中认为错误或有异议的凭证,应交由制单人修改后再审核。

审核凭证是凭证复核的必要环节,无论是手工填制的凭证还是系统生成的凭证,都需要进行审核,未审核的凭证不能登记入账。审核凭证可以一张一张进行,也可以成批审核。

3)主管签字

为加强对凭证的管理,系统提供了主管签字功能。和出纳签字一样,主管签字不属于凭证管理的必选内容,企业可以在总账系统的"权限"选项卡中进行设置,选择是否勾选"凭证必须经由主管会计签字"。

3. 凭证记账

记账是指根据审核无误的原始凭证及记账凭证,按照国家统一会计制度规定的会计科目,运用复式记账法对经济业务序时地、分类地登记到账簿中去,是会计核算工作的重要与必要环节。记账凭证经过复核,即可用来登记总账、明细账、日记账、部门账、往来账、项目账及备查账等。记账一般采用向导方式,人工控制计算机完成记账处理,形成记账凭证文件和账簿文件,同时按会计科目汇总数据并更新科目汇总表文件。如果记账后发现已记账的月份数据有误,可以进行反记账操作返回修改。

需要注意的是,以下几种情况下,系统是不允许凭证记账的:上个月未结账;期初余额试算不平衡;本月凭证未按要求复核。在用友 ERP 软件中,如果记账之后发现错误还可以由账套主管取消记账,即恢复记账前状态。

4. 查询凭证

总账系统的"凭证"窗口不仅是数据的输入口,同时也提供了强大的凭证查询功能,操作员可以通过"凭证/填制凭证"界面查询凭证,也可以在"凭证/查询凭证"界面,通过设置查询条件查询凭证信息。例如,可以按照是否记账查询,可以按照凭证类别查询,可以按照制单日期查询,可以按照科目、金额、外币、数量、结算方式或辅助项查询。

5. 修改凭证

当某张凭证录入信息有误时,可以对其进行修改,凭证可修改的内容包括制单日期、摘要、会计科目、辅助核算、金额及方向等。根据待修改的凭证是否记账,可以分为以下两种情况:

1)凭证未记账

①凭证已填制未复核:可以直接进行修改。在填制凭证或查询凭证界面,找到要修改的凭证,将光标移动到需修改的地方进行修改;如果凭证中的分录错误,可以通过"删分""插分"等功能实现分录的删除或插入。

②凭证已填制已复核:取消凭证复核后修改。之前我们讲过,凭证的复核包括出纳签字、审核凭证和主管签字,其中审核凭证属于必选项,出纳签字和主管签字属于可选项。要修改凭证,首先需要根据企业实际情况取消凭证上的出纳签字、审核或者主管签字,然后按照"凭证已填制未复核"的流程进行凭证修改。

2)凭证已记账

①无痕迹修改:由相应的操作员取消记账、取消复核后修改凭证,修改完毕按照凭证处理的正常流程复核、记账。在此种方式下,系统内不保存任何凭证修改的线索与痕迹,所以叫作无痕迹修改。

②有痕迹修改:采用红字冲销法或者补充登记法修改凭证。其中,红字冲销法适用于凭证中金额多计或者会计科目错误的情况,通过填制凭证界面的"冲销凭证"命令实现;补充登记法适用于凭证中金额少计的情况。在此种方式下,系统通过保存原有凭证和更正凭证的方式进行修改,因此留下了审计线索与痕迹。针对已记账凭证,一般情况下要进行有痕迹修改。

外部系统生成并传递到总账系统的凭证,在总账中只能查询、审核与记账,不能修改,必须返回到凭证生成的原系统中修改。

6. 删除凭证

当某张凭证重复录入或出现不能修改的错误时,可以将其删除。删除凭证必须是复核、记账前的凭证,如果凭证已经复核但尚未记账,需要取消复核后才能删除;如果凭证已经复核并记账,则需要取消复核、记账之后才能将该凭证删除。

凭证彻底从系统中删除,需要执行"作废凭证"和"整理凭证"两个步骤。

1)作废凭证

在填制凭证界面,找到要作废的凭证,点击"作废"按钮,可以在凭证的左上角加盖一个"作废"的标记,表示已将该凭证作废。作废凭证实际上就是删除凭证,但是作废后的凭证仍保留凭证内容及凭证编号,并且参与记账,只是没有任何实质意义,相当于一张空凭证。

如果作废后的凭证想恢复,可以在填制凭证界面,通过点击"作废"按钮取消"作废"标记,将其恢复为有效凭证。

2）整理凭证

如果作废后的凭证没有保留的必要，可以通过整理凭证功能将其从系统中彻底删除。整理凭证就是删除所有作废凭证，并对未记账凭证重新编号。系统提供"按凭证号重排""按凭证日期重排"和"按审核日期重排"三种重新排号的方式，并支持凭证断号的整理。

若本月之前已经记过账，那本月最后一张已记账凭证之前的凭证将不参与凭证整理，系统只对其后面的未记账凭证进行整理。

二、出纳管理

出纳主要负责企业库存现金和银行存款的管理。出纳管理的主要工作包括库存现金日记账、银行存款日记账和资金日报表的管理，支票管理，进行银行对账并输出银行存款余额调节表。

1. 出纳签字

在指定了现金科目和银行科目后，出纳可以对出纳凭证（包含"库存现金"和"银行存款"科目的凭证）进行出纳签字，以加强对现金和银行存款的管理，出纳人员通过出纳签字功能对涉及现金或者银行科目的凭证进行检查核对。

出纳签字由具有签字权限的出纳人员进行，不属于凭证管理的必选内容，企业可以在总账系统的"权限"选项卡中进行设置，选择是否勾选"出纳凭证必须经由出纳签字"。出纳签字可以一张一张进行，也可以成批进行。

2. 查询出纳账表

1）查询现金日记账

现金日记账是用来逐日反映库存现金的收入、付出及结余情况的账簿，在实际工作中一般采用的是"三栏式"账页格式。现金日记账可以按天和按会计期间查询，查询内容可以是记账凭证，也可以"包含未记账凭证"。

如果要查询现金日记账，必须在基础档案设置环节完成现金科目的指定，具体内容参照基础档案设置中的会计科目设置。

2）查询银行存款日记账

银行存款日记账是专门用来记录银行存款收支业务的一种特种日记账，企业应按币种设置银行存款日记账进行明细分类核算。银行存款日记账一般采用"三栏式"账页格式，其查询方法与现金日记账的查询基本相同，所不同的是银行存款日记账中设置有"结算号"栏，主要用于对账。

如果要查询银行存款日记账，必须在基础档案设置环节完成银行科目的指定，具体内容参照基础档案设置中的会计科目设置。

3）查询资金日报表

资金日报表是反映企业库存现金和银行存款当日发生额及余额情况的报表。通过资金日报表可以查询库存现金、银行存款在某个日期内的昨日余额、今日借方、今日贷方以及今日余额，同时还可以统计借贷方业务发生的笔数，方便核对业务。通俗来说，通过资金日报表可以清楚了解资金收付的金额以及余额。

在会计信息系统中，资金日报表的功能主要用于查询、输出或打印资金日报表，提供当日借、贷金额合计和余额,以及发生的业务量等信息。

3. 支票登记簿

为了加强支票管理,总账系统特为出纳提供了支票登记簿功能,以供其详细登记支票使用的日期、领用部门、支票号、用途、预计金额、报销日期、实际金额等具体信息。

使用支票登记簿要注意以下几点。

(1)支票登记簿使用的前提有两个:一是在会计科目设置环节为"银行存款"科目勾选了银行账辅助核算,具体内容参照基础档案设置中的会计科目设置;二是在结算方式设置中为"银行存款"科目勾选了票据管理,具体内容参照基础档案设置中的结算方式设置。

(2)领用支票时,出纳需使用支票登记簿功能据实登记支票的领用日期、领用部门、领用人、支票号、用途、预计金额、备注等。

(3)经办人持原始凭证报销,会计人员据此填制记账凭证。填制过程中,按系统要求录入该支票的结算方式和票号;凭证填制完成,系统自动在支票登记簿中填写支票的报销日期,该支票即为已报销。对报销的支票,系统用不同颜色区分。

(4)支票登记簿中的"报销日期"栏,一般是由系统自动填写的,如果支票已报销而未能自动填写报销日期,可以手工填写。

(5)已报销的支票不能进行修改。如需修改,需要取消报销标志。

4. 银行对账

银行对账是出纳管理的一项非常重要的工作,此项工作一般是在期末进行,不属于此处"总账系统日常业务处理"的范畴,故在下一节"总账系统期末处理"展开详细介绍。

三、账簿管理

会计账簿是以会计凭证为依据,对全部经济业务进行全面、系统、连续、分类的记录和核算的簿籍,是由专门格式并以一定形式联结在一起的账页所组成的。企业发生的经济业务,经过制单、复核、记账等程序后,就形成了正式的会计账簿。用友 ERP 软件中的账簿管理功能非常强大,可以实现账簿之间、账簿和凭证之间的联查功能,可从总账查询到明细账、明细账查询到记账凭证;不仅可以查询已记账凭证信息,也可以查询未记账凭证信息;除了查询总账、明细账、余额表这些基本账簿,还可以查询部门、个人、客户、供应商、项目这些辅助账信息。

1. 基本会计账簿管理

基本会计账簿包括总账、明细账、序时账、多栏账等,用户可以自行设置查询要求,进行基本会计账簿的查询与打印。

1)总账账簿管理

总账,也称总分类账,是根据总分类科目开设账户,用来登记全部经济业务,进行总分类核算,提供总括核算资料的分类账簿。总分类账所提供的核算资料,是编制会计报表的主要依据。总账查询不但可以查询各总账科目的年初余额、各月发生额合计和月末余额,而且还可查询所有明细科目的年初余额、各月发生额合计和月末余额。

2)发生额及余额表管理

发生额是指某账户在某一特定时期的借方(或贷方)发生的业务金额;余额是指某账户在某一特定时期借方金额合计与贷方金额合计之差。发生额及余额表用于查询统计各级科目的本月发生额、累计发生额和余额等,可输出某月或某几个月的所有总账科目或明细科目的期初余额、本期发生额、累计发生额、期末余额。

3)明细账账簿管理

明细账也称明细分类账,是按明细分类账户开设的,用来分类登记某类经济业务详细情况,提供明细核算资料的账簿。明细账查询用于平时查询各账户的明细发生情况,以及按任意条件组合查询明细账。

4)序时账账簿管理

序时账簿又称日记账簿,是指按照经济业务发生的时间先后顺序,逐日、逐笔连续记录经济业务的账簿,实际就是以流水账的形式反映企业的经济业务。序时账簿按其记录的内容不同,分为普通日记账和特种日记账两种。常见的序时账有现金日记账和银行存款日记账,简称日记账。

5)多栏账账簿管理

多栏式账簿是指在账簿的两个金额栏目(借方和贷方)按需要分设若干专栏的账簿,收入、成本、费用明细账一般均采用这种格式的账簿。多栏账账簿管理功能用于查询多栏明细账。在查询多栏账之前,必须先定义查询格式。进行多栏账栏目定义有两种方式:自动编制栏目和手动编制栏目。为了提高录入效率,一般先进行自动编制,再进行手动调整。

2. 辅助核算账簿管理

辅助核算账簿包括部门核算、个人往来、项目核算、客户往来和供应商往来,以及部门收支分析和项目统计表的查询输出。当客户往来或者供应商往来采用总账管理系统核算时,由总账系统进行账簿管理,否则在应收款管理或者应付款管理系统中进行账簿的查询与打印。

第四节 总账系统期末处理

期末处理主要包括银行对账、自动转账、对账、结账。在用友 ERP 软件中,由于各会计期间的期末业务具有较强的规律性,因此可利用总账系统的自动转账功能来处理这些有规律的业务,例如费用的摊销与预提、间接费用与损益账户的结转、账账之间的核对以及最后的结账工作,不但可以减少会计人员的工作量,还可以加强财务核算的规范性。

一、银行对账

银行对账是指在每月月末,出纳人员将企业的银行存款日记账与开户银行发来的当月银行存款对账单进行逐笔核对,勾对已达账项,找出未达账项,并编制银行存款余额调节表的过程。企业为加强货币资金管理,必须定期进行银行对账的工作。

在会计信息系统执行银行对账功能,具体步骤包括银行对账初始数据录入、银行对账单录入、银行对账、查询银行存款余额调节表等。

1. 银行对账期初录入

为了保持银行对账的连续性,必须将银行对账启用日期时的期初余额输入到系统中,输入数据包括:在银行对账启用日期,企业方的银行存款日记账与银行方的银行对账单在调整未达账项之前的余额,以及银行对账启用日期之前发现的双方未达账项。数据输入后,应当确保调整后的银行对账单余额等于调整后的银行存款日记账余额,否则不可开展本月的对账工作。在此,必须要注意以下两点:

(1)银行对账启用日期。银行对账的启用日期应该是最后一次手工对账的截止日期的次日。例如,明昌科技公司每月末与开户银行进行对账,如果从2023年1月份启用总账系统进行银行对账,因为最后一次手工对账的截止日期是2022年12月31日,所以银行对账的启用日期应该是2023年1月1日。

(2)银行对账期初余额。银行对账期初余额包括两个方面:一是最后一次手工对账截止日期当日的银行对账单调整前余额和银行存款日记账调整前余额;二是至最后一次手工对账截止日期所有的未达账项。例如,明昌科技公司银行对账期初余额包括2022年12月31日银行对账单调整前余额、2022年12月31日银行存款日记账调整前余额,以及至2022年12月31日所有的未达账项。

2. 银行对账单录入

银行对账单是银行客观记载企业资金流转情况的记录单,是银行与企业之间对资金流转情况进行核对和确认的凭单。企业一般在每月末从开户银行取得银行对账单,取得银行对账单后应该将银行对账单记录逐条输入到系统中,以便进行银行对账。系统提供了手工录入和自动引入功能,自动引入可导入文本文件、Excel文件、Access数据库表等。

3. 银行对账

系统一般提供自动对账和手工对账两种对账方式。自动对账是系统根据设置的对账依据(结算方式、票号、方向、金额),将银行存款日记账与银行对账单进行自动核对与勾销,被勾销的视为已达账项;手工对账则是针对某些自动对账无法核对的情况进行人工核对。

(1)设置系统自动对账的依据及对账截止日期。自动对账一般可按金额方向相同、结算方式相同、票号相同等条件进行,只有设置好自动对账依据,才能够利用系统提供的自动对账功能进行自动对账。另外,当不能在银行对账单记录截止日及时进行银行对账时,设置对账截止日期就显得格外重要了,如果设置不当,由于银行未达账截止日期和银行对账单截止日期不同,在进行自动对账时就可能会发生对账错误。假设企业每月月末与银行进行对账,银行对账单记录截止日期为每月月末。如果某月月末未能及时对账,而转到下个月对账时,下个月月初至实际对账日企业发生的银行业务将全部被误认为是未达账项。因此,企业要对这一问题引起足够的重视,为了正确对账,必须要正确设置对账截止日期。

(2)自动对账与手工对账相结合。在信息化方式下,自动对账极大地减少了手工对账的工作量,是提高银行对账效率的关键环节。但是,自动对账并不意味着万事大吉了,因为自动对账并不能解决一切对账问题,它只能对银行未达账文件和银行对账单文件中一对一的记录进行核对,而对于一对多、多对一或多对多的情况则显得无能为力,此时需要补充结合手工对账的方式。手工对账是对自动对账的补充。采用自动对账后,可能还有一些特殊的已达账没有对出来,而被视为未达账项,为了保证对账彻底正确,可通过手工对账进行调整勾销。例如,由于某种原因,对于企业记录的两笔银行存款支出,开户行可能将其合并记录为一条记录。如果这样的话,利用自动对账功能进行自动对账时,系统可能无法识别,从而将这三条记录全部作为未达账项看待。

4. 查询银行存款余额调节表

对账完成,系统会根据对账结果自动生成银行存款余额调节表,帮助企业核对银行存款账目。银行存款余额调节表是截止到对账截止日期的余额调节表,如果余额调节表显示账面余额不平,则需认真检查"银行对账期初录入"中的调整后余额是否平衡、"银行对账单"录入是否完整准确、"银行对账"中的已达账项是否正确勾对、对账结果是否平衡等。

二、期末结转

对于企业中每月都会发生的业务,例如销售成本结转、计提税费、期间损益结转以及所得税费用结转等,我们可以直接在总账系统中填制凭证,也可以通过转账定义和转账生成来更加方便地完成。

1. 转账定义

在用友 ERP 软件中,转账分为外部转账和内部转账。外部转账是指将其他子系统生成的凭证转入总账系统;内部转账是指在总账系统内部,把某个或某几个会计科目的余额或本期发生额结转到一个或多个会计科目中。此处所讲的转账定义指的是内部转账。转账定义也叫转账设置,是指通过事先对期末规范性业务设置好自动转账的凭证模板,由系统根据模板设计的公式和函数自动采集数据,生成相应的期末转账凭证的过程。

(1)自定义转账设置。与其他期末结转不同的是,自定义转账设置需要通过函数向导,利用取数函数来设置计算公式。自定义转账功能可以完成的转账业务包括"费用分配"的结转、"费用分摊"的结转、"税金计算"的结转、"提取各项费用"的结转以及各项辅助核算的结转等。

如果使用应收款、应付款管理系统,则在总账管理系统中,不能按客户、供应商辅助项进行结转,只能按科目总数进行结转。

(2)销售成本结转设置。销售成本结转主要用于帮助没有启用供应链管理系统的企业完成销售成本的计算和结转,在月末采用全月平均法或者售价(计划价)法,将产品销售数量乘以销售成本,计算出已销产品的主营业务成本。要进行销售成本结转,必须保证主营业务收入、主营业务成本、库存商品设置了数量辅助核算,以便统计日常数量与单位成本。

(3)汇兑损益结转。汇兑损益结转用于期末自动计算外币账户的汇兑损益,生成汇兑损益结转凭证。为了保证汇兑损益计算正确,生成汇兑损益结转凭证前,必须先将本月的所有未记账凭证记账。

(4)期间损益结转设置。期间损益结转是期末最为规律的转账业务,在一个会计期间终止时,将损益类科目的余额全部结转到"本年利润"科目中,从而及时反映企业利润的盈亏情况。

(5)对应结转设置。对应结转不仅可以进行两个科目的一对一结转,例如将所得税费用结转到本年利润;还提供科目的一对多结转功能,例如将制造费用结转到生产成本。注意结转时只能结转期末余额,且转出和转入的科目结构必须一致,如有辅助核算,则两个科目的辅助账类也必须一一对应。

2. 转账生成

定义完转账凭证后,以后的每个月月末,企业可以通过转账生成功能快速生成转账凭证,完成月末结转工作。注意,结转月份为当前会计月,每月只转账生成一次,生成的转账凭证必须经过总账系统复核、记账。

由于转账凭证中定义的公式基本上取自账簿,因此,在进行转账生成之前必须将所有凭证全部记账,否则生成的凭证数据可能不准确。

转账生成时要注意生成顺序,特别是对于一组相关联的、存在前后依存关系的转账业务,必须按先后顺序依次进行转账生成、复核、记账。例如,计提银行贷款利息,此笔业务会导致财务费用的增加,而财务费用作为损益类科目,是需要结转到本年利润中去的。所以,"计提银行贷款利息"的凭证生成之后,必须复核、记账,才能将"财务费用"完整地结转到本年利润账户,否则会导致损益类科目余额不为零而影响结账。又比如,只有在损益类账户全部结转完毕之后,才能计算本期的所得税费用,所以"期间损益结转"的凭证生成之后,必须复核、记账,才能计算本期的所得税费用,否则会导致所得税费用没有金额而无法生成凭证。

三、对账

对账是指通过核对总账与明细账、总账与辅助账的数据来完成账账核对,以检查记账是否正确以及账簿是否试算平衡。为了保证账证相符、账账相符,系统至少每个月对账一次,一般可在月末结账前进行。

试算平衡就是将系统中所有会计科目的期末余额按"有借必有贷,借贷必相等"的记账规则进行检验,输出科目余额表以及是否平衡的信息提示。一般来说,只要记账凭证录入正确,通过软件记账后的各种账簿应是正确、平衡的,但由于非法操作或计算机病毒或其他原因,有时可能会造成某些数据被破坏,因此导致账账不符。

四、结账

结账是指每月月底,所有凭证已经录入完毕并复核、记账,该月所有的账务处理工作已经完成,系统终止该月账务处理的过程。结账工作必须逐月进行,每月只能结账一次,主要是对当月日常处理的限制和对下月账簿的初始化,由软件自动完成。如果结账后发现已结账月份数据有误,可以进行反结账操作,取消结账标志,返回当月修改。

结账前要进行数据备份,结账之后当月不能再填入凭证,并终止记账工作。同时,系统会自动计算各账户的发生额与余额,并转到下月月初。结账环节,系统对以下所有条件进行检查,通过之后方能顺利结账:

(1)检查上月总账是否已结账,上月总账未结账,则本月不能结账。
(2)损益类账户是否全部结转至本年利润,否则本月不能结账。
(3)月末结转必须全部生成并记账,否则本月不能结账。
(4)检查本月业务是否全部记账,有未记账凭证不能结账。
(5)核对总账与明细账、主体账与辅助账、总账管理系统与其他子系统数据是否一致,不一致不能结账。
(6)若与其他子系统联合使用,需确保当前会计期间其他子系统已结账,否则本月不能结账。

本章小结

本章以用友 ERP 软件为例,介绍了会计信息系统中的总账管理系统,分析了总账管理系统与其他系统之间的数据传递关系以及根据企业需要三种不同的企业管理解决方案的选择。本章占用了大量篇幅,详细阐述了总账管理系统的初始设置(选项设置、期初余额设置)、日常业务处理(凭证管理、出纳管理、账簿管理)和期末处理(银行对账、转账定义与转账生成、对账、结账),属于非常重要的章节,同学们必须对本章内容熟练掌握。

 拓展延伸

"区块链发票"的无感报销

区块链,自诞生以来,就因去中心化、不可篡改、可追溯、高可信等独特优势,一直受到世界的广泛关注。"区块链＋发票"的组合,标志着新的开票方式已经悄悄来临,智能无感报销新时代的大门也悄然打开。

传统的开票流程相对复杂,我们需要等待结账、排队开票、手写抬头,然后再贴发票、填写报销单,提交财务,然后再经过审计,才能彻底完成这个报销流程。如果发票不慎遗失,当事人要么承担无法报销的消费成本,要么补开新票而承担商家附加税点的损失。

区块链发票则是依靠算法而非人力开具出来的消费/支付凭证,其操作过程十分简单,只需用户用手机支付完成后,在手机系统上填写发票抬头及税号,就可以完成开票流程。发票开好之后将自动存入卡包,从卡包中选择发票提交到报销系统,整个开票、报销流程就结束了。简而言之,有了区块链发票,不用排队开票,不用手写抬头,不用担心发票遗失,不用贴票,不用线下交单。

一气呵成的智能化运行程序大大提高了大家的消费与报销体验,员工消费、开票、报销,企业审核、对账、支付、纳税申报等整个过程都被完全数字化,且所有数据实时共享,没有中间环节和中介,每个环节的干系人都可以直接上链查询,尤其是对企业财务人员,发票的来源、真伪、报销等信息都可以一目了然,彻底解决了发票流转过程中一票多报、虚报虚抵、真假难验等问题,打造了一个闭合数字发票生态链,极大地提升了整个流程的处理效率,节省了大量的时间和人力成本。

资料来源:胜意科技,有改动

 章节测试

一、单选题

1.关于总账的启用日期,以下哪一种说法是正确的(　　)。

A.总账启用会计期必须小于等于账套的启用日期

B. 总账启用会计期必须小于等于系统日期

C. 总账启用会计期必须大于等于账套的启用日期

D. 总账启用会计期必须大于等于系统日期

2. 在总账系统中,修改已记账凭证的方法是(　　)。

　　A. 直接取消　　　　B. 取消审核后修改　　C. 由账套主管修改　　D. 红字冲销

3. 在总账系统中,凭证不能记账的情况是(　　)。

　　A. 凭证已审核　　　　　　　　B. 已有部分凭证记账

　　C. 上月已结账　　　　　　　　D. 上月未结账

4. 取消某张凭证审核的签字,只能由(　　)进行。

　　A. 制单人　　　　B. 该凭证的审核人　　C. 系统管理员　　D. 审核人

5. 对于已经作废的凭证,可以通过(　　)功能对其彻底删除。

　　A. 凭证审核　　　B. 凭证记账　　　C. 凭证修改　　　D. 凭证整理

6. 在总账系统中输入凭证时可以不输入或选择的项目是(　　)。

　　A. 凭证类别　　　B. 凭证日期　　　C. 附件张数　　　D. 凭证摘要

7. 每月总账系统工作的正确顺序为(　　)。

　　A. 填制凭证→审核→结账→记账　　　B. 填制凭证→结账→审核→记账

　　C. 填制凭证→记账→审核→结账　　　D. 填制凭证→审核→记账→结账

8. 使用总账系统输入凭证时,对科目和金额的要求是(　　)。

　　A. 科目必须是总账科目,金额不能为零

　　B. 科目必须是末级科目,金额不能为零

　　C. 金额可以是任意数

　　D. 金额不能为负数

9. 在总账系统中,已记账凭证的查询应通过下列(　　)界面进行。

　　A. 凭证/查询凭证　　　　　　B. 凭证/常用凭证

　　C. 账表/科目账　　　　　　　D. 凭证/填制凭证

10. 下列关于记账操作的表述错误的是(　　)。

　　A. 未审核的凭证不能记账　　　B. 每月记账可以多次

　　C. 每月记账只能一次　　　　　D. 记账可以在月中进行

二、多选题

1. 下列会计科目中,可进行期间损益结转的有(　　)。

　　A. 管理费用　　　B. 应付账款　　　C. 主营业务收入　　　D. 财务费用

2. 下列关于凭证审核和记账操作说法正确的是(　　)。

　　A. 凭证审核需要重新注册更换操作员,由具有审核权限的操作员来进行

　　B. 凭证可以成批审核,也可以逐张审核

　　C. 记账操作每月可进行多次

　　D. 上月未记账,本月同样可以记账

3. 进行出纳签字需满足的条件:(　　)。

A. "账务"→"系统菜单"→"设置"→"选项"→"凭证"→"出纳凭证必须经由出纳签字"

B. "设置"→"会计科目"→"编辑"→"指定会计科目"

C. 指定现金账务科目为"库存现金"

D. 指定银行存款账务科目为"银行存款"

4. 关于账务处理子系统结账功能,下列说法中正确的有( )。

A. 结账前,一般应进行数据备份 B. 结账操作只能由会计主管进行

C. 每月可根据需要多次进行结账 D. 已结账月份不能再填制记账凭证

5. 填制凭证,输入会计科目时,正确的限制是( )。

A. 按照会计制度规定输入会计编码

B. 输入的科目编码必须在建立科目时已经定义

C. 输入科目时,一般输入科目编码,但不能有非法对应科目

D. 必须是最末级的科目编码

三、判断题

1. 已结账月份可以继续填制该月份的凭证。( )

2. 输入记账凭证时,科目代码必须为最明细一级的科目。( )

3. 出纳签字既可以在凭证审核前,也可以在凭证审核后。( )

4. 本月凭证未记账可以结账,将未记账凭证记入下月。( )

5. 在总账系统中填制凭证时,凭证一旦保存,其凭证编号和凭证类别不能再进行修改。( )

四、简答题

1. 总账系统与其他系统之间的关系是怎样的?

2. 日常业务处理包括哪些内容?

3. 结账前需要进行哪些检查?

实验三 总账管理系统初始化

【实验目的】

(1) 掌握用友 U8 中总账管理初始化设置的相关内容。

(2) 理解总账管理初始化设置的意义。

(3) 掌握总账管理系统初始化设置的具体内容和操作方法。

【实验资料】

1. 总账系统控制参数

总账系统控制参数如表 4.1 所示。

表 4.1　总账系统控制参数

选项卡	选项设置
凭证	取消"制单序时控制"
	支票控制
	赤字控制：资金及往来科目。赤字控制方式：提示
	可以使用应收、应付、存货受控科目
	现金流量科目必录现金流量项目
	凭证编号采用系统编号
权限	出纳凭证必须经由出纳签字
	允许修改、作废他人填制的凭证
	可以查询他人填制的凭证
会计日历	会计日历为1月1日至12月31日

注：其他控制参数默认为系统配置。

2. 总账系统期初余额

(1) 会计科目期初余额（见表 4.2）。

表 4.2　会计科目期初余额

科目编码	科目名称	方向	币别	期初余额	备注
1001	库存现金	借		55 068.00	
1002	银行存款	借		206 700.00	
100201	建行存款	借		200 000.00	
100202	工行存款	借		6 700.00	
			美元	1 000.00	
1122	应收账款	借		152 700.00	见辅助账期初余额
1231	坏账准备	贷		24 570.00	
1221	其他应收款	借		23 000.00	
122101	应收职工借款	借		23 000.00	见辅助账期初余额
1403	原材料	借		1 352 400.00	
140301	主板	借		1 200 000.00	
			个	10 000.00	
140302	摄像头	借		82 500.00	
			个	1 500.00	
140303	表壳	借		67 500.00	

续表

科目编码	科目名称	方向	币别	期初余额	备注
			套	1 500.00	
140304	表带	借		2 400.00	
			根	120.00	
1405	库存商品	借		400 000.00	见辅助账期初余额
1601	固定资产	借		5 302 000.00	
1602	累计折旧	贷		195 312.00	
2001	短期借款	贷		1 500 000.00	
2202	应付账款	贷		65 000.00	见辅助账期初余额
2211	应付职工薪酬	贷		45 468.00	
221101	应付工资	贷		35 000.00	
221102	应付福利费	贷		10 468.00	
2221	应交税费	贷		125 018.00	
222102	应交企业所得税	贷		35 018.00	
222103	未交增值税	贷		90 000.00	
4001	实收资本	贷		5 000 000.00	
4104	利润分配	贷		801 500.00	
5001	生产成本	借		255 000.00	见辅助账期初余额

(2)辅助账期初余额。

会计科目:1122 应收账款。余额:借 152 700.00 元(见表 4.3)。

表 4.3 应收账款辅助账期初余额

日期	摘要	客户	凭证号	方向	期初余额
2022-12-11	销售 Z5 手表	祥光公司	转 0102	借	96 200.00
2022-12-20	销售 Q1 手表	恒昌公司	转 0127	借	16 500.00
2022-12-28	销售 Z5 手表及 S7 手环	飞讯公司	转 0190	借	40 000.00

会计科目:122101 其他应收款/应收职工借款。余额:借 23 000.00 元(见表 4.4)。

表 4.4 应收职工借款辅助账期初余额

日期	摘要	部门	个人	凭证号	方向	期初余额
2022-11-07	出差借款	采购部	宋嘉	付 0078	借	5 000.00

续表

日期	摘要	部门	个人	凭证号	方向	期初余额
2022-12-12	出差借款	总经办	高波	付0115	借	18 000.00

会计科目:1405 库存商品。余额:借 400 000.00 元(见表 4.5)。

表 4.5 库存商品辅助账期初余额

项目	期初余额
Z5 手表	305 000.00
Q1 手表	45 000.00
S7 手环	50 000.00
合计	400 000.00

会计科目:220201 应付货款。余额:贷 55 000.00 元(见表 4.6)。

表 4.6 应付货款辅助账期初余额

日期	摘要	供应商	凭证号	方向	期初余额
2022-10-28	采购摄像头	飞叶公司	转0187	贷	55 000.00

会计科目:5001 生产成本。余额:借 255 000.00 元(见表 4.7)。

表 4.7 生产成本辅助账期初余额

项目	期初余额
直接材料	175 000.00
直接人工	55 000.00
制造费用	25 000.00
合计	255 000.00

注:全部用于生产 1 000 块 Z5 手表。

【实验要求】

(1)引入实验二账套数据。
(2)根据以上资料,完成总账系统的初始化工作。
(3)为确保数据安全,请将账套进行输出备份。

【操作指导】

1. 总账系统控制参数

(1)双击打开"企业应用平台"界面,以账套主管"001 刘强"的身份注册登录,登录时可以用操作员的编号"001",也可以用操作员的姓名"刘强",登录密码为"123",账套选择"001 明昌科技",操作日期为 2023 年 1 月 1 日,点击"登录"按钮。

(2)在"企业应用平台"主窗口,点击左下角的"业务工作",选择"财务会计"—"总账"—"设置"—"选项",双击打开"选项"窗口,点击"编辑"按钮,根据实验资料勾选所需选项,设置完成点击"确定"按钮。

选项设置

2. 总账系统期初余额

在"企业应用平台"主窗口,点击左下角的"业务工作",选择"财务会计/总账/设置/期初余额",双击打开"期初余额"窗口。

期初余额

1)末级科目期初余额

底色为白色的会计科目为末级科目,可以直接输入其累计发生额和期初余额,上级科目的累计发生额和余额会自动填列。例如,直接录入"100201 银行存款/建行存款"的期初余额 200 000 元,"1002 银行存款"科目的期初余额会自动汇总生成。

"100202 银行存款/工行存款"设置了外币辅助核算,期初余额界面显示为两行,第 1 行输入本币余额人民币 6 700 元,第 2 行输入外币余额 1 000 美元。

"1403 原材料"设置了数量辅助核算,期初余额界面显示为两行,第 1 行输入本币余额,第 2 行输入数量余额。例如"140301 主板",在第 1 行输入本币余额人民币 1 200 000 元,第 2 行输入数量余额 10 000 个。

2)辅助期初余额

以"1122 应收账款"为例,介绍辅助期初余额的录入。在"期初余额"界面找到"应收账款"科目,双击"应收账款"科目的黄色区域,打开"辅助期初余额"窗口。点击"往来明细",打开"期初往来明细"窗口,点击"增行",根据实验资料录入"应收账款"的期初余额。录入完成,点击"汇总",完成了往来明细到辅助期初表的汇总。点击"退出"按钮回到辅助期初余额界面,继续点击"退出"按钮,回到期初余额主界面。用同样的方法,根据实验资料录入"122101 其他应收款/应收职工借款"、"2202 应付账款"的辅助期初余额。

以"1405 库存商品"为例,介绍项目辅助核算期初余额的录入。在"期初余额"界面找到"库存商品"科目,双击"库存商品"科目的黄色区域,打开"辅助期初余额"窗口。点击"增行",选择项目"Z5 手表",输入期初余额 305 000 元;点击"增行",选择项目"Q1 手表",输入期初余额 45 000 元;点击"增行",选择项目"S7 手环",输入期初余额 50 000 元。所有项目输入完成,点击"退回"按钮返回。用同样的方法,根据实验资料录入"500101 直接材料""500102 直接人工""500103 制造费用"的辅助期初余额。

3)试算平衡

所有科目的期初余额录入完成之后,在"期初余额"界面,点击"试算"按钮,打开"期初试算平衡表"对话框,确认期初余额试算平衡之后,总账系统的初始化工作就完成了(见图 4.12)。

图 4.12 试算平衡

实验四 总账系统的凭证管理

【实验目的】
(1)掌握用友 U8 中总账系统凭证管理的相关内容。
(2)掌握总账系统凭证管理的具体内容和操作方法。

【实验资料】
湖北明昌科技有限公司在 2023 年 1 月份发生了以下经济业务:
(1)1 月 2 日,销售一部张峰购买了 500 元的办公用品,以现金支付,取得增值税普通发票一张。

  借:销售费用/办公费   500
   贷:库存现金   500

(2)1 月 4 日,财务部出纳张倩从建行提取现金 8 000 元,作为备用金,现金支票号为 XZ001。

  借:库存现金   8 000
   贷:银行存款/建行存款   8 000

(3)1 月 6 日,收到红衫集团投资资金 10 000 美元,转账支票号为 ZPW001。

  借:银行存款/工行存款   67 000
   贷:实收资本   67 000

(4)1 月 7 日,采购部宋嘉从武汉华彩贸易公司采购表带 1 000 根,每根 20 元,材料直接入库,适用税率为 13%,货款以建行存款支付,转账支票号 ZZ001。

  借:原材料/表带   20 000
    应交税费/应交增值税/进项税额   2 600
   贷:银行存款/建行存款   22 600

(5)1 月 11 日,销售一部张峰收到转账支票一张,金额为 30 000 元,款项为武汉祥光商贸公司用以偿还前欠货款,转账支票号 ZPW002。

  借:银行存款/建行存款   30 000
   贷:应收账款   30 000

(6)1 月 12 日,销售一部张峰向黄石人禾商贸公司销售 Z5 手表 200 块,单价 400 元,适用税率为 13%,对方进行网银转账,款项已收存建设银行。

  借:银行存款/建行存款   90 400
   贷:主营业务收入   80 000
    应交税费/应交增值税/销项税额   10 400

(7)1 月 12 日,采购部宋嘉从武汉华彩贸易公司购入表壳 100 套,单价 50 元,货款及税款暂欠,表壳已验收入库,适用税率为 13%。

  借:原材料/表壳   5 000
    应交税费/应交增值税/进项税额   650

  贷：应付账款　　　　　　　　　　　　　　　　　　　　　5 650

(8)1月14日,总经办招待客户花了3 000元,转账支票号ZZ002,取得增值税普通发票一张。

  借：管理费用/差旅费　　　　　　　　　　　　　　　　　3 000
   贷：银行存款/建行存款　　　　　　　　　　　　　　　　3 000

(9)1月16日,采购部宋嘉出差归来,报销差旅费4 090元,其中火车票共1 800元,餐饮普通发票700元,酒店开具专用发票一张,载明住宿费金额为1 500元,税率6%,价税合计为1 590元。

  借：管理费用/差旅费　　　　　　　　　　　　　　　　　4 000
    应交税费/应交增值税/进项税额　　　　　　　　　　　　90
   贷：其他应收款/应收职工借款　　　　　　　　　　　　　4 090

(10)1月18日,生产部领用表壳500套,单价45元,表带500根,单价20元,用于生产Z5手表。

  借：生产成本/直接材料　　　　　　　　　　　　　　　　32 500
   贷：原材料/表壳　　　　　　　　　　　　　　　　　　　22 500
    原材料/表带　　　　　　　　　　　　　　　　　　　10 000

(11)1月23日,销售二部赵敏向沈阳恒昌贸易公司销售Z5手表500块,单价400元,适用税率为13%,货款尚未收到。

  借：应收账款　　　　　　　　　　　　　　　　　　　　226 000
   贷：主营业务收入　　　　　　　　　　　　　　　　　　200 000
    应交税费/应交增值税/销项税额　　　　　　　　　　26 000

(12)1月23日,采购部宋嘉根据需要购进生产用新设备一台,增值税专用发票上载明该设备金额为5 000元,税率为13%,货款已通过建设银行电子转账的方式进行支付。

  借：固定资产　　　　　　　　　　　　　　　　　　　　　5 000
    应交税费/应交增值税/进项税额　　　　　　　　　　　650
   贷：银行存款/建行存款　　　　　　　　　　　　　　　　5 650

(13)1月25日,进行现金盘点时发现长款2 000元。

  借：库存现金　　　　　　　　　　　　　　　　　　　　　2 000
   贷：待处理财产损溢　　　　　　　　　　　　　　　　　　2 000

(14)1月27日,取得建设银行短期借款2 000 000元,款项已通过网银划转到账。

  借：银行存款/建行存款　　　　　　　　　　　　　　　　2 000 000
   贷：短期借款　　　　　　　　　　　　　　　　　　　　2 000 000

(15)1月31日,经上级领导批准,现金长款2 000元作为营业外收入处理。

  借：待处理财产损溢　　　　　　　　　　　　　　　　　　2 000
   贷：营业外收入　　　　　　　　　　　　　　　　　　　　2 000

(16)1月31日,结转Z5手表产品销售成本。

  借：主营业务成本　　　　　　　　　　　　　　　　　　　213 500
   贷：库存商品　　　　　　　　　　　　　　　　　　　　　213 500

【实验要求】

(1)引入实验三账套数据。

(2)根据以上资料,由总账会计"003 王宁"填制凭证并查询凭证。

(3)由会计主管"001 刘强"对所有凭证进行审核。审核中发现1月11日收到杭州飞讯贸易公司前欠货款,凭证中误记为武汉祥光公司,刘强对该凭证标记"有错",对其他凭证进行审核签字。

(4)由总账会计"003 王宁"对审核人标记"有错"的凭证进行修改。

(5)复核凭证。

①由会计主管"001 刘强"对已修改凭证进行审核。

②由出纳"002 张倩"对出纳凭证进行出纳签字。

(6)由会计主管"001 刘强"对审核过的凭证进行记账,查询总账、明细账、余额表以及部门、供应商、客户、个人、项目辅助账。

(7)会计主管"001 刘强"在期末复核时,发现一张已记账的凭证录入错误,系1月14日总经办报销招待费而不是差旅费,请采用以下两种方法修改凭证。

①使用红字冲销法修改此凭证,修改完毕将红字冲销凭证删除。

②采用无痕迹修改的方法修改凭证,并对修改后的凭证进行审核记账。

(8)为确保数据安全,请将账套进行输出备份。

【操作指导】

1. 填制凭证

双击打开"企业应用平台"界面,以总账会计"003 王宁"的身份注册登录,登录时可以用操作员的编号"003",也可以用操作员的姓名"王宁",登录密码为"3",账套选择"001 明昌科技",操作日期为2023年1月31日,点击"登录"按钮。

填制凭证

在"企业应用平台"主界面,在"业务工作"下选择"财务会计"—"总账"—"凭证"—"填制凭证",双击打开"填制凭证"窗口,点击"+"按钮或者"F5"增加一张空白凭证。

(1)1月2日,销售一部张峰购买了500元的办公用品,以现金支付,取得增值税普通发票一张。

操作步骤:凭证左上角选择"付款凭证",填入制单日期2023.01.02,在摘要栏输入"销售一部报销办公费",在科目名称栏选入"600101 销售费用/办公费",在借方金额处输入500元。

按回车键换行,第二行摘要自动带入上一行的摘要,在科目名称栏选入"1001 库存现金",在贷方金额处输入500元,也可以直接按"="实现借贷方的自动找平。

输入完成点击"保存"按钮,系统弹出"现金流量录入修改"界面。点击项目编码后的"...",弹出现金流量项目参照对话框,在左侧点击"经营活动"前面的"+"号,选择"现金流出",在右侧双击选择"04 购买商品、接受劳务支付的现金",输入完毕点击"确定"按钮,回到凭证填制主界面。

凭证录入完毕,点击"保存"按钮,系统弹出"凭证已成功保存!"提示框,如图4.13所示,点击"确定"按钮。

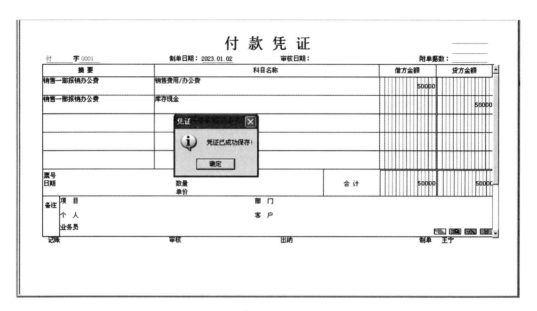

图 4.13 填制付款凭证并保存

(2)1月4日,财务部出纳张倩从建行提取现金 8 000 元,作为备用金,现金支票号为 XZ001。

操作步骤:凭证左上角选择"付款凭证",填入制单日期 2023.01.04,在摘要栏输入"提取现金",在科目名称栏选入"1001 库存现金",在借方金额处输入 8 000 元。

按回车键换行,第二行摘要自动带入上一行的摘要,在科目名称栏选入"100201 银行存款/建行存款",按回车键弹出辅助项对话框,录入"结算方式"为301,"票号"为"XZ001","发生日期"为 2023-01-04,如图 4.14 所示,点击"确定"按钮。

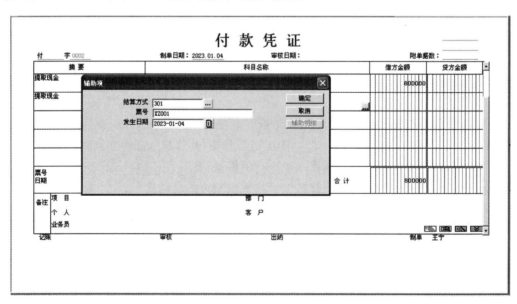

图 4.14 辅助项对话框

继续在贷方金额处输入 8 000 元,也可以直接按"＝"实现借贷方的自动找平。凭证录入完毕,点击"保存"按钮,系统弹出"凭证已成功保存!"提示框,点击"确定"按钮。

(3)1 月 6 日,收到红衫集团投资资金 10 000 美元,转账支票号为 ZPW001。

操作步骤:凭证左上角选择"收款凭证",填入制单日期 2023.01.06,在摘要栏输入"收到投资资金",在科目名称栏选入"100202 银行存款/工行存款",按回车键弹出辅助项对话框,录入"结算方式"为 302,"票号"为"ZPW001","发生日期"为 2023-01-06。

点击"确定"按钮,继续在"外币"金额录入美元金额 10 000,根据自动显示的外币汇率 6.7,按回车键会自动换算为人民币借方金额 67 000 元。

点击回车键,第二行摘要自动带入上一行的摘要,在科目名称栏选入"4001 实收资本",在贷方金额处按"＝"实现借贷方的自动找平,输入完成点击"保存"按钮。系统弹出"现金流量录入修改"界面,选择"03 筹资活动"中的"17 吸收投资所收到的现金",最后将凭证保存,如图 4.15 所示。

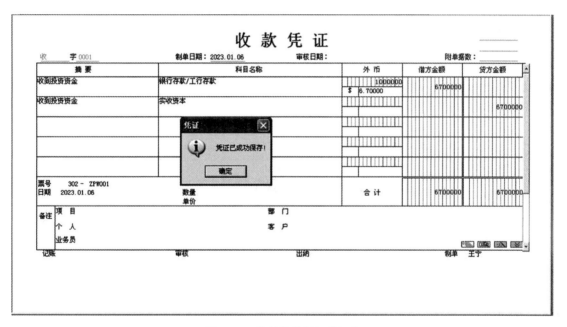

图 4.15 填制收款凭证并保存

(4)1 月 7 日,采购部宋嘉从武汉华彩贸易公司采购表带 1 000 根,每根 20 元,材料直接入库,适用税率为 13%,货款以建行存款支付,转账支票号 ZZ001。

操作步骤:凭证左上角选择"付款凭证",填入制单日期 2023.01.07,在摘要栏输入"购入表带",在科目名称栏选入"140304 表带",按回车键弹出辅助项对话框,录入"数量"为 1 000,"单价"为 20,点击"确定"按钮,系统自动合计出借方金额。

第二行、第三行根据实验资料录入相关信息,凭证保存时,系统弹出"现金流量录入修改"界面,选择"01 经营活动"中的"04 购买商品、接受劳务支付的现金",最后将凭证保存,如图 4.16 所示。

(5)1 月 11 日,销售一部张峰收到转账支票一张,金额为 30 000 元,款项为武汉祥光贸易公司用以偿还前欠货款,转账支票号 ZPW002。

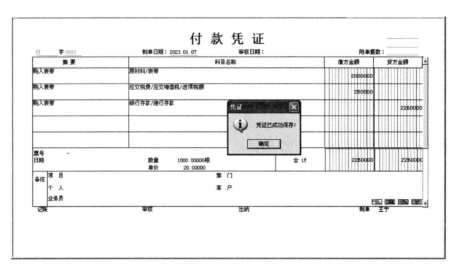

图 4.16　编制付款凭证并保存

操作步骤:根据业务信息录入凭证,在科目名称栏选入"1122 应收账款"时,按回车键弹出客户往来辅助项对话框,在"客户"中选择"祥光公司","业务员"选择"张峰",录入"发生日期"为 2023-01-11,如图 4.17 所示。

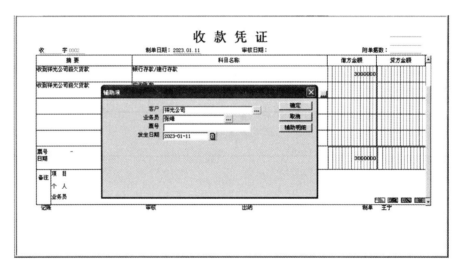

图 4.17　客户往来辅助项对话框

凭证保存时,系统弹出"现金流量录入修改"界面,选择"01 经营活动"中的"01 销售商品、提供劳务收到的现金",录入完成保存凭证。

(6)1 月 12 日,销售一部张峰向黄石人禾商贸公司销售 Z5 手表 200 块,单价 400 元,适用税率为 13%,对方进行网银转账,款项已收存建设银行。

操作步骤:根据业务信息录入凭证,在科目名称栏选入"6001 主营业务收入"时,按回车键弹出辅助项对话框,选择"Z5 手表",如图 4.18 所示,点击"确定"按钮。

(7)1 月 12 日,采购部宋嘉从武汉华彩贸易公司购入表壳 100 套,单价 50 元,货款及税款暂欠,表壳已验收入库,适用税率为 13%。

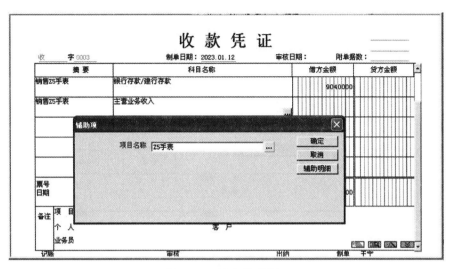

图 4.18 辅助项对话框

操作步骤:根据业务信息录入凭证,在科目名称栏选入"140303 表壳"时,按回车键弹出辅助项对话框,输入"数量"为"100","单价"为"50",点击"确定"时,系统自动合计到"借方金额"处。

在科目名称栏选入"2202 应付账款"时,按回车键弹出供应商往来辅助项对话框,在"供应商"中选择"华彩公司","业务员"选择"宋嘉",录入"发生日期"为 2023-01-12,如图 4.19 所示。

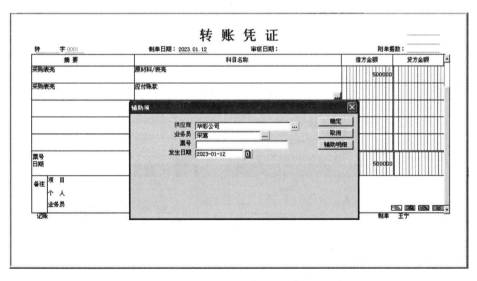

图 4.19 供应商往来辅助项对话框

(8)1 月 14 日,总经办招待客户花了 3 000 元,转账支票号 ZZ002,取得增值税普通发票一张。

操作步骤:根据业务信息录入凭证,在科目名称栏选入"660202 管理费用/差旅费"时,按回车键弹出辅助项对话框,选择"部门"为"总经办",点击"确定"按钮。

凭证保存时,系统弹出"现金流量录入修改"界面,选择"01 经营活动"中的"07 支付的与其他经营活动有关的现金",最后将凭证保存,如图 4.20 所示。

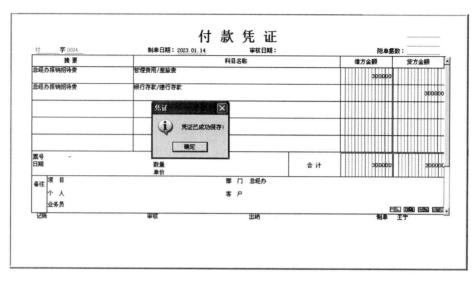

图 4.20　填制付款凭证并保存

(9)1月16日,采购部宋嘉出差归来,报销差旅费 4 090 元,其中火车票共 1 800 元,餐饮普通发票 700 元,酒店开具专用发票一张,载明住宿费金额为 1 500 元,税率 6%,价税合计为 1 590 元。

操作步骤:根据业务信息录入凭证,在科目名称栏选入"122101 其他应收款/应收职工借款"时,按回车键弹出辅助项对话框,选择"部门"为"采购部","个人"为"宋嘉","发生日期"为 2023-01-16,如图 4.21 所示,点击"确定"按钮。

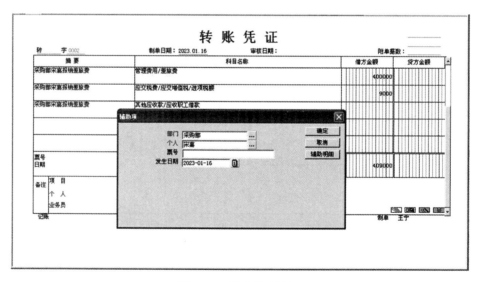

图 4.21　辅助项对话框

(10)1月18日,生产部领用表壳 500 套,单价 45 元,表带 500 根,单价 20 元,用于生产 Z5 手表。

操作步骤:根据业务信息录入凭证,在科目名称栏选入"500101 生产成本/直接材料"时,按回车键弹出辅助项对话框,选择"项目名称"为"Z5 手表",如图 4.22 所示。

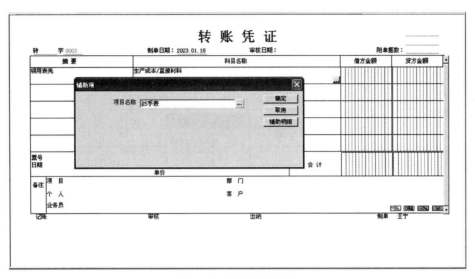

图 4.22 辅助项对话框

(11)1月23日,销售二部赵敏向沈阳恒昌贸易公司销售Z5手表500块,单价400元,适用税率为13%,货款尚未收到。

操作步骤:根据业务信息录入凭证,如图4.23所示。

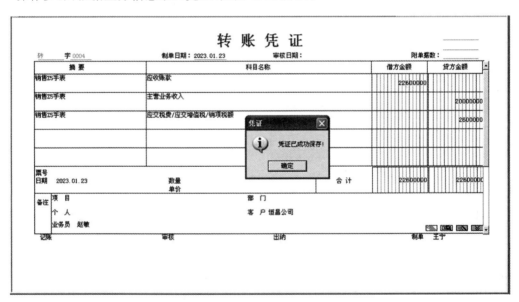

图 4.23 填制转账凭证并保存

(12)1月23日,采购部宋嘉根据需要购进生产用新设备一台,增值税专用发票上载明该设备金额为5 000元,税率为13%,货款已通过建设银行电子转账的方式进行支付。

操作步骤:根据业务信息录入凭证,凭证保存时,系统弹出"现金流量录入修改"界面,选择"02投资活动"中的"13购建固定资产、无形资产和其他长期资产所支付的现金",保存凭证,如图4.24所示。

(13)1月25日,进行现金盘点时发现长款2 000元。

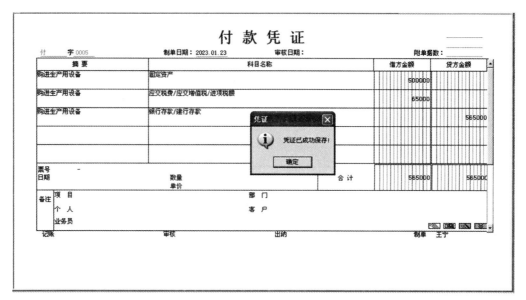

图 4.24 填制付款凭证并保存

操作步骤:根据业务信息录入凭证,如图 4.25 所示。

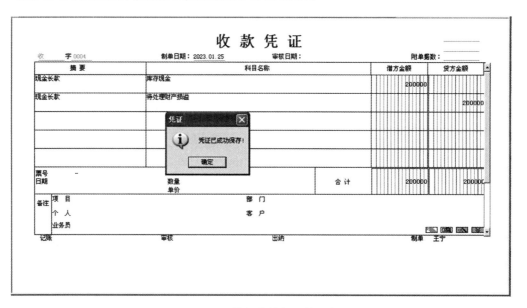

图 4.25 填制收款凭证并保存

(14)1 月 27 日,取得建设银行短期借款 2 000 000 元,款项已通过网银划转到账。
操作步骤:根据业务信息录入凭证,如图 4.26 所示。
(15)1 月 31 日,经上级领导批准,现金长款 2 000 元作为营业外收入处理。
操作步骤:根据业务信息录入凭证,如图 4.27 所示。
(16)1 月 31 日,结转 Z5 手表产品销售成本。

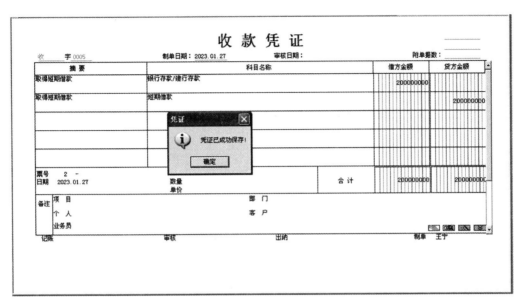

图 4.26 填制收款凭证并保存

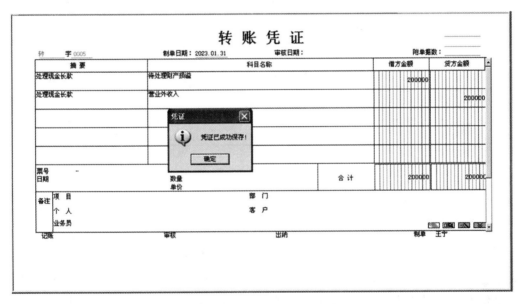

图 4.27 填制转账凭证并保存

操作步骤：根据业务信息录入凭证，在科目名称栏选入"6401 主营业务成本"时，按回车键弹出辅助项对话框，选择"项目名称"为"Z5 手表"，如图 4.28 所示，点击"确定"按钮。

在科目名称栏选入"1405 库存商品"时，按回车键弹出辅助项对话框，选择"项目名称"为"Z5 手表"，点击"确定"按钮，最后保存凭证，如图 4.29 所示。

2. 查询凭证

双击打开"企业应用平台"界面，以总账会计"003 王宁"的身份注册登录，在"业务工作"下选择"财务会计"—"总账"—"凭证"—"查询凭证"，双击打开"查询凭证"对话框。

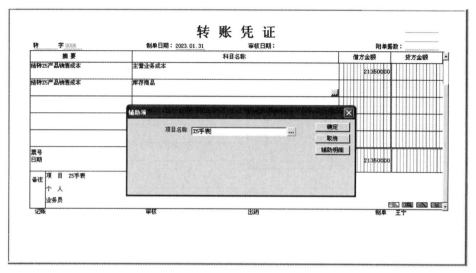

图 4.28 辅助项对话框

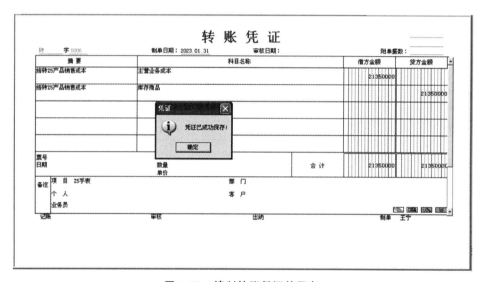

图 4.29 填制转账凭证并保存

输入查询条件,此处按"月份"进行选择,选择 2023 年 1 月,点击"确定"按钮,即可查询湖北明昌科技有限公司 2023 年 1 月份的全部凭证,如图 4.30 所示。

查询凭证

3. 审核凭证

在"企业应用平台"界面,点击左上角的"重注册",打开"登录"对话框,以账套主管"001 刘强"的身份注册进入企业应用平台,登录时间为 2023-01-31。

在"业务工作"下选择"财务会计"—"总账"—"凭证"—"审核凭证",双击打开"审核凭证"查询条件对话框。

输入查询条件,此处按"月份"进行选择,选择 2023 年 1 月,点击"确定"按钮,即可显示湖北明昌科技有限公司 2023 年 1 月份需要审核的全部凭证。

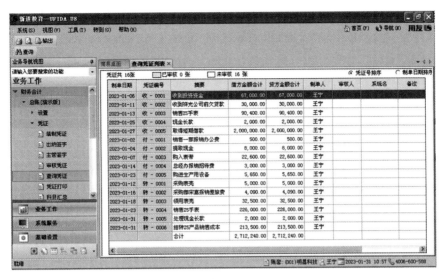

图 4.30　查询凭证

双击要审核的凭证,进入"审核凭证"窗口。检查要审核的凭证,审核无误,点击"审核"按钮,凭证底部的"审核"处自动签上审核人姓名。凭证的审核,可以逐张审核,也可以成批进行审核。

审核 1 月 11 日收款凭证时,点击"标错"按钮,系统弹出"填写凭证错误原因"对话框,填写错误的原因为"应收账款的客户选择错误,应该为'飞讯公司'"(此处也可以不写原因),如图 4.31 所示,点击"确定"按钮,凭证左上角显示红色的"有错"字样。

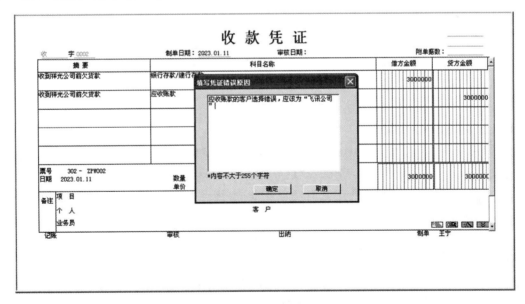

图 4.31　填写凭证错误原因

凭证审核完毕,将"审核凭证"界面关闭,回到"凭证审核列表"界面,可以看到所有的凭证审核情况。

4. 修改凭证

双击打开"企业应用平台"界面，以总账会计"003 王宁"的身份注册登录，登录时间为 2023-01-31。在"业务工作"下选择"财务会计"—"总账"—"凭证"—"查询凭证"，双击打开"查询凭证"对话框。

输入查询条件，选中"有错凭证"，点击"确定"按钮。

在"查询凭证列表"窗口双击凭证，屏幕调出此张凭证的详细信息。

点击凭证左上方的"修改"按钮，将光标放到"应收账款"科目处，凭证下方出现"应收账款"科目的辅助核算详细信息，将光标挪到客户"祥光公司"上，鼠标左键双击，即可调出"应收账款"的客户往来辅助核算，将"祥光公司"修改为"飞讯公司"，点击"确定"按钮，即完成了凭证的修改。

复核凭证

5. 复核凭证

1）审核凭证

在"企业应用平台"界面，点击左上角的"重注册"，打开"登录"对话框，以账套主管"001 刘强"的身份注册进入企业应用平台，登录时间为 2023-01-31，对"003 王宁"修改过的凭证进行再次审核。

2）出纳签字

在"企业应用平台"界面，点击左上角的"重注册"，打开"登录"对话框，以出纳"002 张倩"的身份注册进入企业应用平台，登录时间为 2023-01-31。

在"业务工作"下选择"财务会计"—"总账"—"凭证"—"出纳签字"，双击打开"出纳签字"查询条件对话框，选择"全部"单选项，点击"确定"按钮。

在"出纳签字列表"窗口，系统显示湖北明昌科技有限公司 2023 年 1 月份需要进行出纳签字的全部凭证。

双击要签字的凭证，进入"出纳签字"的签字窗口。检查要签字的凭证，审核无误，点击"签字"按钮，凭证底部的"出纳"处自动签上出纳姓名。凭证的出纳签字，可以逐张签字，也可以成批进行。

凭证记账

6. 记账

以账套主管"001 刘强"的身份完成凭证的记账，登录时间为 2023-01-31。

在"业务工作"下选择"财务会计"—"总账"—"凭证"—"记账"，进入"记账"窗口。选择要进行记账的凭证范围，本例点击左下角的"全选"按钮，选择将所有凭证进行记账。

在记账选择界面，继续点击"记账"按钮，打开"期初试算平衡表"对话框，再次确认期初余额试算平衡。

总账系统的账簿管理

期初余额试算平衡无误，点击"确定"按钮，系统开始登记有关的总账、明细账和辅助账。登记完成，系统弹出"记账完毕！"提示框。

7. 查询账表

以账套主管"001 刘强"的身份查询账表。

1)查询基本会计核算账簿

在"业务工作"下选择"财务会计"—"总账"—"账表"—"科目账"—"总账",可以查询总账。

在"业务工作"下选择"财务会计"—"总账"—"账表"—"科目账"—"明细账",可以查询明细账。

在"业务工作"下选择"财务会计"—"总账"—"账表"—"科目账"—"余额表",可以查询发生额及余额表。

2)查询部门总账

在"业务工作"下选择"财务会计"—"总账"—"账表"—"部门辅助账"—"部门总账"—"部门三栏总账",进入"部门三栏总账条件"查询窗口。

选择"科目"为"660202 管理费用/差旅费","部门"为"采购部",点击"确定"按钮,显示查询结果。

将光标放置于总账的某笔业务上,点击"明细"按钮,可以联查部门明细账。

3)查询部门明细账

在"业务工作"下选择"财务会计"—"总账"—"账表"—"部门辅助账"—"部门明细账"—"部门多栏式明细账",进入"部门多栏明细账条件"查询窗口。

选择"科目"为"6602 管理费用","部门"为"采购部","月份范围"为 2023.01—2023.01,"分析方式"为"金额分析",点击"确认"按钮,显示查询结果,如图 4.32 所示。

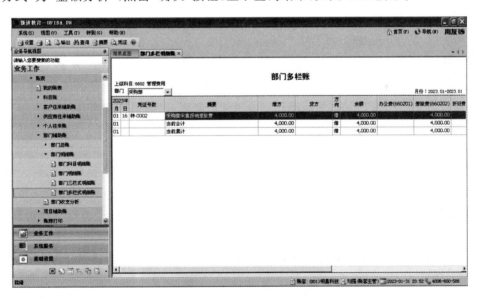

图 4.32 查询部门明细账

将光标放置于多栏账的某笔业务上,点击"凭证"按钮,可以联查该笔业务的凭证。

4)查询部门收支分析

在"业务工作"下选择"财务会计"—"总账"—"账表"—"部门辅助账"—"部门收支分析",进入"部门收支分析条件"查询窗口。

选择要分析的科目和部门,点击"下一步",选择"起止月份"为 2023.01—2023.01,点击"完成"按钮,显示查询结果,如图 4.33 所示。

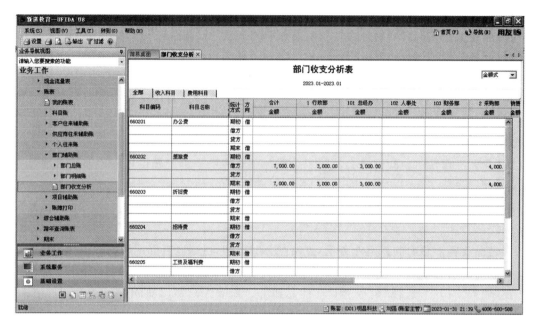

图 4.33 查询部门收支分析

用同样的方法,可以查询客户、供应商、个人、项目辅助账簿。

8. 已记账凭证的修改

1)红字冲销法

采用红字冲销法修改凭证,首先需要将错误凭证冲销,然后重新填制一张正确的凭证。鉴于后面会继续介绍无痕迹修改凭证的方法,此处仅就冲销凭证的方法进行介绍,然后将红字冲销凭证删除,以避免重复修改。

凭证的删除
与修改

①冲销凭证。

双击打开"企业应用平台"界面,以总账会计"003 王宁"的身份注册登录,登录时间为 2023-01-31。在"业务工作"下选择"财务会计"—"总账"—"凭证"—"填制凭证",进入"填制凭证"窗口。

点击凭证上方"冲销凭证"按钮,打开"冲销凭证"对话框,选择"凭证类别"为"付款凭证","凭证号"为"0004"。

点击"确定"按钮,系统自动生成一张红字冲销凭证,点击"保存"按钮,如图 4.34 所示。

②删除凭证。

以总账会计"003 王宁"的身份完成以上凭证的删除。删除凭证需要经过两个步骤,首先将凭证作废,然后整理作废凭证表。

在"业务工作"下选择"财务会计"—"总账"—"凭证"—"填制凭证",找到要删除的凭证,点击"作废/恢复"按钮,凭证的左上角显示"作废"字样,表示该凭证已作废,如图 4.35 所示。

在"填制凭证"窗口,点击"整理凭证"按钮,打开"凭证期间选择"对话框,选择"凭证期间"为 2023.01。

点击"确定"按钮,在"作废凭证表"对话框,选择要删除的凭证,点击"确定"按钮。

系统弹出"是否还需整理凭证断号"提示框,同时提供整理断号的三种方案,此处选择"按

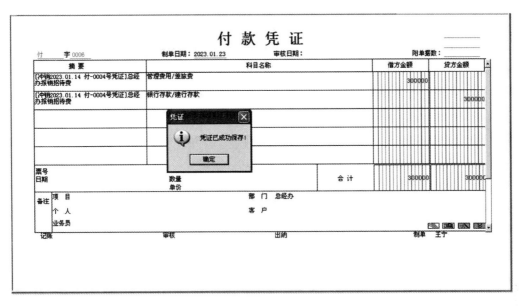

图 4.34 冲销凭证

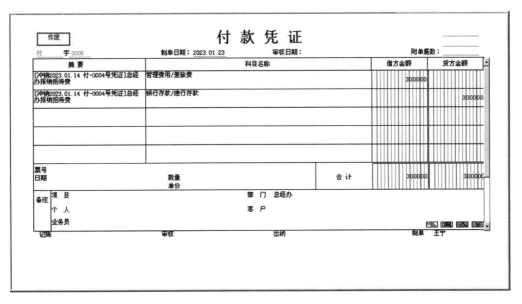

图 4.35 将凭证作废

凭证日期重排",点击按钮"是",系统将作废凭证删除,同时对剩下的凭证按照凭证日期进行重新排序。

2)无痕迹修改凭证

①取消记账。

以账套主管"001 刘强"的身份注册登录企业应用平台,登录时间为 2023-01-31。取消记账需要经过两个步骤,首先激活"恢复记账前状态功能",然后才能恢复到记账前状态。

在"业务工作"下选择"财务会计"—"总账"—"期末"—"对账",进入"对账"窗口。按"Ctrl＋H"组合键,系统弹出"恢复记账前状态功能已被激活。"提示框,如图 4.36 所示。点击"确定"按钮,然后点击"退出"按钮退出该界面。

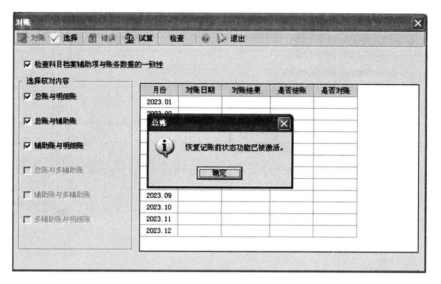

图 4.36　激活恢复记账前状态功能

在"业务工作"下选择"财务会计"—"总账"—"凭证"—"恢复记账前状态",打开"恢复记账前状态"对话框,"恢复方式"选择"2023 年 01 月初状态"。点击"确定"按钮,弹出"请输入口令"提示框,输入"123",点击"确定"按钮,系统弹出"恢复记账完毕!",表示完成了反记账。

②取消审核。

取消审核主要包括取消凭证本身的审核,以及取消凭证的出纳签字。二者之间没有先后顺序。

a.以账套主管"001 刘强"的身份取消凭证的审核。

在"业务工作"下选择"财务会计"—"总账"—"凭证"—"审核凭证",打开"审核凭证"对话框,点击"确定"按钮,弹出"凭证审核列表"窗口。

找到需要取消审核的凭证,双击打开,点击凭证上方的"取消"按钮即可取消该张凭证的审核。取消凭证的审核,可以逐张取消,也可以通过"批处理"成批取消审核。

b.以出纳"002 张倩"的身份取消出纳签字。

在"业务工作"下选择"财务会计"—"总账"—"凭证"—"出纳签字",打开"出纳签字"对话框。点击"确定"按钮,弹出"出纳签字列表"窗口。

找到需要取消出纳签字的凭证,双击打开,点击凭证上方的"取消"按钮,即可取消该张凭证的出纳签字。取消凭证的出纳签字,可以逐张取消,也可以通过"批处理"成批取消。

③修改凭证。

以总账会计"003 王宁"的身份修改凭证。修改的方法前面已做介绍,此处不再赘述,修改后的凭证如图 4.37 所示。

最后,以出纳"002 张倩"的身份对凭证进行出纳签字,以账套主管"001 刘强"的身份对该凭证进行审核、记账。

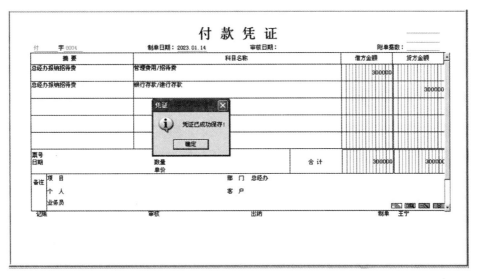

图 4.37 修改后的凭证

实验五 总账系统的出纳管理

【实验目的】

(1)掌握用友 U8 中总账系统出纳管理的相关内容。

(2)掌握总账系统出纳管理的具体内容和操作方法。

【实验资料】

1. 登记支票登记簿

1月25日,采购部宋嘉借转账支票一张采购电脑及打印机,票号为 ZZ006,预计金额为 8 000 元。

2. 银行对账

(1)银行对账期初。

湖北明昌科技有限公司银行账启用日期为 2023-01-01,科目为建行存款。企业日记账调整前余额为 200 000 元,银行对账单调整前余额为 200 000 元。期初无未达账项。

(2)2023 年 1 月份银行对账单(见表 4.8)。

表 4.8 银行对账单

交易日期	结算方式	票号	借方金额	贷方金额
2023-01-04	301	XZ001		8 000.00
2023-01-07	302	ZZ001		22 600.00
2023-01-11	302	ZPW002	30 000.00	

续表

交易日期	结算方式	票号	借方金额	贷方金额
2023-01-12	2	—	90 400.00	
2023-01-14	302	ZZ002		3 000.00
2023-01-23	2	—		5 650.00
2023-01-27	2	—	2 000 000.00	

【实验要求】

(1)引入实验四账套数据。

(2)由出纳"002 张倩"登记支票登记簿。

(3)由出纳"002 张倩"对 2023 年 1 月业务进行自动对账处理,对账条件为日期相差 3 天以内、结算方式相同、结算票号相同,并输出 2023 年 1 月的银行存款余额调节表。

(4)由出纳"002 张倩"查询 2023 年 1 月的现金日记账、银行存款日记账以及资金日报表。

(5)为确保数据安全,请将账套进行输出备份。

【操作指导】

1. 登记支票登记簿

总账系统的出纳管理

双击打开"企业应用平台"界面,以出纳"002 张倩"的身份注册登录,登录密码为"2",账套选择"001 明昌科技",操作日期为 2023 年 1 月 31 日,点击"登录"按钮。

在"企业应用平台"主界面,在"业务工作"下选择"财务会计"—"总账"—"出纳"—"支票登记簿",打开"银行科目选择"对话框。选择"科目"为"100201 建行存款",点击"确定"按钮。

在"支票登记簿"窗口,点击"增加",输入"领用日期"为 2023-01-25,"领用部门"为"采购部","领用人"为"宋嘉","支票号"为"ZZ006","预计金额"为"8 000.00","用途"为"采购电脑及打印机",点击"保存"按钮。

2. 银行对账

以出纳"002 张倩"的身份完成银行对账工作。

1)录入银行对账期初数据

在"业务工作"下选择"财务会计"—"总账"—"出纳"—"银行对账"—"银行对账期初录入",打开"银行科目选择"对话框,选择"科目"为"100201 建行存款",点击"确定"按钮。

在"银行对账期初"窗口,输入单位日记账的"调整前余额"为 200 000.00,输入银行对账单的"调整前余额"为 200 000.00,点击"保存"按钮完成数据保存,再点击"退出"按钮退出。

2)录入银行对账单

在"业务工作"下选择"财务会计"—"总账"—"出纳"—"银行对账"—"银行对账单",打开"银行科目选择"对话框。选择"科目"为"100201 建行存款","月份"为 2023.01—2023.01,点击"确定"按钮。

在"银行对账单"窗口,点击"增加"按钮,根据资料输入银行对账单数据,再点击"保存"按钮。

3)银行对账

在"业务工作"下选择"财务会计"—"总账"—"出纳"—"银行对账"—"银行对账单",打开"银行科目选择"对话框。选择"科目"为"100201 建行存款","月份"为 2023.01—2023.01,点击"确定"按钮。

在"银行对账"窗口,左边显示的是单位日记账,包括"银行对账期初"数据中单位日记账的数据以及"100201 建行存款"科目已记账凭证的数据。右边显示的是银行对账单,包括"银行对账期初"数据中银行对账单的数据以及本月录入的银行对账单数据,如图 4.38 所示。

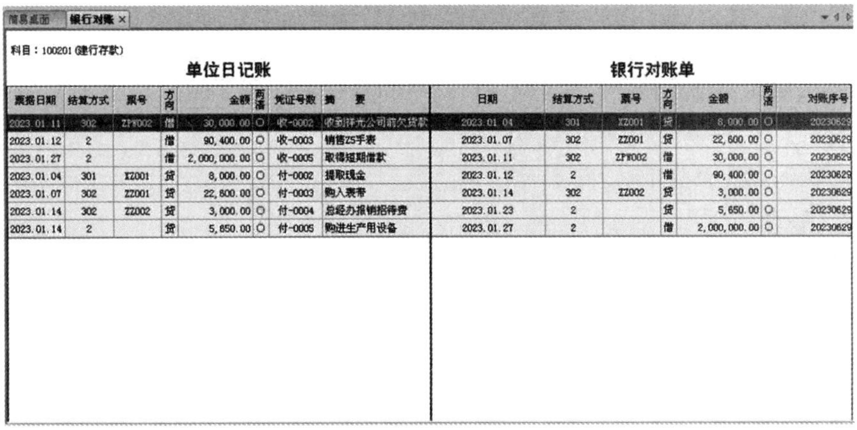

图 4.38 银行对账窗口

点击"对账"按钮,弹出"自动对账"对话框。根据实验资料设置对账条件。本例为日期相差 3 天以内、结算方式相同、结算票号相同。

点击"确定"按钮,系统根据对账条件进行单位日记账和银行对账单的自动对账。两清栏出现"○"的项表明单位日记账和银行对账单对上了。

如果凭证录入时结算方式、结算票号或者凭证日期录错,但金额是正确的,可以采用手动对账的方法,双击左右两边一致的项后面的两清栏,两清栏出现"Y",也表示对账成功。点击"检查"按钮,系统显示"对账平衡检查"窗口,如图 4.39 所示。

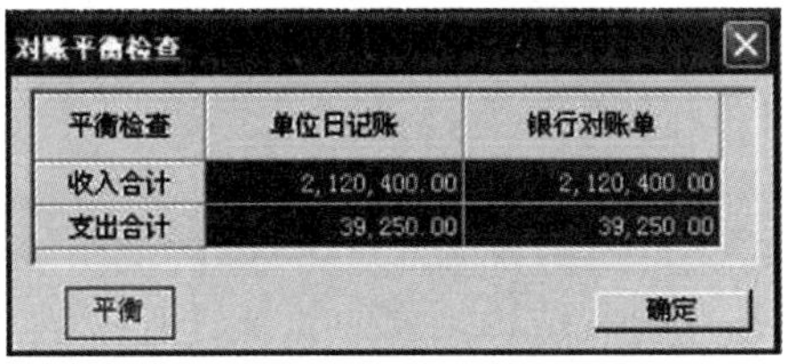

图 4.39 对账平衡检查

4)查询余额调节表

在"业务工作"下选择"财务会计"—"总账"—"出纳"—"银行对账"—"余额调节表查询",打开"银行存款余额调节表"窗口。双击"100201 建行存款"所在行,显示 2023 年 1 月份的"银行存款余额调节表"。

3.查询日记账及资金日报表

以出纳"002 张倩"的身份完成查询工作,具体操作见"账簿管理"。

实验六 总账系统的期末处理

【实验目的】
(1)掌握用友 U8 中总账系统期末处理的相关内容。
(2)掌握总账系统自动转账设置与生成、对账和月末结账的具体内容和操作方法。

【实验资料】
(1)自动转账设置及生成。
①自定义转账。
a.按短期借款期初余额的 6% 计提短期借款利息。
借:财务费用/利息　　　　　　　　QC(2001,月,贷)×0.06/12
　　贷:应付利息　　　　　　　　　　　　　　　　　JG(　　)
b.假设不考虑纳税调整和亏损弥补,按照利润总额的 25% 计提应交的企业所得税。
借:所得税费用　　　　　　　　　　JE(4103,月)×0.25
　　贷:应交税费/应交企业所得税　　　　　　　　　JG(　　)
②汇兑损益结转。
2023 年 1 月 31 日,美元记账汇率为 1∶6.8。
③期间损益结转。
将 2023 年 1 月损益类科目的余额结转到本年利润科目中。
④对应结转。
将所得税费用转入本年利润。
(2)月末对账。
(3)月末结账与反结账。

【实验要求】
(1)引入实验五账套数据。
(2)由总账会计"003 王宁"完成自动转账凭证的设置与生成。
(3)由出纳"002 张倩"对汇兑损益结转生成的凭证进行出纳签字,由会计主管"001 刘强"对所有凭证进行审核及记账。
(4)由会计主管"001 刘强"对 2023 年 1 月的业务进行结账及反结账。
(5)为确保数据安全,请将账套进行输出备份。

【操作指导】
1.自动转账设置及生成
双击打开"企业应用平台"界面,以总账会计"003 王宁"的身份注册登录,登

转账设置
与转账生成

录密码为"3",账套选择"001明昌科技",操作日期为2023年1月31日,点击"登录"按钮。

1)转账定义

①自定义转账。

a.按短期借款期初余额的6%计提短期借款利息。

在"企业应用平台"主界面,在"业务工作"下选择"财务会计"—"总账"—"期末"—"转账定义"—"自定义转账",双击打开"自定义转账设置"窗口。

点击"增加"按钮,打开"转账目录"设置对话框,输入"转账序号"为"0001","转账说明"为"计提短期借款利息",选择"凭证类别"为"转账凭证",如图4.40所示,增加完毕点击"确定"按钮。

图4.40 转账目录设置

系统弹出"自定义转账设置"窗口,点击"增行"按钮。"摘要"栏自动填充"计提短期借款利息",在"科目编码"栏点击"...",选择"660301 财务费用/利息"科目,在金额公式栏点击"...",进入"公式向导"窗口,在"公式名称"栏选择"期初余额"。

点击"下一步",弹出"公式向导"对话框,将"科目"改为"2001 短期借款","期间"为"月","方向"为"贷"。

点击"完成"按钮,返回"自定义转账设置"窗口,在金额公式栏最后手动补录"*0.06/12"。

点击"增行"按钮,在"科目"栏选择"2231 应付利息"科目,将方向调为"贷",在金额公式栏点击"...",进入"公式向导"窗口,在"公式名称"栏选择"取对方科目计算结果",点击"下一步",系统弹出"公式向导"对话框,直接点击"完成",返回"自定义转账设置"窗口,如图4.41所示,点击"保存"按钮完成自定义转账设置。

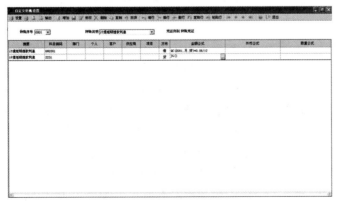

图4.41 完成自定义转账设置

b. 假设不考虑纳税调整和亏损弥补,按照利润总额的 25% 计算应交的企业所得税。

在"企业应用平台"主界面,在"业务工作"下选择"财务会计"—"总账"—"期末"—"转账定义"—"自定义转账",双击打开"自定义转账设置"窗口。点击"增加"按钮,打开"转账目录"设置对话框,输入"转账序号"为"0002","转账说明"为"计提企业所得税",选择"凭证类别"为"转账凭证",增加完毕点击"确定"按钮。

系统弹出"自定义转账设置"窗口,点击"增行"按钮。"摘要"栏自动填充"计提企业所得税",在"科目编码"栏点击"...",选择"6801 所得税费用"科目,在金额公式栏点击"...",进入"公式向导"窗口,在"公式名称"栏选择"净发生额"。

点击"下一步",弹出"公式向导"对话框,将"科目"改为"4103 本年利润","期间"为"月"。

点击"完成"按钮,返回"自定义转账设置"窗口,在金额公式栏最后手动补录"*0.25"。

点击"增行"按钮,在"科目"栏选择"222102 应交税费/应交企业所得税"科目,将方向调为"贷",在金额公式栏点击"...",进入"公式向导"窗口,在"公式名称"栏选择"取对方科目计算结果",点击"下一步",系统弹出"公式向导"对话框,直接点击"完成",返回"自定义转账设置"窗口,如图 4.42 所示,点击"保存"按钮完成自定义转账设置。

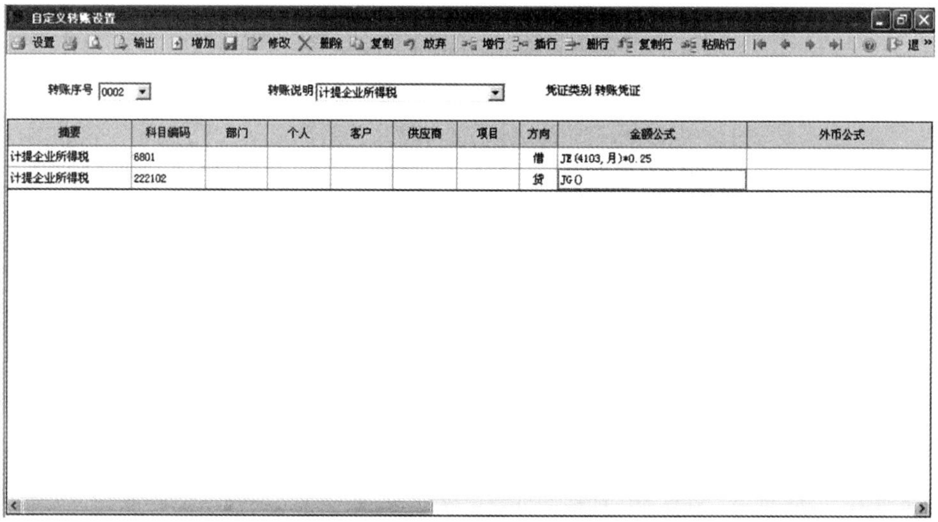

图 4.42 完成自定义转账设置

② 汇兑损益结转。

在"企业应用平台"主界面,在"业务工作"下选择"财务会计"—"总账"—"期末"—"转账定义"—"汇兑损益",双击打开"汇兑损益结转设置"窗口。

选择"汇兑损益入账科目"为"660303 财务费用/汇兑损益",在"100202 工行存款"后的"是否计算汇兑损益"处用鼠标左键双击,系统打上标志"Y",点击"确定"按钮完成设置。

2023 年 1 月 31 日的美元记账汇率为 1∶6.8,因"003 王宁"没有基础档案设置的相关权限,此处需要切换操作员,我们以账套主管"001 刘强"身份登录企业应用平台。

在"企业应用平台"主界面,在"基础设置"下选择"基础档案"—"财务"—"外币设置",双击打开"外币设置"窗口。填入 2023.01 的调整汇率为 6.8,如图 4.43 所示。

美元汇率设置完成,继续切换为"003 王宁"完成其他期末转账设置。

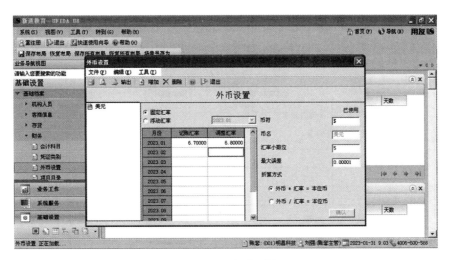

图 4.43 外币设置

③期间损益结转。

在"企业应用平台"主界面,在"业务工作"下选择"财务会计"—"总账"—"期末"—"转账定义"—"期间损益",双击打开"期间损益结转设置"窗口。选择"凭证类别"为"转账凭证",选择"本年利润科目"为"4103 本年利润"。

点击下方空白区域,检查是否每行都显示"本年利润"科目,点击"确定"按钮完成设置。

④对应结转。

在"企业应用平台"主界面,在"业务工作"下选择"财务会计"—"总账"—"期末"—"转账定义"—"对应结转",双击打开"对应结转设置"窗口。输入"编号"为"0001",输入"摘要"为"结转所得税费用",选择凭证类别为"转账凭证"。在"转出科目"中选择"6801 所得税费用",点击"增行"按钮,在"转入科目编码"栏点击"…",选择"本年利润","结转系数"为"1",点击"保存"按钮完成设置。

2)转账生成

在转账凭证生成之前,首先检查所有的凭证是否已全部审核、记账,否则生成的凭证有可能金额不正确,凭证只有经过记账,转账生成时才会把这些凭证的数据计算进去。

①生成"计提短期借款利息"凭证。

在"企业应用平台"主界面,在"业务工作"下选择"财务会计"—"总账"—"期末"—"转账生成",双击打开"转账生成"窗口,选择"自定义转账"中的"计提短期借款利息"这一行,在"0001 计提短期借款利息"后的"是否结转"处,鼠标左键双击打上"Y"标志。

点击"确定"按钮生成凭证并保存,凭证左上角出现"已生成"三个字,表示凭证保存成功,如图 4.44 所示。

②生成"汇兑损益结转"凭证。

在"企业应用平台"主界面,在"业务工作"下选择"财务会计"—"总账"—"期末"—"转账生成",双击打开"转账生成"窗口,选择"汇兑损益结转",在"外币币种"处选择"美元",在"100202 工行存款"的"是否结转"处,鼠标左键双击打上"Y"标志。

点击"确定"按钮,系统弹出"2023.01 月或之前月有未记账凭证,是否继续结转?"窗口。

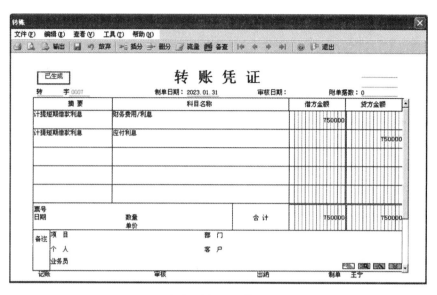

图 4.44 生成"计提短期借款利息"凭证

这里的未记账凭证指的就是刚刚通过自定义转账生成的"计提短期借款利息"的凭证,由于这笔凭证和外币业务无关,即使没有记账,也不会影响期末汇兑损益结转凭证的取数结果,因此可以忽略。此处点击"是",系统弹出"汇兑损益试算表",点击"确定"按钮生成凭证。

为了保证后期 UFO 报表中"6603 财务费用"科目取数正确,将"660303 财务费用/汇兑损益"科目的金额修改为借方红字,如图 4.45 所示。

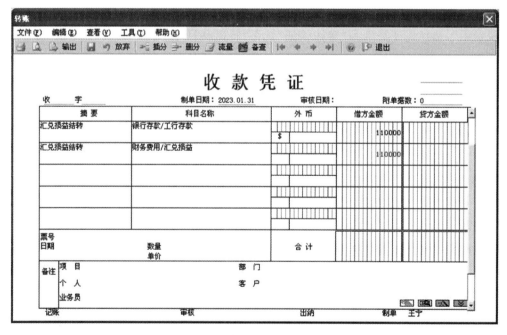

图 4.45 生成"汇兑损益结转"凭证

点击"保存"按钮,系统弹出"现金流量录入修改"对话框,点击项目编码后的"...",左边选择"04 汇率变动"中的"0401 汇率变动",右边选择"23 汇率变动对现金的影响",完成之后点击"确定"按钮退出。录入完成保存凭证,凭证左上角出现"已生成"三个字,表示凭证保存成功。

③生成"期间损益结转"凭证。

在"企业应用平台"主界面,在"业务工作"下选择"财务会计"—"总账"—"期末"—"转账生成",双击打开"转账生成"窗口,选择"期间损益结转",选择"结转月份"为 2023.01,结转类型为"全部"。

点击右上角的"全选"按钮,所有的损益类科目后面的"是否结转"栏均显示"Y",表示会将这些科目的余额结转至"本年利润"。

点击"确定"按钮,系统弹出"2023.01 月之前有未记账凭证,是否继续结转?"窗口。这里的未记账凭证指的是"计提短期借款利息"和"汇兑损益结转"两笔凭证,由于这两笔凭证中均涉及"6603 财务费用"科目,不记账将无法结转至"4103 本年利润"科目中,因此需要首先以出纳"002 张倩"的身份对"汇兑损益结转"的凭证进行出纳签字,然后以账套主管"001 刘强"的身份对以上两张凭证进行审核,审核完毕登记账簿,即记账。

记账完毕,重新用总账会计"003 王宁"登录企业应用平台,在"财务会计"—"总账"—"期末"—"转账生成"中,双击打开"转账生成"窗口,选择"期间损益结转",选择"结转月份"为 2023.01,结转类型为"全部",点击"确定"按钮,生成凭证并保存,如图 4.46 所示。

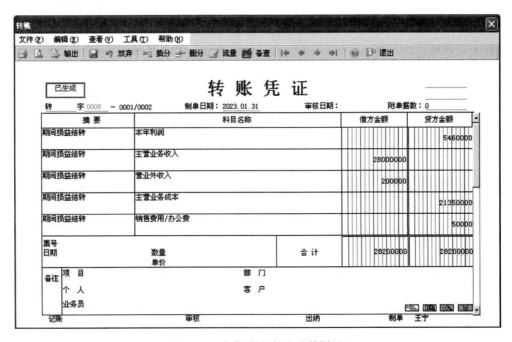

图 4.46 生成"期间损益结转"凭证

④生成"计提企业所得税"凭证。

由于"计提企业所得税"是以"4103 本年利润"科目为基础的,"期间损益结转"的凭证不记账将无法计算出应交的企业所得税,因此需要以账套主管"001 刘强"的身份对"期间损益结转"的凭证进行审核、记账。

记账完毕,重新用总账会计"003 王宁"的身份登录企业应用平台,在"财务会计"—"总账"—"期末"—"转账生成"中,选择"自定义转账"中的"计提企业所得税"这一行,在"是否结转"处,双击打上"Y"标志,点击"确定"按钮生成凭证并保存,如图4.47所示。

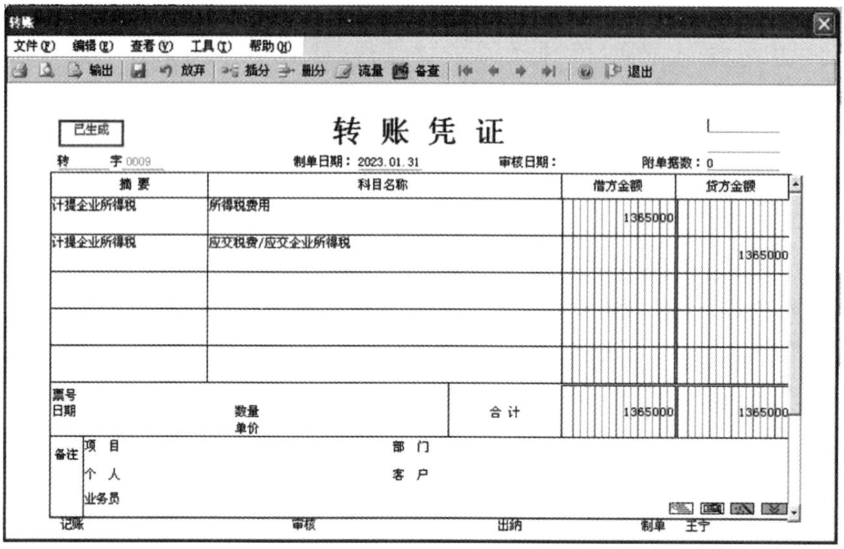

图 4.47 生成"计提企业所得税"凭证

⑤生成"结转所得税费用"凭证。

由于"结转所得税费用"是以计算出的所得税费用科目余额为基础的,因此需要以账套主管"001 刘强"的身份对"计提企业所得税"的凭证进行审核、记账,此处不再赘述。

记账完毕,重新用总账会计"003 王宁"的身份登录企业应用平台,在"财务会计"—"总账"—"期末"—"转账生成"中,双击打开"转账生成"窗口,选择"对应结转"中"结转所得税费用"这一行,在"是否结转"处,双击打上"Y"标志,点击"确定"按钮生成凭证并保存,如图4.48所示。

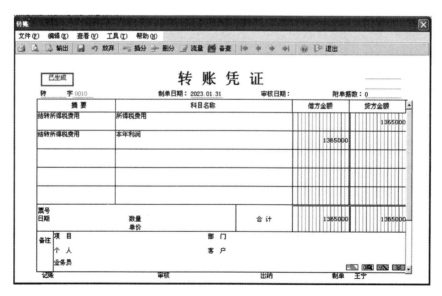

图 4.48 生成"结转所得税费用"凭证

最后,以账套主管"001 刘强"的身份对"结转所得税费用"的凭证进行审核、记账。

2. 对账与结账

以账套主管"001 刘强"的身份完成对账与结账工作。

在"企业应用平台"主界面,在"业务工作"下选择"财务会计"—"总账"—"期末"—"结账",双击打开"结账"窗口,将光标放在需要进行结账的月份 2023.01 处。

对账与结账

点击"下一步"按钮进入核对账簿阶段,点击"对账"按钮进行账簿核对。对账完毕后,点击"下一步"按钮,进入月度工作报告界面,如图 4.49 所示。

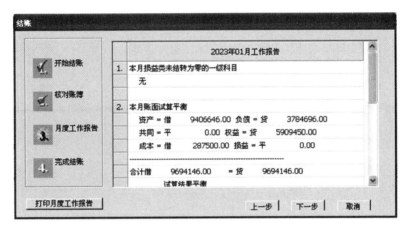

图 4.49　月度工作报告

如果月度工作报告无误,点击"下一步"按钮进入完成结账阶段。

点击下方"结账"按钮,"2023.01"后面的"是否结账"栏显示"Y",表示 2023 年 1 月份已经成功结账。

3. 反结账

以账套主管"001 刘强"的身份完成反结账操作。

在"企业应用平台"主界面,在"业务工作"下选择"财务会计"—"总账"—"期末"—"结账",双击打开"结账"窗口,将光标选中需要取消结账的月份"2023.01",按"Ctrl+Shift+F6",弹出"确认口令"窗口,如图 4.50 所示。

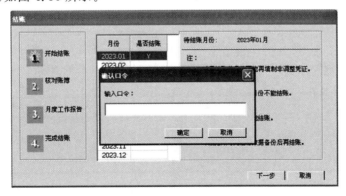

图 4.50　确认口令窗口

输入口令"123",点击"确定"按钮,完成反结账。"是否结账"栏中,"2023.01"后面的"Y"去掉了,表示取消了 2023 年 1 月的结账。

为了后续系统的继续学习,2023 年 1 月的总账系统取消结账后,不再继续结账。

第五章 UFO 报表系统

· 知识传授 ·

1. 掌握报表系统在会计信息系统中的地位；
2. 掌握 UFO 报表系统的主要功能；
3. 掌握自定义报表的基本内容和操作步骤；
4. 能够利用报表模板生成会计报表。

· 能力培养 ·

1. 能够熟练通过自定义方式编制报表；
2. 能够熟练通过报表模板方式生成报表。

· 价值塑造 ·

1. 通过比较财务报表使用者的目标异同，树立正确的质量观，把握会计信息质量的具体内容和重要作用，具有底线思维，恪守职业行为底线；

2. 通过报表格式设计与数据处理，践行"社会主义核心价值观"中的公正和诚信理念，会计报表数据真实准确、客观公正，养成细心、责任、担当等良好的职业素养和职业道德；

3. 通过了解数字技术在财务报表中的应用，调整认知，培养数据思维，树立终身学习观，以实现更好的业务价值。

第一节 系统概述

财务报表是综合反映企业一定时期财务状况和经营成果的书面文件，是企业经济活动的缩影。财务报表作为企业财务状况和经营成果的综合性反映，是在日常账务核算的基础上进一步加工、汇总形成的综合性的经济指标。财务报表由报表本身和附注两部分组成，主要包括资产负债表、利润表、现金流量表、所有者权益（或股东权益）变动表。

会计报表管理系统是会计信息系统中的一个独立的子系统，它为企业内部各管理部门及外部相关部门提供综合反映企业一定时期财务状况、经营成果和现金流量的会计信息。用友 UFO 报表系统是报表事务处理的工具，利用 UFO 报表系统既可编制对外报表，又可编制各种内部报表。它与用友财务管理软件等各系统有完善的接口，具有方便的自定义报表功能、数据处理功能,同时内置了多个行业的常用会计报表,它的主要任务是设计报表的格式和编制公式,从总账系统或其他业务系统中取得有关会计信息自动编制各种会计报表,对报表进行审核、汇总,生成各种分析图,并按预定格式输出各种会计报表。

一、UFO报表的结构

按照报表结构的复杂性,可将报表分为简单表和复合表两类。简单表是规则的二维表,由若干行和列组成。复合表是简单表的某种组合。大多数的会计报表如资产负债表、利润表、现金流量表等都是简单表。

简单表的格式一般由四个基本要素组成:标题、表头、表体和表尾,如图5.1所示。不同的报表上述四个基本要素是不同的。

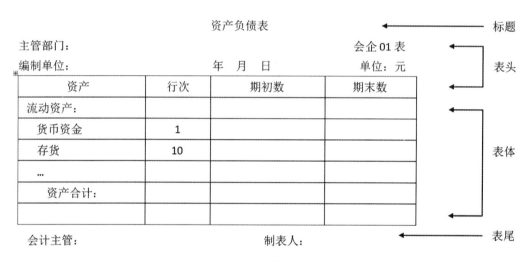

图 5.1　UFO 报表结构图

- 标题:用来表示报表的名称,例如"资产负债表"。报表的标题可能不止一行,有时会有副标题、修饰线等内容。
- 表头:用来描述报表的编制单位名称、日期等辅助信息和报表栏目。特别是报表的表头栏目名称,是表头的最主要内容,它决定报表的纵向结构、报表的列数以及每一列的宽度。有的报表表头栏目比较简单,只有一层,而有的报表表头栏目比较复杂,需分若干层次。
- 表体:表体是报表的主要组成部分,由若干行、列交叉的单元格组成,报表单元是组成报表的最小单位。在报表编制过程中,向报表单元中填入的内容一般有三种:文字、公式、数字。
- 表尾:是指表格线以下进行辅助说明的部分,包括制表人、审核人、负责人等内容。有的报表表尾部分有内容,有的报表则没有内容,但无论有无内容,表尾这一结构在报表中是一定存在的。

二、UFO报表中的基本概念

1. 二维表与三维表

确定某一数据位置的要素称为"维"。在一张有方格的纸上填写一个数,这个数的位置可通过行和列(二维)来描述。

如果将一张有方格的纸称为表,那么这个表就是二维表,通过行(横轴)和列(纵轴)可以找到这个二维表中的任何位置的数据。

如果将多个相同的二维表叠在一起,找到某一个数据需增加一个要素,即表页号(Z轴)。这一叠表称为一个三维表。

如果将多个不同的三维表放在一起,要从这多个三维表中找到一个数据,又需增加一个要素,即表名。三维表中的表间操作即称为"四维运算"。

2. 报表文件与表页

一个或多个报表以文件的形式保存在存储介质中称为报表文件,每个报表文件都有一个名字,例如"利润表.rep"。表页类似于 Excel 中的工作表,每一个报表文件都是由多张表页组成的,表页是由若干行和若干列组成的一个二维表,一个报表中的所有表页具有相同的格式,但其中的数据不同,每一张表页是由许多单元组成的。一个 UFO 报表最多可容纳 99 999 张表页。

为了便于管理和操作,一般把经济意义相近的报表放在一个报表文件中,例如,各月编制的利润表就可归集在"利润表.rep"报表文件中。在报表文件中,确定一个数据所在的位置,其要素是"表页号""行号""列号"。由此可见,报表文件就是一个三维表,如图 5.2 所示。

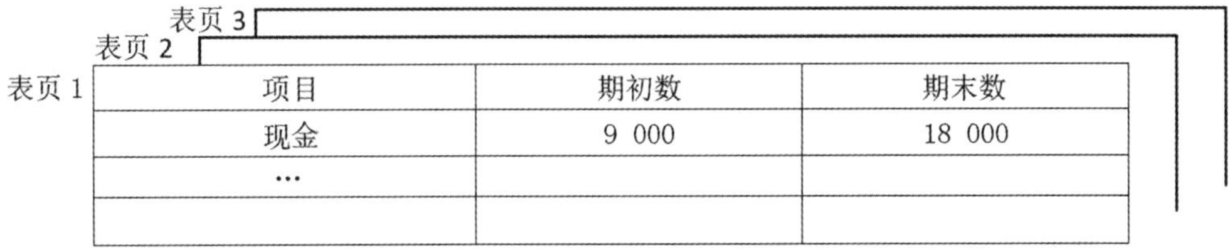

项目	期初数	期末数
现金	9 000	18 000
…		

表页1 表页2 表页3

图 5.2　UFO 报表文件

UFO 报表的技术指标:

行数:1～9 999　　　　(缺省值为 50 行)

列数:1～255　　　　　(缺省值为 7 列)

行高:0～160 毫米　　　(缺省值为 5 毫米)

列宽:0～220 毫米　　　(缺省值为 26 毫米)

表页数:1～99 999 页　　(缺省值为 1 页)

3. 格式状态与数据状态

编制报表需要完成报表的格式设计和报表的数据处理。报表的格式设计和数据处理是在不同状态下进行的,格式状态就是在进行报表格式设计工作时所处的状态,而数据状态就是在进行报表数据处理时所处的状态。报表工作区的左下角有一个"格式/数据"按钮,点击该按钮可以在"格式状态"和"数据状态"之间切换。

1)格式状态

在报表的格式状态下可以进行格式设计的操作,不能进行数据处理。格式状态下所做的操作对本报表所有的表页都产生作用。例如设置表尺寸、行高列宽、单元风格、组合单元、关键字,以及定义报表的单元公式、审核公式及舍位平衡公式。在格式状态下所看到的是报表的格式,报表的数据全部隐藏。

2)数据状态

在报表的数据状态下管理报表的数据,不能修改报表的格式。例如输入数据、增加或删除表页、舍位平衡、制作图形等。在数据状态下看到的是报表的全部内容,包括格式和数据。

4. 单元与单元属性

单元是组成报表的最小单位。与 Excel 的单元类似,用友报表的单元名称也是使用所在行和列的坐标表示,行号用数字 1~9 999 表示,列标用字母 A~IU 表示,例如,A5 表示第 1 列第 5 行的单元。

单元属性包括单元类型、对齐方式、字体颜色、表格边框等。其中,单元类型有数值单元、字符单元和表样单元,建立一个新表时,所有单元的类型默认为数值型。

1)数值单元

数值单元用于存放报表的数据,在数据状态下输入。数值单元的内容可以是 $1.7\times(10E-308)\sim1.7\times(10E+308)$ 之间的任何数(15 位有效数字),数值单元的内容可以直接输入或由单元中存放的单元公式运算生成。建立一个新表时,所有单元的类型缺省为数值。

2)字符单元

字符单元用于存放报表的字符型数据,在数据状态下输入。字符单元的内容可以是汉字、字母、数字及各种键盘可输入的符号组成的一串字符,一个单元中最多可输入 63 个字符或 31 个汉字。字符单元的内容可以直接输入,也可由单元公式生成。

3)表样单元

表样单元是报表的格式,是定义一个没有数据的空表所需的所有文字、符号或数字,一个单元中最多可输入 63 个字符或 31 个汉字。一旦单元被定义为表样,那么在其中输入的内容对所有表页都有效。表样在格式状态下输入和修改,在数据状态下不允许修改。

5. 区域与组合单元

报表上的区域由表页上的相邻单元组成,自起点单元至终点单元是一个完整的长方形矩阵。最大的区域是整个表页,最小的区域是一个单元。在区域的表示上,起点单元与终点单元用":"连接,例如,A1 到 D5 的长方形区域表示为 A1:D5。

组合单元由相邻的两个或更多的单元组成,这些单元必须是同一种单元类型(表样、数值、字符),UFO 报表系统在处理报表时将组合单元视为一个单元。可以组合同一行相邻的几个单元,可以组合同一列相邻的几个单元,也可以把一个多行多列的平面区域设为一个组合单元。组合单元的名称可以用区域的名称或区域中的单元的名称来表示,例如把 B2 到 B3 定义为一个组合单元,这个组合单元可以用"B2""B3"或"B2:B3"表示。

6. 固定区及可变区

一张表页可以分为固定区和可变区。固定区是指组成该区域的行数与列数是固定的,可变区是指行数和列数不固定的区域。可变区的最大行数与列数在格式状态下设定,在一个报表中只能有一个可变区,有可变区的报表称为可变表,没有可变区的报表称为固定表。

7. 关键字

关键字是游离于单元之外的特殊数据单元,可以唯一标识一个表页,用于在大量表页中快速选择表页。例如资产负债表中存放着企业一年 12 个月的资产负债表,每一页代表一个月份,则可以将月份单元设置为关键字。

UFO 共提供了以下六种关键字,关键字的显示位置在格式状态下设置,关键字的值则在数据状态下录入,每个报表可以定义多个关键字。

单位名称:字符型(最大 30 个字符),为该报表表页编制单位的名称。
单位编号:字符型(最大 10 个字符),为该报表表页编制单位的编号。
年:数字型(1904~2100),该报表表页反映的年度。
季:数字型(1~4),该报表表页反映的季度。
月:数字型(1~12),该报表表页反映的月份。
日:数字型(1~31),该报表表页反映的日期。

除此之外,UFO 有自定义关键字功能,可以用于业务函数中。

三、UFO 报表中的公式

在 UFO 报表系统中,报表的格式和数据是分开处理和管理的。由于报表内部以及各个报表之间存在着密切的逻辑关系,所以报表中的各种数据采集、运算和钩稽关系的检测就用到了不同类型的公式,包括单元公式、审核公式和舍位平衡公式。

1. 单元公式

单元公式是指为报表数据单元进行赋值的公式,单元公式的作用是从账簿、凭证、本表或其他报表等处调用、运算所需要的数据,并填入相应的报表单元中。例如,"UFO 报表"系统可以实现从"总账"系统取数、从其他核算系统取数(如"固定资产管理"系统、"薪资管理"系统、"采购管理"系统、"销售管理"系统、"应收款管理"系统、"应付款管理"系统、"库存管理"系统、"存货核算"系统等)、从报表处理系统自身取数(包括从其他报表取数、从同一报表的不同表页或同一表页的不同单元取数)。

单元公式既可以将数据单元赋值为数值,也可以赋值为字符,一般由目标单元、运算符、函数和运算符序列组成。例如,资产负债表中货币资金项目的期末余额,应该是当月本账套中总账系统中的库存现金、银行存款与其他货币资金期末余额的和,其计算公式表达为:

$$C5 = QM("1001", 月) + QM("1002", 月) + QM("1012", 月)$$

其中,目标单元 C5 是指用行号、列号表示的用于放置运算结果的单元;运算符序列是指采集数据并进行运算处理的次序。报表系统提供了一整套从各种数据文件(包括机内凭证、账簿和报表,也包括机内其他数据资源)采集数据的函数。企业可根据实际情况,合理地调用不同的相关函数。

2. 审核公式

报表中的各个数据之间一般都存在某种钩稽关系,例如资产负债表必须遵循:资产=负债+所有者权益。利用这种钩稽关系可定义审核公式,进一步检验报表编制的结果是否正确。审核公式可以验证表页中数据的钩稽关系,也可以验证同表中不同表页之间的钩稽关系,还可以验证不同报表之间的数据钩稽关系,如果不满足规定的逻辑关系,审核公式会返回警示信息。

审核公式由验证关系公式和提示信息组成。定义报表审核公式,首先要分析报表中各单元之间的关系,来确定审核关系,然后根据确定的审核关系定义审核公式。其中审核关系必须确定正确,否则审核公式会起到相反的效果,即由于审核关系不正确导致一张数据正确的报表被审核为错误,而编制报表者又无从修改。

审核公式是把报表中某一单元或某一区域与另外某一单元或某一区域或其他字符之间用逻辑运算符连接起来,其格式为:

＜表达式＞＜逻辑运算符＞＜表达式＞[MESS"说明信息"]

其中,逻辑运算符有:＝、＞、＜、＞＝、＜＝、＜＞。等号"＝"的含义不是赋值,而是等号两边的值要相等。

例如,定义审核公式:

产品销售利润＝产品销售收入－产品销售成本－产品销售费用

否则,出现"产品销售利润计算有误!"的出错信息。

净利润＝利润总额－所得税

否则,出现"净利润计算有误!"的出错信息。

操作步骤如下:

点击"数据"—"编辑公式"—"审核公式",如图 5.3 所示,打开"审核公式"对话框。

图 5.3 审核公式命令

在"审核公式"对话框中,输入:

c8＝c5－c6－c7

MESS "产品销售利润计算有误!"

c20＝c18－c19

MESS "净利润计算有误!"

如图 5.4 所示,录入完毕点击"确定"按钮。

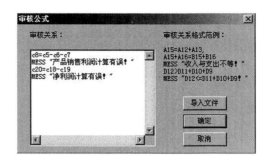

图 5.4　编辑审核公式的内容

3. 舍位平衡公式

在报表汇总时,各个报表的数据计量单位有可能不统一,这时,需要将报表的数据进行位数转换,将报表的数据单位由个位转换为百位、千位或万位,如将"元"单位转换为"千元"或"万元"单位,这种操作称为进位操作。进位操作以后,原来的平衡关系可能会因为小数位的四舍五入而被破坏,因此还需要对进位后的数据平衡关系进行重新调整,使舍位后的数据符合指定的平衡公式。这种用于对报表数据舍位及重新调整报表舍位之后平衡关系的公式称为舍位平衡公式。

定义舍位平衡公式需要指明要舍位的表名、舍位范围以及舍位位数,并且必须输入平衡公式。

例如,将数据由元进位为千元,定义该报表的舍位平衡公式。

操作步骤如下:

点击"数据"—"编辑公式"—"舍位公式",如图 5.5 所示,打开"舍位平衡公式"对话框。

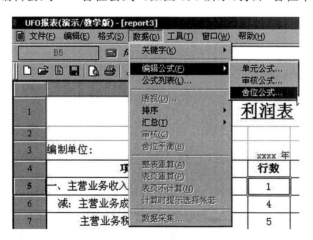

图 5.5　舍位公式命令

在"舍位表名"文本框中输入"SWB",在"舍位范围"文本框中输入"C4:D20",在"舍位位数"文本框中输入"3",在"平衡公式"文本框中输入"$c8=c5-c6-c7,c20=c18-c19$",如图 5.6 所示,录入完毕点击"完成"按钮。

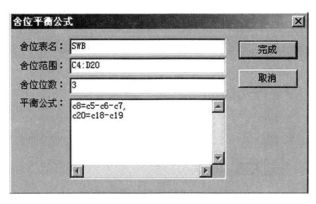

图 5.6　编辑舍位平衡公式的内容

四、UFO 报表系统的函数

1. 账务取数函数

账务取数是会计报表数据的主要来源,账务取数函数架起了报表系统和总账等其他系统之间进行数据传递的桥梁。账务取数函数可实现报表系统从账簿、凭证中采集各种会计数据生成报表,实现账表一体化。

主要账务取数函数如表 5.1 所示。

表 5.1　主要账务取数函数表

函数名	金额式	数量式	外币式
期初额函数	QC()	SQC()	WQC()
期末额函数	QM()	SQM()	WQM()
发生额函数	FS()	SFS()	WFS()
累计发生额函数	LFS()	SLFS()	WLFS()
条件发生额函数	TFS()	STFS()	WTFS()
对方科目发生额函数	DFS()	SDFS()	WDFS()
净额函数	JE()	SJE()	WJE()
汇率函数	HL()		
现金流量函数	XJLL()/ LJXJLL()		

为了方便而又准确地编制会计报表,系统提供了手工设置和引导设置两种方式。在引导设置状态下,根据对各目标单元填列数据的要求,通过逐项设置函数及运算符,即可自动生成所需的单元公式。当然,在对函数和公式的定义十分了解,运用非常自如的情况下,可以直接手工设置公式。

2. 本表页取数函数

表页内部取数函数用于在本表页内的指定区域内做出诸如求和、求平均值、计数、求最大值、求最小值、求统计方差等统计结果的运算,实现表页中相关数据的计算、统计功能。应用时,要按所求的统计量选择公式的函数名和统计区域。

主要本表页取数函数如表 5.2 所示。

表 5.2 主要本表页取数函数表

求和	PTOTAL()	最大值	PMAX()
平均值	PAVG()	最小值	PMIN()
计数	PCOUNT()	方差	PVAR()
偏方差	PSTD()		

3. 本表他页取数公式

报表可由多个表页组成,并且表页之间具有极其密切的联系。如一个表页可能代表同一单位不同会计期间的同一报表。因此,一个表页中的数据可能取自上一会计期间表页的数据。本表他页取数公式可完成此类操作。

对于取自于本表其他表页的数据可以利用某个关键字作为表页定位的依据,或者直接以页号作为定位依据,指定取某个表页的数据。

取确定页号表页的数据:

格式:<目标区域> = <数据源区域> @ <页号>

例如:B2=C5@1,表示当前页 B2 单元取当前表第一页 C5 单元的值;C1=C2@2,表示当前页 C1 单元取第 2 页 C2 单元的数据。

4. 报表之间取数公式

报表之间取数公式即他表取数公式,用于从另一报表某期间某页中某个或某些单元中采集数据。

在进行报表与报表之间的取数时,不仅要考虑数据取自哪一张表的哪一单元,还要考虑数据来源于哪一页。

编辑表间计算公式与同一报表内各表页间的计算公式类似,主要区别在于把本表表名换为他表表名。

取他表确定表页数据的表示方法:

格式:<目标区域> = "<报表名[.rep]>"-><数据源区域>[@ <页号>]

当<页号>缺省时为本表各页分别取他表各页数据。

例如:D5="syb"->D5@4,表示当前表页 D5 的值等于表"syb.rep"第 4 页 D5 的值。

五、UFO 报表系统的主要功能

UFO 报表系统是真正的三维立体表,提供了丰富的实用功能,完全实现了三维立体表的四维处理能力,如图 5.7 所示。

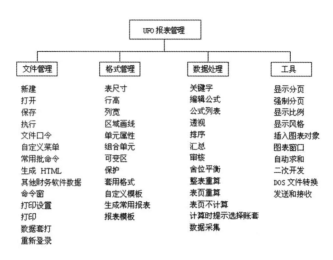

图 5.7 UFO 报表系统模块结构图

1. 文件管理功能

对报表文件的创建、读取、保存和备份进行管理。能够进行不同文件格式的转换：文本文件、.mdb 文件、.dbf 文件、Excel 文件、Lotus 1-2-3 文件。支持多个窗口同时显示和处理，可同时打开的文件和图形窗口多达 40 个。提供了标准财务数据的"导入"和"导出"功能，可以和其他流行财务软件交换数据。

2. 格式管理功能

提供了丰富的格式设计功能，如定义组合单元、画表格线（包括斜线）、调整行高列宽、设置字体和颜色、设置显示比例，等等，可以制作各种要求的报表。

3. 数据处理功能

UFO 以固定的格式管理大量不同的表页，能将多达 99 999 张具有相同格式的报表资料统一在一个报表文件中管理，并且在每张表页之间建立有机的联系。提供了排序、审核、舍位平衡、汇总功能；提供了绝对单元公式和相对单元公式，可以方便、迅速地定义计算公式；提供了种类丰富的函数，可以从账务等用友产品中提取数据，生成财务报表。

4. 图表功能

将数据表以图形的形式进行表示。采用"图文混排"，可以很方便地进行图形数据组织，制作包括直方图、立体图、圆饼图、折线图等 10 种图式的分析图表。可以编辑图表的位置、大小、标题、字体、颜色等，打印输出图表。

5. 二次开发功能

强大的二次开发功能则使其又不失为一个精练的 MIS 开发应用平台。提供批命令和自定义菜单，自动记录命令窗中输入的多个命令，可将有规律性的操作过程编制成批命令文件。提供了 Windows 风格的自定义菜单，综合利用批命令，可以在短时间内开发出本企业的专用系统。

六、UFO 报表系统与其他系统的关系

编制会计报表是每个会计期末最重要的工作之一，从一定意义上说编制完会计报表是一

个会计期间工作完成的标志。在报表管理系统中,会计报表的数据来源一般有总账系统的账簿和会计凭证、其他报表、人工直接输入等,还可以从应收、应付、工资、固定资产、销售、采购、库存等系统中提取数据,生成财务报表。UFO 报表系统与其他系统之间的数据传递关系如图 5.8 所示。

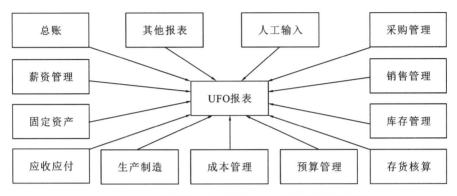

图 5.8　UFO 报表系统与其他系统之间的数据传递关系

第二节　报表的编制

一、自定义报表

如果是企业特有的报表,就需要自定义一张新的报表框架。编制会计报表一般包括创建新的报表文件、设计报表格式、定义报表公式、设置关键字等流程,体现为标题、表头、表体和表尾四个部分。UFO 报表系统在格式状态下完成报表的编制。

1.设计报表格式

在企业应用平台中启动 UFO 报表系统,创建一个新的报表文件。新表创建完成后,应进行报表的格式设计。报表格式设计是制作报表的基本步骤,它决定了整张报表的外观和结构。会计报表格式设计的主要内容有:设置报表大小、画表格线、输入标题、表头、表尾和表体固定栏目的内容,设置单元属性等。

1)设置报表尺寸

设置报表尺寸是指设置报表的行数和列数。设置前可事先确定好所要定义的报表大小,计算该表所需的行、列。

2)定义行高和列宽

设置列宽应以能够放下本栏最宽数据为原则,否则在生成报表时会产生数据溢出的错误。

3)画表格线

报表的尺寸设置完之后,在报表输出时,该报表是没有任何表格线的,为了满足查询和打印的需要,还需要在适当的位置上画表格线。

4）定义组合单元

把几个单元作为一个单元来使用,组合单元实际上就是一个大的单元,所有针对单元的操作对组合单元均有效。

5）输入项目内容

项目内容指报表的固定文字内容,主要包括表头、表体项目、表尾项目等。

6）设置单元属性

设置单元类型及数据格式、对齐方式、字型、字体、字号及颜色、边框样式等内容,其中最重要的是单元类型的设置。例如,将报表的标题"利润表"定义为楷体加粗,字号14,居中;将制表人后面的一个单元设置为字符单元,以便能够输入制表人的姓名。

2. 定义报表公式

会计报表的变动单元内容会随编制单位和时间的不同而不同,但其获取数据的来源和计算方法是相对稳定的。报表管理系统依据这一特点设计了"定义公式"的功能,从而使UFO报表管理系统能够自动、及时、准确地编制会计报表。

报表公式是指报表或报表数据单元的计算规则,主要包括单元公式、审核公式和舍位平衡公式等,其中审核公式和舍位平衡公式不属于报表编制的必选项。

3. 定义关键字

定义关键字主要包括设置关键字和调整关键字在表页上的位置。关键字主要有六种——单位名称、单位编号、年、季、月、日,另外还包括一个自定义关键字。可以根据实际需要任意设置相应的关键字,例如,单个企业往往以时间为关键字,企业集团则可以用单位名称作为关键字。

1）设置关键字

关键字在格式状态下设置,一个关键字在该表中只能定义一次,即同表中不能有重复的关键字。

2）调整关键字位置

关键字位置是指关键字在某单元或组合单元中的起始位置。同一个单元或组合单元的关键字定义完以后,可能会重叠在一起,所以还需要对关键字的位置进行调整。调整关键字的位置必须输入关键字的相对偏移量。偏移量为负数值表示向左移,正数值表示向右移。

二、套用报表模板

在会计报表系统中,一般都提供了多种常用的会计报表格式及公式,称为报表模板。

除了通过报表格式定义和公式定义设置个性化的自定义报表外,UFO报表系统在系统内部预先内置了一系列常用的报表模板供用户选择使用,包括资产负债表、利润表、现金流量表、所有者权益变动表等。企业可以通过选择行业类型以及报表类型快速生成需要的财务报表。如果系统提供的报表模板与企业实际状况存在差异,还可以用报表的格式设计和公式设置功能进行二次调整。

利用报表模板可以迅速建立一张符合企业需要的财务报表。对于一些企业常用,但是系统的报表模板中没有提供的报表,企业可以在自定义完这些报表的格式和公式后,将其保存为报表模板,方便以后直接调用。

第三节 报表数据处理与图表生成

一、报表数据处理

报表的数据包括报表单元的数值和字符,以及游离于单元之外的关键字。数值单元只能接收数字,而字符单元既能接收数字又能接收字符;数值单元和字符单元可以由公式生成,也可以由键盘输入;关键字的值则必须由键盘录入。

报表数据处理主要包括生成报表数据、审核报表数据和舍位平衡操作等工作,数据处理工作必须在数据状态下进行。处理时系统根据已定义的单元公式、审核公式和舍位平衡公式自动进行数据采集、审核及舍位等操作。报表数据处理一般是针对某一特定表页进行的,因此在数据处理时还涉及表页的操作,例如,表页的增加、删除等。

1. 进入报表数据状态

生成报表是在报表的数据状态下进行的,是制作报表中不可缺少的重要环节。生成报表的过程是利用报表中已经设置好的运算公式,从相应的数据源中采集数据,填入相应的单元中,从而得到报表数据。

2. 录入关键字

每一张表页均对应不同的关键字,输出时表页的关键字会随同单元一起显示。要判定本表页的数据取自系统中的哪个会计期间或哪个企业,需要通过关键字的输入来识别。如果不输入关键字,则系统默认的取数对象是当前账套当前会计期间的数据。

3. 整表重算

根据计算公式计算报表中的数据。注意在编制报表时可以选择整表计算或表页重算,整表计算是将该表的所有表页全部进行计算,而表页重算仅是将该表页的数据进行计算。

另外,表页计算时可以进行"账套选择"。如果未选中"计算时提示选择账套"菜单项,在点击"整表重算""表页重算",或在"格式/数据"状态转换的情况下,报表默认启动登录 UFO 报表系统时所选择的账套。如果选中"计算时提示选择账套"菜单项,则每次进行上述操作时都要进行账套选择操作,即弹出"账套选择"对话框,进行账套选择。

4. 审核报表

在一张会计报表的某些单元之间存在着内在联系,报表的审核就是根据报表中已经设置的审核公式,对已经生成的报表进行审核,以验证报表的正确性。报表审核时,系统按照审核公式逐条审核表内的关系,当报表数据不符合钩稽关系时,会提示错误信息。

在实际应用中,只要报表中数据发生变化,都必须进行审核。通过审核不仅可以找出一张报表内部的问题,还可以找出不同报表文件中的问题。

5. 报表舍位操作

报表的舍位操作并不是必需的,一般只是在报表汇总或合并时由于不同报表的数据单位不同而无法完成汇总或合并,需要将不同报表的数据单位进行统一时,才需要进行报表的舍位操作。

进行舍位操作时,可在系统提供的功能中点击舍位平衡操作,系统按定义的舍位关系对指定区域的数据进行舍位,并按平衡公式对舍位后的数据进行调整使其平衡,然后将经过舍位平衡处理后的数据存入指定的新表中。

二、图表处理

报表数据生成之后,为了对报表数据进行直观的了解和分析,方便对数据的对比、趋势和结构进行分析,可以利用图形对数据进行直观显示。UFO 报表系统的图表功能提供了直方图、圆饼图、折线图、面积图 4 大类共 10 种格式的图表。图表是利用报表文件中的数据生成的,图表与报表数据存在着紧密的联系,报表数据发生变化时,图表也随之变化;报表数据删除以后,图表也随之消失。

1. 插入图表对象

1)追加图形显示区域

在管理图表对象时,图表对象和其他数据一样需要占用一定的报表区域。因此,一般需要增加若干行或列,作为专门的图形显示区域。可在格式状态下,通过"编辑"—"追加"—"行"实现,如图 5.9 所示。

图 5.9 追加行

2)选取数据区域

插入的图表并不是独立存在的,它依赖报表的数据而存在,反映报表指定区域中数据的对比关系,所以在插入图表对象之前必须先选择图表对象反映的数据区域。

3)插入图表

图表对象实际上是报表的特殊数据,在 UFO 系统中,允许同时插入多个图表对象,以不同的图形反映不同数据。图表对象可以在报表的任意区域插入,一般为了不和报表的数据重叠,可以将图表对象插入到事先已增加的图形显示区域内。

图表对象由以下内容组成:

主标题、X 轴标题、Y 轴标题:最多可以输入 20 个字符或 10 个汉字,可以编辑输入标题内容,还可以将其在图表对象区域中任意拖动。

X 轴标注:用于区分不同的数据。X 轴标注是自动产生的,当数据组为"行"时,系统将源数据区域的第一行定义为 X 轴标注;当数据组为"列"时,系统将源数据区域的第一列定义为 X 轴标注。

Y 轴标注:用于显示数据的值。Y 轴标注是自动产生的,当数据组为"行"时,系统将源数据区域的第一列定义为 Y 轴标注;当数据组为"列"时,系统将源数据区域的第一行定义为 Y 轴标注。

单位:指 Y 轴(数据轴)的单位,Y 轴标注乘以单位即实际数值。

图例:说明不同颜色或图案代表的意义,图例可以移动但不能修改。
图形:指图形显示部分。
关键字标识:当选取"整个报表"作为操作范围时,用以区别不同表页的数据。

2. 编辑图表对象

图表对象建立起来以后,在数据状态下,可以在图表对象窗口对图表对象进行编辑。

(1)编辑标题。

图表标题、X 轴标题、Y 轴标题可以在建立图表时的"区域作图"对话框中输入内容,也可以在图表建立以后进行编辑。

(2)改变主标题的字型、字体。

(3)定义数据组。

图表的坐标轴可以进行转换。

(4)改变图表格式。

UFO 提供了 10 种图形格式,在"格式"菜单中选择相应的图形格式菜单项就可以完成相应图形格式的转换。另外,点击工具栏中的图标也可改变图表格式。

(5)对象置前/对象置后。

UFO 报表系统可以在一张报表里同时插入多个图表对象,如果这些图表对象相互重叠,会导致有些图表无法显示。这时可以利用"对象置前"或"对象置后"使它显示在最前端或隐藏在其他图表对象之后。

(6)图表对象预览/打印。

图表对象也可以打印和预览,它们可以和报表数据一起打印/预览,也可以单独打印/预览,这里的图表对象的预览/打印功能仅对图表对象有效,不打印或预览报表的数据。

3. 图表窗口

图表窗口是一个特殊的窗口,它有别于图表对象窗口,在图表窗口中看到的仅仅是图表文件,只能对图表文件进行操作,无法观察到报表的格式和数据。要在图表窗口中操作图表,首先通过"工具"—"图表窗口"打开图表窗口,然后在图表窗口中,通过"图表"—"打开"功能打开图表,如图 5.10 所示。

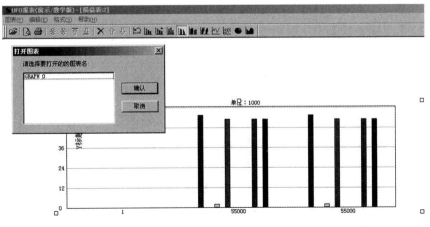

图 5.10 选择打开的图表

本章小结

本章以用友 ERP 软件为例,介绍了会计信息系统中的报表系统,分析了报表系统的结构和具体内容,阐述了报表系统的主要功能以及与软件中其他子系统之间的数据传递关系。通过本章学习,需要掌握会计信息系统中财务报表的相关理论,熟悉自定义报表的方法,能够套用报表模板生成财务报表。

 拓展延伸

大数据、云计算、人工智能、图像识别、机器学习等各种技术,正在不断改变会计信息加工的规则和方法,一些机构已经开始借助于人工智能算法,实现凭证的智能编制和报表的智能生成。这些报告一方面不再局限于财务信息,还包括大量非财务信息,财务报告走向精细和全面;另一方面也不再局限于定期报告,而是可以做到实时化和可视化。财务数据实时采集、实时核算与分析、实时传输与报告,为企业经营决策提供支持。

区块链技术给财务报告带来的影响是革命性的。每一个企业参与者都可以提出多样化的信息需求,通过区块链技术能够生成并发布各种样式、内容、结构、目的的财务报告,如以经济事项为基础的报告、全面收益报告、交互式按需报告、实时智能财务报告以及智能分析报告等,极大地克服了现行财务报告的诸多局限性。

德邦快递的客户量大、单量大、流转数据量大,对报表的时效要求非常高。通过构建业财一体化系统平台,梳理业务单据与财务凭证之间的数据关联,德邦快递实现了 90% 凭证的自动生成、审核,每月自动处理 200 万份业务单据;设置的各项报表架构和业务规则,自动归集、计算、输出报表,每次报表编制时间由 4 小时缩短至 60 秒,实现报表智能编制、实时查询,满足管理者对报表时效的高要求。

资料来源:"洞见学堂"公众号,有改动

 章节测试

一、单选题

1.会计报表系统的处理流程是( )。
A.报表格式设置→数据采集→数据输出
B.数据处理公式设置→数据处理→数据存储
C.报表格式及数据处理公式设置→报表名称登记→报表编制→报表输出
D.报表名称登记→报表格式设置→报表输出

2.报表模块中,编制单位、日期一般不作为文字内容输入,而是需要设置为( )。
A.数值　　　　　　B.字符　　　　　　C.表样　　　　　　D.关键字

3.UFO 报表的本表他页取数函数 SELECT(D,年@=年 AND 月@=月+1)的含义是( )。

A. 取会计年度相同的下月表页 D 列数据并给本页的 D 列

B. 取会计年度相同的下月表页 D 列数据

C. 取会计年度相同的上月表页 D 列数据并给本页的 D 列

D. 取会计年度相同的上月表页 D 列数据

4. UFO 编制报表时,通过(　　)让计算机自动完成取数计算。

　A. 输入日期　　　　B. 录入关键字　　　C. 输入单位名称　　　D. 输入单位编号

5. 会计报表系统在描述报表结构时,把报表分成若干部分,这些部分通常包括(　　)。

　A. 表头、表体、表尾　　　　　　　　B. 表头、表体、表尾、单元

　C. 标题、表头、表体、表尾　　　　　D. 表头、表体、表尾、表元

6. 报表软件中,QM(　)函数代表的意思是(　　)。

　A. 期初余额　　　　　　　　　　　　B. 期末余额

　C. 借方发生额　　　　　　　　　　　D. 贷方发生额

7. 设置报表尺寸是指(　　)。

　A. 设置报表的行数和列数　　　　　　B. 设置整行的高度或列的宽度

　C. 设置报表的范围大小　　　　　　　D. 设置报表的单位

8. 用友 ERP-U8 V10.1 软件中,UFO 报表总共可以有(　　)张表页。

　A. 9 999　　　　B. 99 999　　　　C. 999　　　　D. 无数

9. 在用友 ERP-U8 中,(　　)可以验证表页中数据的钩稽关系,也可以验证同表不同表页间的钩稽关系,还可以验证不同报表之间的数据钩稽关系。

　A. 舍位平衡公式　　B. 单元公式　　　C. 审核公式　　　D. 系统设置

10. 为了保护报表格式不被破坏,系统提供了(　　)和格式加锁功能。

　A. 打开　　　　　B. 转换　　　　　C. 文件口令　　　　D. 单元公式

二、多选题

1. 报表系统中单元属性包括(　　)。

　A. 单元类型　　　B. 对齐方式　　　C. 字体颜色　　　　D. 字体大小

2. 用 UFO 报表系统生成报表数据时,下列哪些条件是必需的?(　　)

　A. 已经输入审核公式　　　　　　　　B. 手工输入关键字

　C. 已经设置好报表格式　　　　　　　D. 已经输入舍位平衡公式

3. 哪些操作必须在数据状态下完成?(　　)

　A. 设置列宽　　　　　　　　　　　　B. 单元组合

　C. 审核操作　　　　　　　　　　　　D. 表页重算

4. 用友报表公式包括(　　)。

　A. 计算公式　　　　　　　　　　　　B. 单元公式

　C. 审核公式　　　　　　　　　　　　D. 舍位平衡公式

5. UFO 报表中,资产负债表"应收账款"由(　　)科目的金额加减构成。

　A. 应收账款　　　　　　　　　　　　B. 坏账准备

　C. 预收账款　　　　　　　　　　　　D. 其他应收款

三、判断题

1. UFO 中关键字偏移量为负数,则表示关键字的位置向左偏移的距离。(　　)

2.报表公式定义后,每次编制报表时必须重新定义。( )
3.在 UFO 报表的格式状态下可以进行追加表页的操作。( )
4.UFO 报表系统中,使用报表模板生成的报表,其公式不能修改。( )
5.在财务报表系统中,系统不仅提供了多个行业的报表模板,还可以自定义报表模板。( )

四、简答题
1.什么是关键字?关键字是如何进行设置的?
2.如何利用报表模板生成利润表?
3.报表公式分为哪几类?它们各自的作用是什么?

实验七　UFO 报表系统

【实验目的】
(1)理解报表编制的原理及流程。
(2)掌握报表格式定义、公式定义的操作方法,掌握报表单元公式的用法。
(3)掌握报表数据处理、表页管理及图表功能等操作。
(4)掌握利用报表模板生成报表的方法。

【实验资料】
1.自定义货币资金表

1)报表格式

报表格式如表5.3所示。

表5.3　货币资金表

单位名称:　　　　　　　　　　年　　月　　日　　　　　　　单位:元

项目	行次	期初数	期末数
库存现金	1		
银行存款	2		
合计	3		

制表人:

制表要求:

标题:将"货币资金表"设置为"黑体、18号、水平方向居中、垂直方向居中"。

表头:将"单位名称""年""月""日"设置为关键字;将"单位:元"设置为"楷体、12号、垂直方向居中"。

表体:表体中文字设置为"楷体、16号、加粗、水平方向居中、垂直方向居中"。

表尾:将"制表人:"设置为"楷体、12号、垂直方向居中"。

2)报表公式

现金期初数:C4=QC("1001",月)。

现金期末数:D4=QM("1001",月)。
银行存款期初数:C5=QC("1002",月)。
银行存款期末数:D5=QM("1002",月)。
期初数合计:C6=C4+C5。
期末数合计:D6=D4+D5。

2. 资产负债表和利润表

利用报表模板生成资产负债表和利润表。

3. 现金流量表主表

利用报表模板生成现金流量表主表。

【实验要求】

(1)引入实验六账套数据。
(2)由会计主管"001 刘强"自定义一张货币资金表。
(3)由会计主管"001 刘强"采用报表模板生成资产负债表、利润表以及现金流量表主表。
(4)为确保数据安全,请将账套进行输出备份。

【操作指导】

以账套主管"001 刘强"的身份登录企业应用平台,登录时间为2023年1月31日。

1. 自定义货币资金表

在"企业应用平台"主界面,在"业务工作"下选择"财务会计"—"UFO报表",双击打开UFO报表系统。点击上方"新建"按钮,新建一张空白报表。

1)设置报表格式

在格式状态下,点击"格式"—"表尺寸",打开"表尺寸"对话框,输入"行数"为"7","列数"为"4",点击"确认"按钮。

自定义报表设置:
报表格式设置

选择需要调整的单元所在行,点击"格式"—"行高",打开"行高"对话框,设置该行的行高。用同样的方法,设置列宽。

选择需要合并的单元区域 A1:D1,点击"格式"—"组合单元",打开"组合单元"对话框。选择组合方式为"按行组合"或者"整体组合",将所选单元进行合并。

选择需要画线的区域 A3:D6,点击"格式"—"区域画线",打开"区域画线"对话框。选择"网线",点击"确认"按钮,将所选区域画上表格线。

选择需要输入内容的单元或者组合单元,按照实验资料输入相关文字内容。内容输入完成,点击"格式"—"单元属性",打开"单元格属性"对话框,打开"字体图案"选项卡,根据实验资料设置相应的字体和字号;打开"对齐"选项卡,根据实验资料设置对齐方式,点击"确定"按钮。

自定义报表设置:
关键字设置

2)设置报表关键字

选择 A2 单元,点击"数据"—"关键字"—"设置",打开"设置关键字"对话框,选择"单位名称",点击"确定"按钮。

选择 B2 单元,点击"数据"—"关键字"—"设置",打开"设置关键字"对话框,分别设置"年""月""日"三个关键字,设置完后的"年""月""日"三个关键字会重叠在一起。点击"数据"—"关键字"—"偏移",打开"定义关键字偏移"对话框,在需要调整位置的关键字后面输入偏移量,例如"月"的偏移量为60,"日"的偏移量为120,设置完成点击"确定"按钮。

自定义报表设置:
公式设置

3)设置报表公式

选择C4单元,点击上方 fx 按钮,打开"定义公式"对话框。

点击"函数向导"按钮,打开"函数向导"对话框,在"函数分类"中选择"用友账务函数",在右边的"函数名"列表框中选择"期初(QC)"函数。点击"下一步"按钮,打开"用友账务函数"对话框。点击下方的"参照"按钮,选择"科目"为"1001库存现金",其余各项均采用系统默认值。

点击"确定"按钮,返回"用友账务函数"对话框。点击"确定"按钮,返回"定义公式"对话框。继续点击"确认"按钮,回到"货币资金表"主界面,可以发现C4单元的公式已经设置完成。

用同样的方法,根据实验资料定义D4、C5、D5单元的公式。

选择C6单元,点击上方 fx 按钮,打开"定义公式"对话框,输入内容"C4+C5"。用同样的方法,根据实验资料定义D6单元的公式。

自定义完成的货币资金表如图5.11所示。

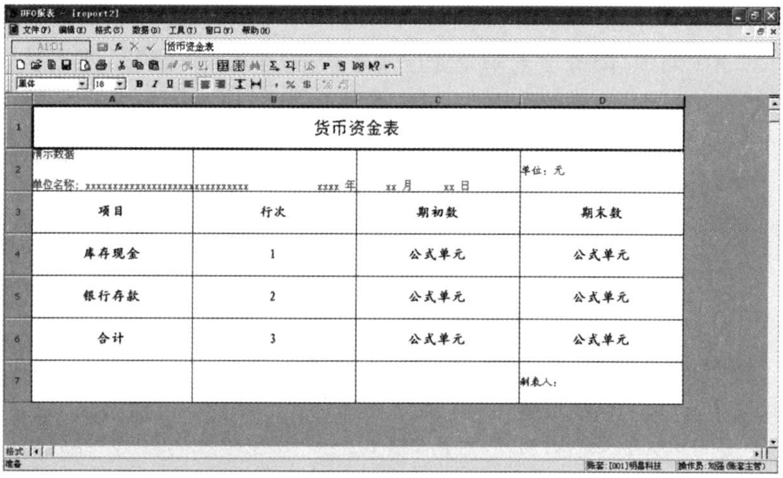

图5.11 自定义完成的货币资金表

生成货币资金表

4)生成货币资金表

点击报表左下角的"格式/数据"按钮,将"格式"状态切换为"数据"状态。

点击"数据"—"关键字"—"录入",打开"录入关键字"对话框,输入"单位名称"为"明昌科技",输入"年"为"2023","月"为"1","日"为"31"。

点击"确认"按钮,系统弹出"是否重算第1页?",点击"是",系统自动根据公式计算2023年1月31日的货币资金数据,如图5.12所示。

5)保存报表

点击"文件"—"保存",打开"另存为"对话框,选择保存文件的位置,输入报表文件名为"货币资金表",选择保存类型为"*.rep",如图5.13所示。点击"另存为"按钮,保存文件。

报表文件可以转换为以html为后缀名的文件,该文件能方便快捷地利用浏览器打开报表。点击"文件"按钮,选择"其他格式"下的"转换成HTML"。

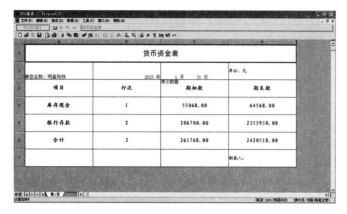

图 5.12 生成货币资金表

图 5.13 保存报表

2.调用报表模板生成资产负债表和利润表

1)新建空白报表

在"企业应用平台"主界面,在"业务工作"下选择"财务会计"—"UFO 报表",双击打开 UFO 报表系统。点击上方"新建"按钮,新建一张空白报表。

报表模板:生成资产负债表

2)调用报表模板

在格式状态下,选择"格式"—"报表模板",打开"报表模板"对话框。选择"您所在的行业"为"2007 年新会计制度科目","财务报表"为"资产负债表"。

点击"确认"按钮,系统弹出"模板格式将覆盖本表格式!是否继续?"提示框。

点击"确定"按钮,即可打开"资产负债表"模板。

3)调整报表模板

在报表的左下角点击"数据/格式"按钮,使"资产负债表"处于格式状态下,根据企业的实际情况,可以调整报表格式,修改报表公式,此实验不调整。

4)生成报表数据

点击报表左下角的"格式/数据"按钮,将"格式"状态切换为"数据"状态。

点击"数据"—"关键字"—"录入",打开"录入关键字"对话框,输入"年"为"2023","月"为"1","日"为"31"。点击"确认"按钮,系统弹出"是否重算第 1 页?",点击"是",系统自动根据公式计算 2023 年 1 月 31 日的资产负债表,如图 5.14 所示。

资产负债表

编制单位：　　　　　　　　　2023 年 1 月 31 日

会企01表
单位：元

资产	行次	期末余额	年初余额	负债和所有者权益（或股东权益）	行次	期末余额	年初余额
流动资产：				流动负债：			
货币资金	1	2,420,518.00	261,768.00	短期借款	32	3,500,000.00	1,500,000.00
交易性金融资产	2			交易性金融负债	33		
应收票据	3			应付票据	34		
应收账款	4	324,130.00	128,130.00	应付账款	35	60,000.00	55,000.00
预付款项	5			预收款项	36		
应收利息	6			应付职工薪酬	37	45,468.00	45,468.00
应收股利	7			应交税费	38	171,728.00	125,018.00
其他应收款	8	18,910.00	23,000.00	应付利息	39	7,500.00	
存货	9	1,818,900.00	2,007,400.00	应付股利	40		
一年内到期的非流动资产	10			其他应付款	41		
其他流动资产	11			一年内到期的非流动负债	42		
流动资产合计	12	4,582,458.00	2,420,298.00	其他流动负债	43		
非流动资产：				流动负债合计	44	3,784,696.00	1,725,486.00
可供出售金融资产	13			非流动负债：			
持有至到期投资	14			长期借款	45		
长期应收款	15			应付债券	46		
长期股权投资	16	演示数据		长期应付款	47		
投资性房地产	17			专项应付款	48		
固定资产	18	5,111,688.00	5,106,688.00	预计负债	49		
在建工程	19			递延所得税负债	50		
工程物资	20			其他非流动负债	51		
固定资产清理	21			非流动负债合计	52		
生产性生物资产	22			负债合计	53	3784696.00	1725486.00
油气资产	23			所有者权益（或股东权益）：			
无形资产	24			实收资本（或股本）	54	5,067,000.00	5,000,000.00
开发支出	25			资本公积	55	801,500.00	801,500.00
商誉	26			减：库存股	56		
长期待摊费用	27			盈余公积	57		
递延所得税资产	28			未分配利润	58	40,950.00	
其他非流动资产	29			所有者权益（或股东权益）合计	59	5,909,450.00	5,801,500.00
非流动资产合计	30	5111688.00	5106688.00				
资产总计	31	9694146.00	7526986.00	负债和所有者权益（或股东权益）总计	60	9,694,146.00	7,526,986.00

图 5.14　生成资产负债表

用同样的方法，生成 2023 年 1 月份的利润表，操作步骤此处不再赘述，生成的利润表如图 5.15 所示。

报表模板：生成现金流量表

3. 调用报表模板生成现金流量表主表

1）新建空白报表

在"企业应用平台"主界面，在"业务工作"下选择"财务会计"—"UFO 报表"，双击打开 UFO 报表系统。点击上方"新建"按钮，新建一张空白报表。

2）调用报表模板

在格式状态下，选择"格式"—"报表模板"，打开"报表模板"对话框。选择"您所在的行业"为"2007 年新会计制度科目"，"财务报表"为"现金流量表"。

点击"确认"按钮，系统弹出"模板格式将覆盖本表格式！是否继续？"提示框，点击"确定"按钮，即可打开"现金流量表"模板。

3）调整报表模板

在报表的左下角点击"数据/格式"按钮，使"现金流量表"处于格式状态下，选择 C6 单元，点击上方"fx"按钮，打开"定义公式"对话框。

利润表

演示数据

编制单位：   2023 年   1 月   会企02表

单位：元

项目	行数	本期金额	上期金额
一、营业收入	1	280,000.00	
减：营业成本	2	213,500.00	
营业税金及附加	3		
销售费用	4	500.00	
管理费用	5	7,000.00	
财务费用	6	6,400.00	
资产减值损失	7		
加：公允价值变动收益（损失以"-"号填列）	8		
投资收益（损失以"-"号填列）	9		
其中：对联营企业和合营企业的投资收益	10		
二、营业利润（亏损以"-"号填列）	11	52600.00	
加：营业外收入	12	2,000.00	
减：营业外支出	13		
其中：非流动资产处置损失	14		
三、利润总额（亏损总额以"-"号填列）	15	54600.00	
减：所得税费用	16	13,650.00	
四、净利润（净亏损以"-"号填列）	17	40950.00	
五、每股收益：	18		
（一）基本每股收益	19		
（二）稀释每股收益	20		

图 5.15   生成利润表

  点击"函数向导"，打开"函数向导"对话框，在左边的"函数分类"列表中选择"用友账务函数"，在右边的"函数名"列表中选择"现金流量项目金额（XJLL）"。

  点击"下一步"，打开"用友账务函数"对话框，点击下方的"参照"按钮，打开"账务函数"对话框。首先确定现金流量的方向，C6 单元的项目所对应的方向为"流入"。点击"现金流量项目编码"后面的"..."，打开现金流量项目参照，选择与"现金流量表"C6 单元相对应的项目，即左边选择"01 经营活动"中的"0101 现金流入"，右边选择"01 销售商品、提供劳务收到的现金"。

  录入完成，依次点击"确定"按钮，回到"定义公式"界面，可以看到 C6 单元的公式定义完成。

  用同样的方法，输入现金流量表中"本期金额"列其他单元的公式。

  4）生成报表数据

  点击报表左下角的"格式/数据"按钮，将"格式"状态切换为"数据"状态。

  点击"数据"—"关键字"—"录入"，打开"录入关键字"对话框，输入"年"为"2023"，"月"为"1"。

  点击"确认"按钮，系统弹出"是否重算第 1 页？"，点击"是"，系统自动根据公式计算 2023 年 1 月的现金流量表，如图 5.16 所示。

现金流量表

会企03表
编制单位：　　　　　　　　2023 年　　1 月　　　　　　单位：元

项　目	行次	本期金额	上期金额
一、经营活动产生的现金流量：			
销售商品、提供劳务收到的现金	1	120400.00	
收到的税费返还	2		
收到其他与经营活动有关的现金	3	2000.00	
经营活动现金流入小计	4	122,400.00	
购买商品、接受劳务支付的现金	5	23100.00	
支付给职工以及为职工支付的现金	6		
支付的各项税费	7		
支付其他与经营活动有关的现金	8	3000.00	
经营活动现金流出小计	9	26,100.00	
经营活动产生的现金流量净额	10	96,300.00	
二、投资活动产生的现金流量：			
收回投资收到的现金	11		
取得投资收益收到的现金	12		
处置固定资产、无形资产和其他长期资产收回的现金净额	13		
处置子公司及其他营业单位收到的现金净额	14		
收到其他与投资活动有关的现金	15		
投资活动现金流入小计	16		
购建固定资产、无形资产和其他长期资产支付的现金	17	5650.00	
投资支付的现金	18		
取得子公司及其他营业单位支付的现金净额	19		
支付其他与投资活动有关的现金	20		
投资活动现金流出小计	21	5,650.00	
投资活动产生的现金流量净额	22	-5,650.00	
三、筹资活动产生的现金流量：			
吸收投资收到的现金	23	67000.00	
取得借款收到的现金	24	2000000.00	
收到其他与筹资活动有关的现金	25		
筹资活动现金流入小计	26	2,067,000.00	
偿还债务支付的现金	27		
分配股利、利润或偿付利息支付的现金	28		
支付其他与筹资活动有关的现金	29		
筹资活动现金流出小计	30		
筹资活动产生的现金流量净额	31	2,067,000.00	
四、汇率变动对现金及现金等价物的影响	32	1,100.00	
五、现金及现金等价物净增加额	33	2,158,750.00	
加：期初现金及现金等价物余额	34		
六、期末现金及现金等价物余额	35	2,158,750.00	

图 5.16　生成现金流量表

第六章 薪资管理系统

▶ 知识传授 ◀

1. 掌握薪资管理系统的主要功能;
2. 掌握薪资管理系统的初始设置及业务处理流程;
3. 掌握计件工资的主要内容和基本操作;
4. 掌握工资分摊的主要内容和基本操作。

▶ 能力培养 ◀

1. 能够按照业务要求为中小企业建立薪资账套;
2. 能够按照业务要求进行薪资管理和计件工资的初始设置;
3. 能够进行计件工资系统业务处理;
4. 能够进行薪资管理系统的数据处理、工资分摊和期末结账。

▶ 价值塑造 ◀

1. 职业无贵贱,劳动最光荣,任何一位兢兢业业的劳动者都值得尊重和鼓励。要继续发扬吃苦耐劳、努力奋斗的劳动精神,遵循科学发展规律,不断创新,为实现中国梦挥洒汗水、添砖加瓦。

2. 通过个人所得税的基本知识,理解税收"取之于民,用之于民"的特点,增强纳税意识与义务观念。

3. 通过工资分摊凭证的设置与生成,理解薪资管理系统与总账管理系统之间的数据传递,结合数字技术的应用,培养数据思维,启发求知探索、不断进取的拼搏精神。

第一节 系统概述

薪资是企业在一定时间段内支付给员工的劳动报酬,职工薪资的核算数据是构成产品成本的一项重要因素。员工薪资的核算量大,核算方法比较简单,每个月的核算程序基本保持不变,这种重复性和规律性为员工薪资核算的信息化提供了可能性。

薪资管理系统是一种用于管理企业员工的薪资和奖金的工具。它可以自动计算员工的工资和奖金,记录员工的考勤和休假情况,管理员工的基本信息、薪资信息、奖金信息等,并生成各种报表和统计数据,方便管理层进行决策和分析。薪资管理系统可以大大提高薪资管理的效率和准确性,减轻人力资源工作人员的工作量,同时改善记录和数据管理,增强薪资分配的透明度和公平性。

一、薪资管理系统的主要功能

在用友 ERP 软件中,薪资管理系统作为人力资源管理系统的一个子系统,适用于各类企业、行政事业单位进行工资核算、工资发放、工资费用分摊、工资统计分析和个人所得税核算等。它与总账系统联合使用,可以将工资凭证传输到总账系统中。薪资管理系统具有以下主要功能。

1. 薪资制度的企业化定制

每个企业的薪资核算工作存在很多差异,初始设置是指根据企业的实际需要建立薪资系统应用环境,将通用的薪资管理系统进行个性化定制,转变为符合企业需求的薪资管理系统。一般而言,初始化功能越强,薪资管理系统的适应性越好。其具体内容包括:

(1)设置人员类别、人员附加信息、人员档案等基础档案。

(2)设置代发工资的银行名称。

(3)自定义工资项目及计算公式。

(4)计件工资标准设置和计件工资方案设置。

(5)多工资类别核算、工资核算币种、扣零处理、个人所得税扣税处理、是否核算计件工资等账套参数设置。

2. 日常薪资业务处理

工资数据变动:进行工资数据的变动、汇总处理,支持多套工资数据的汇总。

工资分钱清单:提供部门分钱清单、人员分钱清单、工资发放取款单。

工资分摊:月末自动完成工资分摊、计提、转账业务,并将生成的凭证传递到总账系统,实现各部门资源共享。

银行代发:灵活的银行代发功能,预置银行代发模板,适用于由银行发放工资的企业。可实现在同一工资账中的人员由不同的银行代发工资,以及多种文件格式的输出。

扣缴所得税:提供个人所得税自动计算与申报功能。

计件工资统计:支持"计件工资"核算模式,输入计件数量和计件单价,自动计算人员计件工资,并完成计件工资统计汇总。

3. 薪资数据的统计分析

薪资核算的结果通过报表和凭证体现,系统提供了各种工资表、汇总表、明细表、统计表和分析表等,并且提供了凭证查询和自定义报表查询功能,齐全的工资报表形式、简便的工资资料查询方式、健全的核算体系,为企业多层次、多角度的工资管理提供了方便。

二、薪资管理系统与其他系统的关系

首先,薪资管理系统的部门档案以及人员类别、人员档案等基础数据来源于企业应用平台的公共基础信息;其次,薪资核算作为财务核算的一部分,其日常业务要通过记账凭证反映,薪资管理系统将工资计提、分摊的结果自动生成转账凭证,传递到总账系统;最后,薪资管理系统通过向 UFO 报表系统传递工资信息,以方便编制工资报表,向成本核算系统传送相关费用的合计数据。薪资管理系统与其他系统的联系如图 6.1 所示。

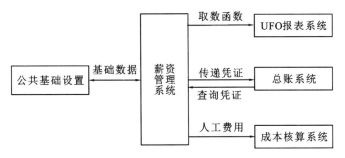

图 6.1 薪资管理系统与其他系统的关系图

第二节 薪资管理系统初始设置

在使用薪资管理系统前,应当规范设置部门档案、人员类别、人员档案,整理好工资项目及核算方法,并准备好人员的档案数据、工资数据等基本信息。薪资管理系统的初始设置,即结合企业的实际情况,将通用的薪资管理系统打造为适合企业核算要求的专用系统的过程,如图 6.2 所示。

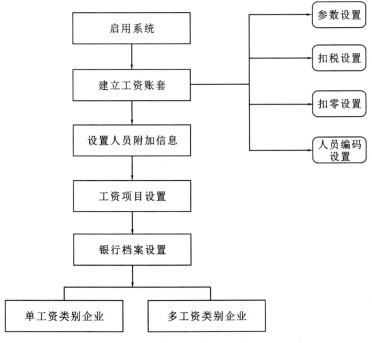

图 6.2 薪资管理系统的初始设置

一、启用系统

在公共基础平台章节,教材详细介绍了系统启用的功能,薪资管理系统只有经过启用才能进入操作,系统启用是指设定薪资管理系统启用的日期。

企业根据自身业务需要单独启用其中的某个子系统,也可以搭配启用,例如职工的工资项目中如果包含计件工资项目,那么需要同时启用薪资管理和计件工资两个模块。启用之后的薪资管理系统菜单才会出现在平台的业务工作模块中,并且相应地增加某些基础档案的设置,例如只有在启用了计件工资系统之后,才可以进行工序资料的档案设置。

二、建立工资账套

建立工资账套是整个薪资管理系统正确运行的基础,将影响工资项目的设置和工资业务的具体处理方式。建立一个完整的账套,是系统正常运行的根本保证。企业可以通过系统提供的建账向导,逐步完成整套工资的建账工作。

当使用薪资管理系统时,如果所选择的账套为初次使用,系统将自动进入建账向导。系统提供的建账向导分为四个步骤:参数设置、扣税设置、扣零设置、人员编码设置。

1. 参数设置

(1)选择本账套处理的工资类别个数。

①所有人员统一工资核算的企业,使用单工资类别核算。

②分别对在职人员、退休人员、离休人员进行核算的企业,可使用多工资类别核算。

③分别对正式工、临时工进行核算的企业,可使用多工资类别核算。

④每月进行多次工资发放,月末统一核算的企业,可使用多工资类别核算。

⑤在不同地区有分支机构,而由总管机构统一进行工资核算的企业,可使用多工资类别核算。

(2)选择币种名称。

(3)确定"是否核算计件工资",系统将根据此参数判断是否显示计件工资核算的相关信息。

①根据本参数判断是否在工资项目设置中显示"计件工资"项目。

②根据本参数判断是否在人员档案中显示"核算计件工资"选项。

③根据本参数判断是否显示"计件工资标准设置"功能菜单。

④根据本参数判断是否显示"计件工资统计"功能菜单。

2. 扣税设置

确定是否从工资中代扣个人所得税。若选择此项,工资核算时系统就会根据输入的税率自动计算个人所得税。

3. 扣零设置

确定是否进行扣零处理。若选择进行扣零处理,系统在计算工资时将依据所选择的扣零类型将零头扣下,并在积累成整时补上。扣零的计算公式将由系统自动定义,无须设置。

4. 人员编码设置

设置人员编码的长度。人员编码长度中不含所属部门编码;人员编码长度的确定应结合企业员工人数而定；人员档案中的人员编码的设置必须符合人员编码规定。

三、人员附加信息设置

除了人员编号、人员姓名、所在部门、人员类别等基本信息外，为了管理的需要还需要一些辅助管理信息，人员附加信息的设置就是设置附加信息名称。本功能可用于增加人员信息，丰富人员档案的内容，便于对人员进行更加有效的管理。例如增加设置人员的性别、民族、婚否等。

四、工资项目设置

设置工资项目即定义工资项目的名称、类型、长度，系统中有一些固定项目是工资账中必不可少的，包括"应发合计""扣款合计""实发合计"，这些项目不能删除和重命名；其他项目可根据需要自由设置工资项目，例如，基本工资、岗位工资、副食补贴等。其中增减项设置尤为重要，决定了该项工资项目属于应发数还是扣款数。对于非直接参与工资计算的项目，例如请假天数，则可设置为"其他"。

五、银行档案设置

当企业发放工资采用银行代发形式时，需要确定银行的名称及账号的长度。银行名称设置可设置多个发放工资的银行，以适应不同的需要。例如：同一工资类别中的人员由于在不同的工作地点，需由不同的银行代发工资，或者不同的工资类别由不同的银行代发工资。

六、针对不同工资类别核算企业的初始设置

在建立工资账套的时候，薪资管理系统可以选择工资类别的个数为"单个"或者"多个"。如果选择"多个"工资类别，那么薪资管理系统按照工资类别来进行管理，每个工资类别下有人员档案、工资变动、工资数据、报税处理、银行代发等。

1. 多工资类别

1）建立工资类别

可根据不同情况设置工资数据管理类别，例如某个企业将职工划分为正式工和临时工两个工资类别，分别按照不同工资项目和计算公式发放工资。建立工资类别时，分别按照不同的工资类别设置类别所包含的部门以及工资类别的启用时间。

工资类别建立后还可以删除。对于同一个银行发放的多个工资类别数据，在工资分摊完成后可以汇总合计，生成完整的工资数据传递给银行。汇总后系统会生成新的工资类别，叫作"汇总工资类别"。

2）打开工资类别

打开某个工资类别之后，意味着关闭此工资类别之前所做的操作都仅限于该类别。

3）人员档案设置

人员档案的设置用于登记工资发放人员的姓名、职工编号、所在部门、人员类别等信息，人员的增减变动也必须在本功能中处理。人员档案管理包括：增加、修改、删除人员档案，人员调离与停发处理，查找人员，等等。

4)工资项目及计算公式设置

此功能下的工资项目是针对某一个具体的工资类别的。由于不同的工资类别工资发放项目不同,计算公式也不同,因此应对某个具体工资类别所需的工资项目进行设置,并定义此工资类别的工资数据计算公式。

①选择建立本工资类别的工资项目。

这里只能对系统初始设置中的工资项目进行选择,不可自行输入,工资项目的类型、长度、小数位数、增减项等不可更改。由于此处定义的工资项目将来是员工工资计算结果的最终显示,所以要注意各工资项目的前后顺序,可通过"上移""下移""置顶""置底"按钮调整各工资项目位置。

②设置计算公式。

设置工资项目的计算公式是指设置某些工资项目的计算公式以及工资项目之间的运算关系,例如,请假扣款=请假天数×80。设置计算公式可以直观表达工资项目的实际运算过程,灵活地进行工资计算处理。

系统中固定的工资项目"应发合计""扣款合计""实发合计"等的计算公式,由系统根据工资项目设置的"增减项"自动给出,操作员在此只能增加、修改、删除其他工资项目的计算公式。

设置工资项目的计算公式要符合逻辑,注意工资项目设置中没有的工资项目不允许出现在公式中,系统会对公式进行合法性检查并给出错误提示。设置公式时可使用函数公式向导参照输入,如果出现计算公式超长的情况,可设置过渡工资项目。例如设置住房补贴、出勤补贴、生活补贴、餐费补贴、医疗补贴等为"增项"会造成"应发合计"计算公式超长,如果将住房补贴、出勤补贴、生活补贴、餐费补贴、医疗补贴等设置为"其他项",并增加一过渡工资项目"补贴合计"并设置为"增项",最后在公式设置中设置"补贴合计"的计算公式为"补贴合计=住房补贴+出勤补贴+生活补贴+餐费补贴+医疗补贴",则可以解决"应发合计"计算公式超长的问题。

5)基础工资数据录入

企业人员的工资项目一般包括固定部分和变动部分,固定部分一旦录入,较长时间内不会修改,例如基本工资、岗位工资、学历津贴、职务津贴等,可以在初始设置中进行录入。

2. 单工资类别

所有人员统一工资核算的企业,使用单工资类别核算,单工资类别的初始设置和多工资类别类似,因为不涉及多个工资类别,所以少了"增加工资类别"和"打开工资类别"这两个步骤,此处不再赘述。

第三节 薪资管理系统业务处理

一、变动工资数据管理

本功能用于日常工资数据的调整变动。例如水电费扣发、事病假扣发、奖金录入等,需要每月在"业务处理"的"工资变动"中输入,之后系统会自动根据初始设置的公式进行计算并汇

总。可直接在"工资变动"中录入或者修改数据,也可以通过以下方法加快录入:

如果只需对某些项目进行录入,如水电费、请假扣款等,可使用"过滤器"功能,选择某些项目进行录入。

如果需录入某个指定部门或人员的数据,可点击"定位"按钮,使用部门、人员定位功能让系统自动定位到需要的部门或人员上,然后录入。

如果需按某个条件统一调整数据,例如,将"部门"为"销售部"的人员的奖金统一增加800元,可使用"数据替换"功能。

如果需按某些条件筛选符合条件的人员进行录入,如选择"人员类别"为"企业管理人员"的人员进行录入,可使用"数据筛选"功能。

二、工资分钱清单

工资分钱清单是按企业计算的工资发放分钱票面额清单,会计人员根据此表从银行取款并发给各部门,采用银行代发工资的企业不必进行工资分钱清单操作。

系统提供了票面额设置的功能,用户可根据单位需要自由设置,系统根据实发工资项目分别自动计算出按部门、按人员、按企业各种面额的张数。执行此功能必须在个人数据输入调整完之后,如果个人数据在计算后又做了修改,须重新执行本功能,以保证数据正确。

三、扣缴个人所得税

鉴于许多企业计算职工工资薪金所得税工作量较大,系统提供个人所得税自动计算功能,用户只需自定义所得税税率,系统自动计算个人所得税,既减轻了企业的工作负担,又提高了工作效率。

如果国家的个人所得税税率或者抵扣基数发生了变化,必须在初始设置中进行修改。当税率修改完毕之后,必须返回"工资变动",重新计算并汇总,查看最新的个人所得税税额。

四、银行代发

银行代发业务处理,是指每月末向银行提供银行给定格式的文件,由银行发放职工个人工资。这种做法既减轻了财务部门发放工资工作的繁重,有效地避免了财务部门到银行提取大笔款项所承担的风险,又提高了对员工个人工资的保密程度。

五、工资分摊

工资分摊就是将实际发生的即将支付的薪资福利总额,按照发放对象分配到"生产成本""制造费用""管理费用""销售费用"等成本费用中去,由薪资管理系统生成凭证向总账系统传递,供总账系统复核和记账。

1. 工资分摊设置

工资分摊功能是通过在系统中建立相应的工资分摊类型名称与分摊计提比例来实现的,例如:"分摊类型名称"是"应付工资","分摊计提比例"是"100%";"分摊类型名称"是"应付工会经费","分摊计提比例"是"2%"。分摊原则可按照人员类别或者所属部门进行分摊,例如"企业管理人员"的薪资总额分摊进入"管理费用","采购人员"的薪资总额分摊进入"管理费用","销售人员"的薪资总额分摊进入"销售费用"等。

2. 生成工资分摊凭证

工资及费用分摊完毕,系统会生成凭证传递到总账系统,供总账系统复核和记账。对于总账系统而言,薪资管理系统传递过来的凭证属于外来凭证,总账系统没有权限修改或者删除,只能在薪资管理系统的"凭证查询"界面修改或者删除该凭证。如果凭证中的会计科目错误,属于工资分摊设置有误,需删除错误凭证,修改工资分摊设置后重新进行工资分摊;如果凭证中的金额错误,说明工资变动中工资数据有误,需删除错误凭证,更正错误数据,重新进行工资计算和汇总,重新进行工资分摊。

六、工资数据查询统计

薪资管理系统提供了主要的工资报表,用来反映工资数据处理的结果。报表的格式由系统提供,还可以通过"修改表"和"新建表"功能自行设计。

1. 工资表

工资表用于本月工资的发放和统计,主要包括工资发放签名表、工资发放条、工资卡、部门工资汇总表、人员类别工资汇总表、条件汇总表、条件统计表、条件明细表、工资变动明细表等。

2. 工资分析表

工资分析表是以工资数据为基础,对部门、人员类别的工资数据进行分析和比较,产生的各种分析表,供决策人员使用。

第四节 计件工资核算

计件工资制是指按照生产的合格品的数量(或作业量)和预先规定的计件单价,来计算报酬,而不是直接用劳动时间来计量的一种工资制度。要核算员工的计件工资,必须将计件工资管理系统与薪资管理系统联合使用。

职工的工资项目中如果包含计件工资项目,那么需要同时启用"薪资管理"和"计件工资管理"两个模块。在薪资管理系统建立工资账套时,勾选"需要核算计件工资",并设置需要进行计件工资核算的人员档案。

一、计件工资管理系统与薪资管理系统的联系

计件工资管理系统从薪资管理系统获取工资参数,例如是否核算计件工资、是否按生产订单核算等;从薪资管理系统获取参与计件工资核算的人员档案;计件工资管理系统汇总计件工资数据之后传递给薪资管理系统,如图 6.3 所示。

二、计件工资管理系统初始设置

1. 设置计件要素

设置计件要素即设置按什么对象进行计件,系统预设了常用的计件要素,例如产品、工序、设备、工价等,系统还支持自定义计件要素、扩展计件范围。

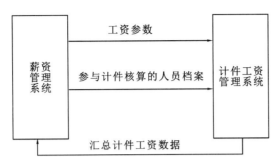

图 6.3　计件工资管理系统与薪资管理系统关系图

2. 设置计件项目

计件项目可根据基础档案中生产制造的工序来设置，也可在本系统中自行设置。例如明昌科技公司的计件要素是工序，在基础档案的生产制造中可添加"01 制造""02 组装"和"03 质检"三项工序项目。

3. 设置计件工价

根据计件要素设置计件项目的单价，作为核算计件工资的基础。例如明昌科技公司的计件要素是工序，在基础档案中添加了"01 制造""02 组装"和"03 质检"三项工序项目，按照工序流程设置标准单价"01 制造"的工价是 70.00、"02 组装"的工价是 45.00、"03 质检"的工价是 30.00。

三、计件工资管理日常业务

1. 计件数据输入

输入计件数量，系统会自动带出计件工价标准，计算出计件工资。计件数据输入的方式包括批增录入以及导入，计件数据输入之后要进行审核。

2. 计件工资汇总

对当前期间输入并审核的计件工资数据按月进行汇总，产生汇总的计件工资数据，并将数据传递到薪资管理系统的"工资变动"中，作为核算与发放计件工资的标准。

第五节　薪资管理系统期末处理

一、月末结转

月末结转是将当月数据经过处理后结转至下月。由于有的工资项目的数据在每个月都不一样，因此进行月末处理时，需要将其数据调整为"0"，以便输入下个月的数据。例如请假天数，每个月的请假天数都是不一样的，员工张三这个月请假不代表下个月也会请假，即使请假，请假天数和这个月也不一定完全一样。此类工资项目即为清零项目，如果不进行清零操作，到了下个月，此类工资项目的数据将和本月完全一样，从而导致薪资数据总额错误。

月末结转由账套主管在每年的1月至11月进行,进行月末结转后,当月的工资数据将不允许变动。如果是多工资类别,则需要在工资类别下分别进行月末结转。

薪资管理系统结账后,如果发现还有一些业务或其他事项需要在已结账月份进行处理,可以使用反结账功能取消结账。

二、年末结转

在当月工资数据处理完毕后,可进行年末结转,年末结转是由账套主管将工资数据结转至下年。

进行年末结转后,新年度账将自动建立,本年数据将不允许变动。只有处理完所有工资类别的工资数据,或者关闭多工资类别的所有工资类别,才能由账套主管在系统管理平台通过账套库菜单进行数据结转。

本章小结

本章以用友ERP软件为例,介绍了会计信息系统中的薪资管理系统和计件工资管理系统,分析了计件工资管理系统和薪资管理系统之间的数据传递关系,阐述了薪资管理系统的主要功能和业务处理。通过本章学习,需要掌握薪资管理系统的初始设置、工资费用的计算和汇总、工资费用的分摊、期末处理以及计件工资管理系统中计件工资的理论知识和实验操作。

 拓展延伸

数字化转型下T3出行人力资源信息化体系搭建

随着消费者对于产品与服务的需求不断升级,用户使用场景以及产品延伸服务也不断变化,云计算、大数据、AI等新技术又在不断推动产业变革。在这个大背景下,T3出行人力资源的信息化体系搭建势在必行。

在搭建人力资源信息化体系过程中,T3出行主要从管理规范化、决策数据化、协作高效化、流程自动化、业务智能化五大方面着手。

首先,管理规范化。明确组织体系及岗职位体系,进一步清晰考勤制度和薪酬标准,让员工事事有章可循。

其次,决策数据化。一方面要与行业对标,洞察行业趋势,另一方面要不断地分析人员现状/成本,用数据进行人力预测,方能在出现挑战时及时做出调整,先人一步。

第三,协作高效化。自疫情开始后,T3出行在考勤系统、招聘系统、在线会议系统等方面不断进行升级,使员工可在线高效协作。

再次,流程自动化。截至目前,T3出行已实现了入转调离流程、考勤/休假/加班/差旅、调/发/停薪等流程的在线化,一方面增强了员工体验,另一方面也极大减少了HR基础岗位人员的工作量,将琐碎事务性工作交由系统处理,最后以真正实现业务智能化,提升组织效能。

随着人力资源的信息化体系搭建,T3出行还根据企业发展阶段及团队结构,重塑了人力资源体系。T3出行将人力资源数字化平台划分为前台、中台、后台三个部分。前台负责交互,收集、听取员工的声音,主要由HRBP来承担这一角色;中台功能涵盖了招聘管理、绩效管理、测评服务、智能服务等,主要由COE来负责;后台负责处理各类数据信息,如员工信息、组织架构、薪酬绩效、电子附件、知识库、培训档案等等,主要由SSC来负责。

资料来源:https://www.sohu.com/a/613045327_121124319,有改动

章节测试

一、单选题

1. 以人力资源管理提供的员工及其工资的基本数据为依据,进行工资核算和管理的模块是( )。
   A. 薪资管理模块　　　　　　　　B. 固定资产管理模块
   C. 应收、应付管理模块　　　　　D. 总账模块

2. 系统自动以( )作为新建工资类别的启用日期。
   A. 系统日期　　　　　　　　　　B. 工资账套的启用日期
   C. 用户自己录入的日期　　　　　D. 登录日期

3. 工资系统与以下( )系统存在数据接口。
   A. 总账系统　　B. 采购系统　　C. 销售系统　　D. 报表系统

4. 企业在使用工资核算系统之前,应对企业的( )进行整理、分类和编码。
   A. 固定资产　　B. 部门和人员　　C. 材料　　D. 产品

5. 工资管理系统反结账功能在下列哪些情况下不能执行( )。
   A. 非主管人员操作　B. 总账系统已结账　C. 应付系统已结账　D. 已做工资表

6. 如果工资建账时选择了扣零处理,且扣零至角,则( )票面必须选择。
   A. 壹角　　B. 壹元　　C. 拾元　　D. 壹佰元

7. 增加工资类别下的工资项目时,可以采用下面哪种方法?( )
   A. 只能从名称参照中选择工资项目
   B. 可以新增工资项目
   C. 自动带入工资账套中已经建立的全部工资项目,不允许修改和删除
   D. 既可以从名称参照中选择工资项目,也可以自己新增工资项目

8. 在工资管理系统中进行数据替换时,如果未输入替换条件,则系统默认为( )。
   A. 本工资类别的全部人员　　　　B. 本工资账套的全部人员
   C. 不做任何替换　　　　　　　　D. 提示输入替换条件

9. 在工资管理系统中,以下哪项内容使用后不能修改?( )
   A. 银行名称　　B. 人员附加信息　　C. 人员类别名称　　D. 工资项目

二、多选题

1. 工资系统初始化中的以下哪些内容是编码必设内容?( )
   A. 部门档案　　B. 人员档案　　C. 人员类别　　D. 工资项目

2. 薪资管理系统中属于日常业务处理的有( )。
   A. 工资变动　　B. 工资项目过滤　　C. 工资数据替换　　D. 结账

3. 工资系统正常使用之前必须做好以下哪些设置?( )

A. 部门设置　　　B. 项目大类设置　　C. 人员类别设置　　D. 收发类别设置

4. 薪资管理系统的主要功能有（　　）。

A. 初始设置　　　B. 薪资计算　　　　C. 薪资发放　　　　D. 薪资分摊

5. 进行工资分摊时，需要选择的内容包括（　　）。

A. 计提会计月份　B. 计提费用类型　　C. 选择核算部门　　D. 计提分配方式

三、判断题

1. 应发工资和实发工资项目的数据类型可以是数字型也可以是字符型。（　　）
2. 工资系统不需要启用即可使用。（　　）
3. 在工资系统生成的凭证，不需审核和记账操作。（　　）
4. 工资核算系统中，应先设置工资项目，再进行公式设置。（　　）
5. 第一次使用薪资管理模块必须将所有人员的基本工资数据录入计算机。（　　）

四、简答题

1. 哪些情况需要使用多工资类别进行管理？
2. 如何进行银行代发工资的处理？
3. 如何进行个人所得税的处理？

实验八　薪资管理系统

【实验目的】

(1) 掌握用友 U8 中薪资管理系统的相关内容。

(2) 掌握薪资管理系统初始化、日常业务处理、工资分摊及月末处理的操作。

【实验资料】

1. 建立工资账套

工资类别个数：多个。核算计件工资。核算币种：人民币 RMB。要求代扣个人所得税。不进行扣零处理。

2. 基础信息设置

1) 工资项目设置

工资项目设置如表 6.1 所示。

表 6.1　工资项目

工资项目名称	类型	长度	小数位数	增减项
基本工资	数字	8	2	增项
奖励工资	数字	8	2	增项
交通补助	数字	8	2	增项
应发合计	数字	10	2	增项
请假扣款	数字	8	2	减项

续表

工资项目名称	类型	长度	小数位数	增减项
养老保险	数字	8	2	减项
代扣税	数字	10	2	减项
扣款合计	数字	10	2	减项
实发合计	数字	10	2	增项
请假天数	数字	8	2	其他
计税工资	数字	10	2	其他

2)薪资代发银行设置

银行编码:0301。

银行名称:建设银行白沙洲支行。

3)工资类别

建立"正式员工"工资类别,正式员工分布在企业所有部门。

建立"临时员工"工资类别,临时员工只存在于生产部。

3."正式员工"工资类别

1)正式员工档案

正式员工档案如表6.2所示。

表6.2 正式员工档案

人员编码	人员姓名	人员类别	部门名称	银行账号	是否计件	是否扣税
001	高波	企业管理人员	总经办	20080090001	否	是
002	杨敏	企业管理人员	人事处	20080090002	否	是
003	刘强	企业管理人员	财务部	20080090003	否	是
004	张倩	企业管理人员	财务部	20080090004	否	是
005	王宁	企业管理人员	财务部	20080090005	否	是
006	李亮	企业管理人员	财务部	20080090006	否	是
007	宋嘉	采购人员	采购部	20080090007	否	是
008	张峰	销售人员	销售一部	20080090008	否	是
009	赵敏	销售人员	销售二部	20080090009	否	是
010	李佳佳	车间管理人员	生产部	20080090010	否	是
011	王兵	生产人员	生产部	20080090011	是	是

注:以上所有人员的工资代发银行均为建设银行白沙洲支行。

2)正式员工工资项目及计算公式

"正式员工"工资项目包括基本工资、奖励工资、交通补助、应发合计、请假扣款、养老保险、代扣税、扣款合计、实发合计、请假天数和计税工资。

计算公式如表 6.3 所示。

表 6.3 正式员工工资项目计算公式

工资项目	定义公式
请假扣款	请假天数×50
养老保险	（基本工资＋奖励工资）×0.05
交通补助	iff(人员类别＝"企业管理人员" or 人员类别＝"车间管理人员",500,300)
计税工资	基本工资＋奖励工资－养老保险－请假扣款

说明：交通补助工资项目的含义是，如果人员类别是"企业管理人员"或者"车间管理人员"，则交通补助为 500 元，否则为 300 元。

3）个人所得税税率设置

个税免征额即起征点为 5 000 元，个人所得税申报表中"收入额合计"对应的工资项目为"计税工资"。2019 年开始实行的 7 级超额累进个人所得税税率表如表 6.4 所示。

表 6.4 个人所得税税率

级数	全年应纳税所得额	按月换算	税率	速算扣除数
1	不超过 36 000.00 元	不超过 3 000.00 元	3%	0
2	超过 36 000.00 元至 144 000.00 元部分	超过 3 000.00 元至 12 000.00 元部分	10%	210.00
3	超过 144 000.00 元至 300 000.00 元部分	超过 12 000.00 元至 25 000.00 元部分	20%	1 410.00
4	超过 300 000.00 元至 420 000.00 元部分	超过 25 000.00 元至 35 000.00 元部分	25%	2 660.00
5	超过 420 000.00 元至 660 000.00 元部分	超过 35 000.00 元至 55 000.00 元部分	30%	4 410.00
6	超过 660 000.00 元至 960 000.00 元部分	超过 55 000.00 元至 80 000.00 元部分	35%	7 160.00
7	超过 960 000.00 元部分	超过 80 000.00 元	45%	15 160.00

4）正式员工工资数据处理

①正式员工基本工资数据（见表 6.5）。

表 6.5 正式员工基本工资数据

姓名	基本工资	奖励工资
高波	8 000	2 500
杨敏	6 000	1 500

续表

姓名	基本工资	奖励工资
刘强	7 000	2 000
张倩	5 500	1 500
王宁	6 500	1 500
李亮	7 600	1 200
宋嘉	7 500	1 500
张峰	6 800	2 000
赵敏	7 500	2 500
李佳佳	6 500	2 500
王兵	6 000	2 000

②正式员工2023年1月工资变动情况。

考勤情况：杨敏请假3天；宋嘉请假2天。

人员变动情况：因业务需要，采购部新招聘一名员工李丹，性别女，人员编码012，人员类别为采购人员，属于企业的业务员。其基本工资为5 000元，暂时无奖励工资，工资代发银行为建设银行白沙洲支行，银行账号为20080096666。

发放奖金情况：因去年销售部推广产品业绩较好，每人增加奖励工资800元。

③正式员工工资分摊。

正式员工的应付工资总额从工资项目"应发合计"取数。工会经费、职工教育经费也以"应发合计"为计提基数。

正式员工工资分摊如表6.6所示。

表6.6 正式员工工资分摊

部门	人员类别	应付工资(100%)		工会经费(2%)		职工教育经费(1.5%)	
		借方科目	贷方科目	借方科目	贷方科目	借方科目	贷方科目
总经办、人事处、财务部	企业管理人员	660205	221101	660205	221103	660205	221104
采购部	采购人员	660205	221101	660205	221103	660205	221104
销售部	销售人员	660105	221101	660205	221103	660205	221104
生产部	车间管理人员	510102	221101	660205	221103	660205	221104
生产部	生产人员	500102	221101	660205	221103	660205	221104

说明：生产人员所发生的费用全部计入Z5手表的生产成本。

4."临时员工"工资类别

1)临时员工档案

临时员工档案如表6.7所示。

表 6.7　临时员工档案

人员编码	人员姓名	性别	人员类别	部门名称	银行账号	是否计件	是否扣税
014	王飞	男	生产人员	生产部	20080090121	是	是
015	孙健	男	生产人员	生产部	20080090122	是	是
016	董明波	男	生产人员	生产部	20080090123	是	是

2）临时员工工资项目及计算公式

"临时员工"工资项目包括计件工资、应发合计、养老保险、代扣税、扣款合计、实发合计和计税工资。

计算公式如表 6.8 所示。

表 6.8　临时员工工资项目计算公式

工资项目	定义公式
养老保险	计件工资×0.06
计税工资	计件工资－养老保险

3）个人所得税税率设置

个税免征额即起征点为 5 000 元，个人所得税申报表中"收入额合计"对应的工资项目为"计税工资"。2019 年开始实行的 7 级超额累进个人所得税税率表如表 6.4 所示。

4）计件工资相关设置

计件工资标准：工序。

标准工序：制造、组装和质检。

计件工价设置：如表 6.9 所示。

表 6.9　计件工价设置

工序编码	工序名称	计件单价
01	制造	70.00
02	组装	45.00
03	质检	30.00

5）临时员工工资数据处理

①临时员工计件数量表（见表 6.10）。

表 6.10　临时员工计件数量表

人员编码	人员姓名	制造数量	组装数量	质检数量
014	王飞	120		
015	孙健		170	
016	董明波			280

②临时员工工资分摊(见表 6.11)。

表 6.11 临时员工工资分摊

部门	人员类别	应付工资(100%)	
		借方科目	贷方科目
生产部	生产人员	500102	221101

说明:生产人员所发生的费用全部计入 Z5 手表的生产成本。

【实验要求】

(1)引入实验七账套数据。

(2)建立工资账套,建立正式员工和临时员工的工资类别,增加人员档案,设置工资项目与计算公式。

(3)计算正式员工和临时员工的工资数据,完成工资分摊并生成凭证。

(4)分别在薪资管理系统和总账管理系统中查询凭证,并对凭证进行审核和记账,完成薪资管理系统的月末结账工作。

(5)为确保数据安全,请将账套进行输出备份。

【操作指导】

以账套主管"001 刘强"的身份登录企业应用平台,登录时间为 2023 年 1 月 31 日。

1. 启用薪资管理模块

在企业应用平台主界面,点击"基础设置"—"基本信息"—"系统启用",打开"系统启用"界面,勾选"WA 薪资管理",弹出"日历"对话框,选择薪资管理系统的启用日期为 2023 年 1 月 31 日。

启动薪资管理模块

点击"确定"按钮,系统弹出"确实要启用当前系统吗?"提示框,点击"是",完成薪资管理系统的启用。

用同样的方法,完成计件工资管理系统的启用,如图 6.4 所示。

图 6.4 启用薪资管理系统和计件工资管理系统

2. 建立工资账套

在企业应用平台主界面,点击"业务工作"—"人力资源"—"薪资管理",双击"薪资管理",

系统弹出"建立工资套"对话框,进入"1.参数设置"阶段,选择"多个"工资类别,默认货币名称为"人民币 RMB",选中"是否核算计件工资"复选框。

点击"下一步"按钮,进入"2.扣税设置"阶段,勾选"是否从工资中代扣个人所得税"复选框。

点击"下一步"按钮,进入"3.扣零设置"阶段,此处不扣零。

点击"下一步"按钮,进入"4.人员编码"阶段,确认信息后,点击"完成"按钮,完成工资账套的建立。

薪资系统基础信息设置

3. 基础信息设置

1)工资项目设置

在薪资管理系统中,选择"设置"—"工资项目设置",双击打开"工资项目设置"对话框,点击下方"增加"按钮,根据实验资料录入工资项目名称、类型、长度、小数位数、增减项等,"应发合计""扣款合计""实发合计"以及"代扣税"属于系统预设的工资项目,无须录入。

2)薪资代发银行设置

在企业应用平台主界面,点击"基础设置"—"基础档案"—"收付结算"—"银行档案",双击进入"银行档案"窗口。

点击"增加"按钮,打开"增加银行档案"对话框,录入"银行编码"为"0301","银行名称"为"建设银行白沙洲支行",录入完成点击"保存"按钮。

3)工资类别

①建立"正式员工"工资类别。

返回薪资管理系统,选择"工资类别"—"新建工资类别",双击打开"新建工资类别"对话框,在文本框中输入工资类别"正式员工"。

点击"下一步",选择"选定全部部门"按钮。

点击"完成",系统弹出"是否以 2023-01-31 为当前工资类别的启用日期?"提示框,点击"是",返回薪资管理系统。

②建立"临时员工"工资类别。

选择"工资类别"—"新建工资类别",双击打开"新建工资类别"对话框,在文本框中输入工资类别"临时员工"。

点击"下一步",选择临时员工存在的部门为"生产部"。

点击"完成",系统弹出"是否以 2023-01-31 为当前工资类别的启用日期?"提示框,点击"是",返回薪资管理系统。

4."正式员工"工资类别

在薪资管理系统中,选择"工资类别"—"打开工资类别",双击打开"打开工资类别"对话框,选择"001 正式员工"工资类别,点击"确定"按钮。

1)正式员工档案

选择"设置"—"人员档案",打开"人员档案"窗口。点击左上角"批增"按钮,打开"人员批量增加"对话框。

在"正式员工"下选择所有部门,点击"查询"按钮,系统显示在企业应用平台中已经增加的人员档案。

点击下方"确定"按钮,返回"人员档案"窗口,系统完成了"正式员工"人员档案的增加。

选中需要修改的人员档案,点击"修改"按钮,打开"人员档案明细"对话框,根据实验资料输入银行账号信息,以及是否勾选"核算计件工资"等。

录入完成点击"确定"按钮,系统弹出"写入该人员档案信息吗?"提示框,点击"确定"按钮。按照同样的方法,根据实验资料继续修改其他人员的信息。

2)选择工资项目

在薪资管理系统中,选择"设置"—"工资项目设置",双击打开"工资项目设置"对话框,可以看到"工资项目设置"和"公式设置"两张选项卡。选择"工资项目设置"选项卡,点击下方"增加"按钮,在"工资项目"列表中增加一空行。

点击右上角"名称参照"下拉列表框,从下拉列表中选择"基本工资"工资项目,工资项目名称、类型、长度、小数位数、增减项都自动带出,如图6.5所示。

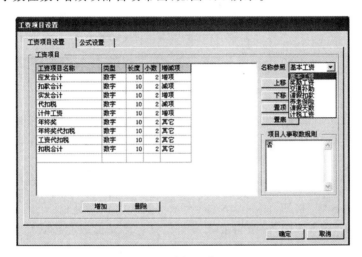

图6.5 选择工资项目

继续点击"增加"按钮,根据实验资料增加其他的工资项目。

所有项目增加完成后,为了使工资表更为美观,可以通过"工资项目设置"对话框右边的"上移""下移""置顶""置底"按钮,根据实验资料所给顺序调整工资项目的排列顺序。

3)设置工资项目计算公式

在"工资项目设置"对话框中,选择"公式设置"选项卡。

①设置公式:请假扣款=请假天数×50。

在"工资项目"中,点击"增加"按钮,在"工资项目"列表中增加一空行。点击该空行,在下拉列表中选择"请假扣款"选项。点击右边的"请假扣款公式定义"文本框,选择"工资项目"列表框中的"请假天数",点击运算符"*",在"*"后输入数字"50",如图6.6所示,点击"公式确认"按钮。

用同样的方法,设置养老保险和计税工资工资项目的公式。

②设置公式:交通补助=iff(人员类别="企业管理人员"or 人员类别="车间管理人员",500,300)。

在"工资项目"中,点击"增加"按钮,在"工资项目"列表中增加一空行,点击该空行,在下拉列表中选择"交通补助"选项。

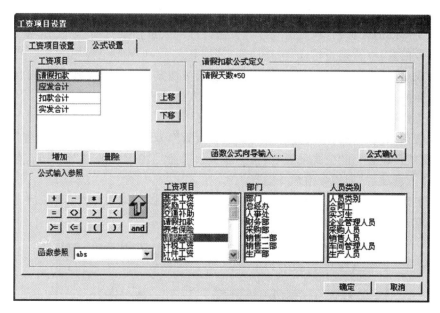

图 6.6 设置请假扣款计算公式

将光标选中右边的"交通补助公式定义"文本框,点击下方的"函数公式向导输入"按钮,打开"函数向导——步骤之 1"对话框,从"函数名"列表中选择 iff 函数。

点击"下一步"按钮,打开"函数向导——步骤之 2"对话框。选择"逻辑表达式"后面的"🔍"按钮,打开"参照"对话框,从参照下拉列表中选择"人员类别",从下面的列表中选择"企业管理人员",点击"确定"按钮,回到"函数向导——步骤之 2"对话框。

在"逻辑表达式"文本框中,继续将公式补充完整。将光标放在公式后面,输入"or",输入完成继续点击"逻辑表达式"后面的"🔍"按钮,打开"参照"对话框,从参照下拉列表中选择"人员类别",从下面的列表中选择"车间管理人员",点击"确定"按钮,回到"函数向导——步骤之 2"对话框。

在"算术表达式 1"后的文本框中输入"500",在"算术表达式 2"后的文本框中输入"300",如图 6.7 所示,点击"完成"按钮,返回"公式设置"选项卡,点击"公式确认"按钮。

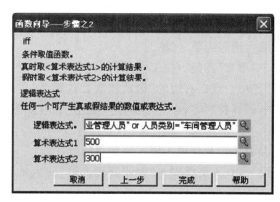

图 6.7 设置交通补助计算公式

公式全部设置完成之后,点击"确定"按钮将设置的公式进行保存。

4)个人所得税税率设置

在薪资管理系统中,选择"设置"—"选项",双击打开"选项"对话框,打开"扣税设置"选项卡,点击"编辑"按钮,选择个人所得税申报表中"收入额合计"项所对应的工资项目为"计税工资"。

点击"税率设置"按钮,打开"个人所得税申报表——税率表"对话框,修改个人所得税的纳税基数为"5 000",附加费用为"0",根据实验资料修改各级次应纳税所得额上下限、税率及速算扣除数,输入完毕点击"确定"按钮。

5)正式员工工资数据处理

①人员变动。

在企业应用平台中,点击"基础设置"—"基础档案"—"机构人员"—"人员档案",打开"人员档案"窗口。点击"增加"按钮,按实验资料增加"012 李丹"的档案资料,输入完成保存并退出。

薪资系统
数据变动

在企业应用平台中,点击"业务工作"—"人力资源"—"薪资管理",在薪资管理系统中,选择"工资类别"—"打开工资类别",双击打开"打开工资类别"对话框,选择"001 正式员工"工资类别,点击"确定"按钮。

选择"设置"—"人员档案",打开"人员档案"窗口。点击左上角"增加"按钮,打开"人员档案明细"对话框。

在"人员档案明细"对话框中,点击"人员姓名"后的"...",弹出"人员选入"对话框,选择"012 李丹"。

点击"确定"按钮,回到"人员档案明细"界面,继续按照实验资料录入"012 李丹"发放薪资的银行名称以及银行账号,录入完成点击下方"确定"按钮退出,回到"人员档案"主界面,如图6.8 所示。

图 6.8 人员变动处理

②录入正式员工工资数据。

在薪资管理系统中,选择"业务处理"—"工资变动",双击打开"工资变动"对话框,根据实验资料录入正式员工的基本工资、奖励工资和请假天数。

在第一列"选择"中,鼠标左键点击"部门"属于"销售部"的人员,人员前面的"选择"栏中出现选中标记"Y"。点击"替换"按钮,弹出"工资项数据替换"对话框,点击"将工资项目"后面的下拉列表框,选择"奖励工资"项目,在"替换成"文本框中输入"奖励工资+800"。

点击"确定"按钮,系统弹出"数据替换后将不可恢复。是否继续?"提示框,点击"是"按钮,系统弹出"2 条记录被替换,是否重新计算?"提示框,点击"是"按钮,系统自动完成工资计算。

在"工资变动"对话框中,点击"计算"按钮,系统完成工资数据的计算,点击"汇总"按钮,系统完成工资数据的汇总。计算汇总完的工资数据如图 6.9 所示。

图 6.9 计算汇总完的工资数据

薪资系统
账务处理

③正式员工工资分摊。

a. 工资分摊类型设置。

在薪资管理系统中,选择"业务处理"—"工资分摊",双击打开"工资分摊"对话框。点击右下角"工资分摊设置",打开"分摊类型设置"对话框。

点击"增加"按钮,打开"分摊计提比例设置"对话框,输入"计提类型名称"为"应付工资","分摊计提比例"为"100%"。

点击"下一步",打开"分摊构成设置"对话框,根据实验资料录入信息,如图 6.10 所示。

录入完毕,点击"完成"按钮,系统提示"借方科目启用辅助核算,必须录入借方项目大类、项目!",说明进行"生产人员"工资分摊时,其借方科目"500102 生产成本/直接人工"定义了项目核算,此处必须录入项目核算的项目大类和具体项目。

点击"确定"按钮,选择"生产人员"工资分摊设置行的"借方项目大类",点击右下角的"…",弹出"参照"对话框,双击选中"00 产品"项目。

继续选择"生产人员"工资分摊设置行的"借方项目",点击右下角的"…",弹出"参照"对话框,选择"001 Z5 手表"项目。

设置完成点击"完成"按钮,返回分摊类型设置界面,继续根据实验资料设置工会经费、职工教育经费等分摊计提项目。

分摊构成设置

部门名称	人员类别	工资项目	借方科目	借方项目大类	借方项目	贷方科目	贷方项目
总经办,人事处,财务部	企业管理人员	应发合计	660205			221101	
采购部	采购人员	应发合计	660205			221101	
销售一部,销售二部	销售人员	应发合计	660105			221101	
生产部	车间管理人员	应发合计	510102			221101	
生产部	生产人员	应发合计	500102			221101	

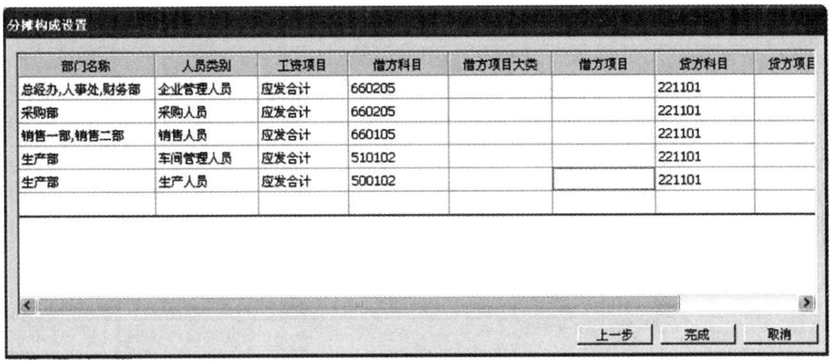

图 6.10　分摊构成设置

b. 工资费用分摊。

在薪资管理系统中，选择“业务处理”—“工资分摊”，双击打开“工资分摊”对话框。选择需要分摊的“计提费用类型”，“选择核算部门”为“全选”，确定“计提会计月份”为“2023-1”，“计提分配方式”为“分配到部门”，选择“明细到工资项目”。

点击“确定”按钮，打开“应付工资一览表”，选中“合并科目相同、辅助项相同的分录”。

点击“制单”按钮，系统生成记账凭证。点击凭证左上角修改凭证类别，选择“转账凭证”，点击“保存”按钮，系统弹出“第 3 条分录：项目核算科目的项目不能为空”提示框，选择“生产成本/直接人工”科目，修改其辅助核算，选择项目名称为“Z5 手表”。

保存凭证，凭证左上角出现“已生成”字样，代表该凭证已经由薪资管理系统生成并传递到总账，如图 6.11 所示。

摘要	科目名称	借方金额	贷方金额
应付工资	制造费用/工资	950000	
应付工资	销售费用/工资及福利费	2100000	
应付工资	500102	830000	
应付工资	管理费用/工资及福利费	1100000	
应付工资	管理费用/工资及福利费	600000	
票号 日期　数量 单价	合计	10720000	10720000

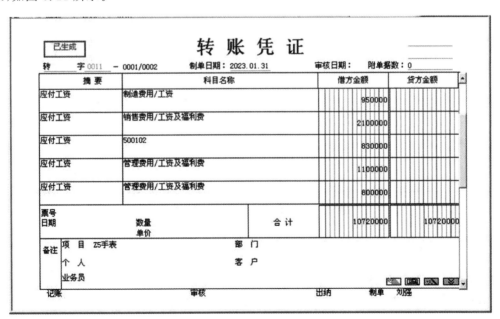

图 6.11　生成应付工资转账凭证

关闭“填制凭证”窗口，返回“应付工资一览表”窗口。从“类型”下拉列表中选择“计提工会经费”，生成计提工会经费的凭证，如图 6.12 所示。

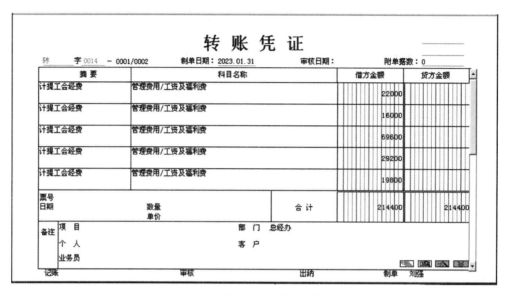

图 6.12 计提工会经费转账凭证

用同样的方法,生成计提职工教育经费的凭证,如图 6.13 所示。

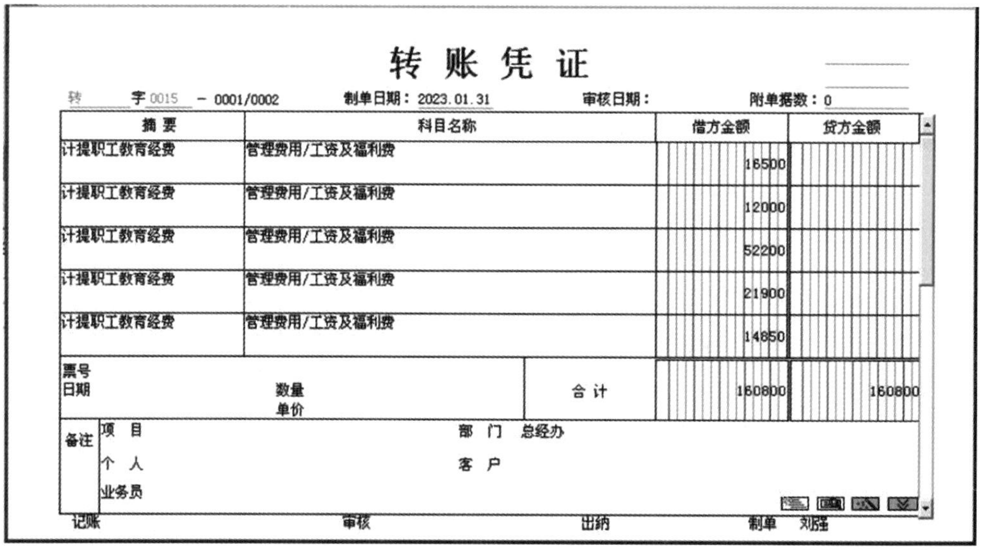

图 6.13 计提职工教育经费转账凭证

在完成正式员工工资数据的处理后,在薪资管理中选择"工资类别"—"关闭工资类别",即可关闭"正式员工"工资类别。

5."临时员工"工资类别

"临时员工"工资类别可参照"正式员工"工资类别进行初始设置、数据处理以及工资分摊。在薪资管理中,选择"工资类别"—"打开工资类别",打开"临时员工"工资类别。

1)临时员工档案

在企业应用平台中,点击"基础设置"—"基础档案"—"机构人员"—"人员档案",打开"人员档案"窗口。点击"增加"按钮,按实验资料增加"014 王飞""015 孙健"和"016 董明波"的档案资料,输入完成保存并退出。

选择"设置"—"人员档案",打开"人员档案"窗口。点击左上角"批增"按钮,打开"人员批量增加"对话框。在"临时员工"下选择"生产部",点击"查询"按钮,系统显示"生产部"的人员档案。

由于"010 李佳佳"和"011 王兵"属于"正式员工",此处将"010 李佳佳"和"011 王兵"选择列的"是"取消。

点击下方"确定"按钮,返回"人员档案"窗口,根据实验资料补充"014 王飞""015 孙健"和"016 董明波"的薪资发放银行及账号信息,完成"临时员工"人员档案的增加。

2)临时员工工资项目设置及公式设置

①工资项目设置。

在薪资管理系统中,选择"设置"—"工资项目设置",双击打开"工资项目设置"对话框,选择"工资项目设置"选项卡,点击下方"增加"按钮,在"工资项目"列表中增加一空行。点击右上角"名称参照"下拉列表框,根据实验资料从下拉列表中选择"临时员工"的工资项目,工资项目名称、类型、长度、小数位数、增减项都自动带出。

所有项目增加完成后,为了使工资表更为美观,可以通过"工资项目设置"对话框右边的"上移""下移""置顶""置底"按钮,根据实验资料所给顺序调整工资项目的排列顺序。

②工资项目计算公式设置。

在"工资项目设置"对话框中,选择"公式设置"选项卡,在"工资项目"中,点击"增加"按钮,在"工资项目"列表中增加一空行。点击该空行,在下拉列表中选择"养老保险"选项,点击右边的"养老保险公式定义"文本框,选择"工资项目"列表框中的"计件工资",点击运算符"*",在"*"后输入数字"0.06",点击"公式确认"按钮。

用同样的方法,设置计税工资工资项目的公式。

3)个人所得税税率设置

在薪资管理系统中,选择"设置"—"选项",双击打开"选项"对话框,点击"编辑"按钮,打开"扣税设置"选项卡,选择个人所得税申报表中"收入额合计"项所对应的工资项目为"计税工资"。点击"税率设置"按钮,打开"个人所得税申报表——税率表"对话框,修改个人所得税的纳税基数为"5 000",附加费用为"0",根据实验资料修改各级次应纳税所得额上下限、税率及速算扣除数,输入完毕点击"确定"按钮。

4)计件工资相关设置

①计件要素设置。

在企业应用平台中,点击"业务工作"—"人力资源"—"计件工资"。在"计件工资"中,点击"设置"—"计件要素设置",打开"计件要素设置"对话框。检查"工序"计件要素是否包含在内,且"启用"状态为"是"。

薪资系统计件工资处理

②工序设置。

在企业应用平台中,点击"基础设置"—"基础档案"—"生产制造"—"标准工序资料维护",打开"标准工序资料维护"窗口。

点击"增加"按钮,按照实验资料增加"01 制造""02 组装"和"03 质检"三项工序。

③计件工价设置。

在企业应用平台中,点击"业务工作"—"人力资源"—"计件工资"。在"计件工资"中,点击

"设置"—"计件工价设置",打开"计件工价设置"对话框。

点击"增加"按钮,点击"工序"后面的"...",在弹出的"参照"对话框中选择录入"01 制造",在"工价"处录入"01 制造"对应的工价"70"。用同样的方法,按照实验资料增加"02 组装"和"03 质检"两项工序对应的工价。

④计件工资录入。

在企业应用平台中,点击"业务工作"—"人力资源"—"计件工资"。在"计件工资"中,点击"个人计件"—"计件工资录入",打开"计件工资录入"对话框。

选择"工资类别"为"临时员工",部门为"生产部",点击左上角"批增"按钮,弹出"计件数据录入"对话框。

在姓名处点击"🔍",在弹出的"参照"对话框中双击选中"王飞",回到"计件数据录入"界面,人员编码"014"及部门"生产部"由系统自动带入,录入"计件日期"为"2023-01-31"。

点击左下角"增行"按钮,点击"工序"后的"...",在弹出的"参照"对话框中双击选中"01 制造",回到"计件数据录入"界面,在"数量"栏中输入王飞的制造数量"120",点击右下角"计算"按钮,系统自动计算王飞的"个人计件工资合计"。点击"确定"按钮,返回"计件工资录入"界面。

用同样的方法,录入"015 孙健"和"016 董明波"的计件工资统计数据。

全部输入完成后,点击"审核/全部审核",对录入的计件工资统计数据进行审核。

⑤计件工资汇总。

在企业应用平台中,点击"业务工作"—"人力资源"—"计件工资"—"计件工资汇总",打开"计件工资汇总"对话框。选择"工资类别"为"临时员工","部门"为"生产部",点击上方"汇总"按钮完成计件工资汇总,如图 6.14 所示。

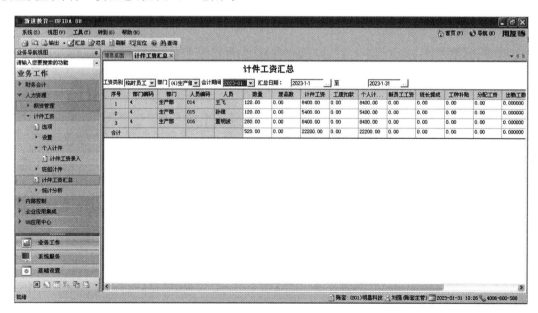

图 6.14 计件工资汇总

5）临时员工工资数据处理

①临时员工工资变动。

在企业应用平台中,点击"业务工作"—"人力资源"—"薪资管理",选择"业务处理"—"工资变动",打开"工资变动"对话框,点击"计算"按钮计算临时员工的工资数据,再点击"汇总"按钮汇总临时员工的工资数据。

②临时员工工资分摊。

a.工资分摊设置。

在薪资管理系统中,选择"业务处理"—"工资分摊",双击打开"工资分摊"对话框。点击右下角"工资分摊设置",打开"分摊类型设置"对话框。

点击"增加"按钮,打开"分摊计提比例设置"对话框,输入"计提类型名称"为"应付工资","分摊计提比例"为"100%"。

点击"下一步",打开"分摊构成设置"对话框,根据实验资料录入信息,录入完成点击"完成"按钮退出。

b.工资费用分摊。

在薪资管理系统中,选择"业务处理"—"工资分摊",双击打开"工资分摊"对话框。选择需要分摊的"计提费用类型","选择核算部门"为"生产部",确定"计提会计月份"为"2023-1","计提分配方式"为"分配到部门",选择"明细到工资项目"。

点击"确定"按钮,打开"应付工资一览表",选中"合并科目相同、辅助项相同的分录"。

点击"制单"按钮,系统生成记账凭证。点击凭证左上角修改凭证类别,选择"转账凭证",点击"保存"按钮,系统弹出"第1条分录:项目核算科目的项目不能为空"提示框,选择"生产成本/直接人工"科目,修改其辅助核算,选择项目名称为"Z5手表"。保存凭证,凭证左上角出现"已生成"字样,代表该凭证已经由薪资管理系统生成并传递到总账,如图6.15所示。

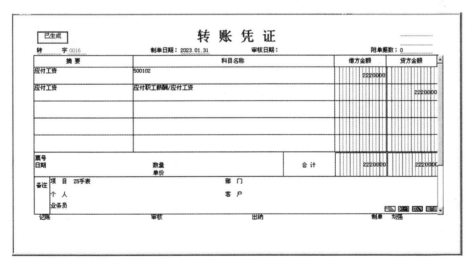

图6.15 生成应付工资转账凭证

6.凭证查询

在薪资管理系统中,点击"工资类别"—"打开工资类别",打开"打开工资类别"对话框,选择"正式员工",点击"确定"按钮。

在薪资管理系统中,点击"统计分析"—"凭证查询",即可查询正式员工 2023 年 1 月份所有的工资凭证,点击上方的"凭证"即可联查凭证,另外,如果凭证有误,还可以在此界面对凭证进行删除、冲销或者修改,如图 6.16 所示。

图 6.16 凭证查询

用同样的方法,在"临时员工"工资类别下,可以查询临时员工 2023 年 1 月份所有的工资凭证,并对临时员工的工资凭证进行删除、冲销或者修改。

薪资管理系统生成的凭证,最终会传递到总账系统,由总账系统对凭证进行审核和记账,审核和记账的具体操作此处不再赘述。

7. 汇总工资类别

在薪资管理系统中,点击"工资类别"—"关闭工资类别",将所有工资类别关闭。

在薪资管理系统中,点击"维护"—"工资类别汇总",打开"工资类别汇总"对话框,选择要汇总的工资类别,如图 6.17 所示,点击"确定"按钮,完成工资类别的汇总。

图 6.17 选择要汇总的工资类别

在薪资管理系统中,点击"工资类别"—"打开工资类别",打开"打开工资类别"对话框,选择"998 汇总工资类别",点击"确定"按钮,即可查看工资类别汇总后的各项数据。

8. 月末处理

在薪资管理系统中,点击"工资类别"—"打开工资类别",打开"正式员工"工资类别。点击"业务处理"—"月末处理",打开"月末处理"对话框。

点击"确定"按钮,系统弹出"月末处理之后,本月工资将不许变动!继续月末处理吗?"提示框。

点击"是"按钮,系统弹出"是否选择清零项?"提示框。

点击"是"按钮,在"请选择清零项目"列表框中,将"请假扣款"和"请假天数"通过">"按钮由备选区域选择到已选区域中。

点击"确定"按钮,系统弹出"月末处理完毕!"提示框,点击"确定"按钮返回。

用同样的方法,完成"临时员工"工资类别的月末处理,"临时员工"工资类别的清零项为"计件工资",具体操作此处不再赘述。

薪资系统
月末处理

第七章 固定资产管理系统

▶知识传授◀

1. 掌握固定资产管理系统的主要功能；
2. 掌握固定资产管理系统的初始设置；
3. 掌握固定资产管理系统的日常业务流程；
4. 掌握固定资产管理系统的期末处理。

▶能力培养◀

1. 能够熟练进行固定资产管理系统的初始设置；
2. 能够熟练进行固定资产增加、变动、折旧、减少的处理；
3. 能够熟练进行固定资产的月末结账。

▶价值塑造◀

1. 通过分析企业固定资产科目造假案例，在执业过程中秉持独立的第三方立场和实事求是的工作作风，诚信尽责、严谨细致，树立正确的价值观；

2. 通过固定资产折旧方法不能随意变更，深刻认识固定资产折旧的重要性和科学性，贯彻朱镕基总理"诚信为本，操守为重，坚持准则，不做假账"的思想，为企业的发展提供坚实的财务保障；

3. 通过固定资产凭证的生成，理解固定资产管理系统与总账系统之间的数据传递，结合数字技术的应用，培养数据思维，启发求知探索、不断进取的拼搏精神。

第一节 系统概述

固定资产是指企业为生产产品、提供劳务、出租或者经营管理而持有的，使用时间超过12个月的，价值达到一定标准的非货币性资产，包括房屋、建筑物、机器、机械、运输工具以及其他与生产经营活动有关的设备、器具、工具等。

固定资产是企业的劳动手段，也是企业赖以生产经营的主要资产。固定资产的价值能够连续在若干生产周期中发挥作用，在保持其原有实物形态的状态下，其价值随着损耗逐渐地、部分地转移到生产的产品中去，构成产品成本的一部分。

固定资产管理是企业非常重要的工作。若疏于对固定资产的管理,将会造成固定资产账实不符,账目混乱,严重的还将导致固定资产的流失;但是若对固定资产实施严格、细致的管理,又会大大增加财务人员的工作量。因此,在会计信息系统中管理固定资产就具有非常重要的意义,无论企业规模大小,固定资产数量多少,使用固定资产管理系统都能对固定资产进行准确高效的管理。

一、固定资产管理系统的主要功能

固定资产管理及核算是企业财务核算的重要组成部分。在用友 ERP 软件中,固定资产管理系统可以与总账系统集成使用,将固定资产管理系统生成的相关凭证传递到总账系统中,为企业固定资产核算提供更为详尽的信息。通常情况下,固定资产管理系统应具备以下主要功能。

1. 管理固定资产卡片

固定资产明细账是记载企业存放各类固定资产具体信息,例如固定资产的编号和名称、使用部门、增加方式、原值、使用状况、开始使用日期、折旧方法、净残值等的明细账,固定资产明细账一般采用卡片的形式,因此也叫固定资产卡片。固定资产管理系统可以对固定资产卡片进行管理,固定资产卡片上应记载固定资产的具体信息,包括固定资产类别、使用部门、原值、净残值、已提折旧、折旧年限、折旧方法等信息。

固定资产管理系统提供了一些常用卡片必需的项目,称为系统项目。企业还可以通过"卡片项目定义"功能设立自定义项目,以满足对固定资产特殊管理的需要。系统项目与自定义项目两部分构成固定资产卡片项目目录。

2. 计提折旧、计算净值

企业在生产经营过程中使用固定资产而使其损耗导致价值减少仅余一定残值,其原值与残值之差在其使用年限内分摊,叫作固定资产折旧。系统根据企业所拥有的固定资产一览表,按照规定进行固定资产折旧,计算出每项固定资产的月折旧额和净值,并生成计提的折旧凭证向总账系统传递。

3. 管理固定资产的增减变动情况

固定资产会报废、毁损,还会在使用部门之间发生转移,企业也会不定期新增固定资产。在此背景下,企业可以通过固定资产管理系统对固定资产的变动进行管理,更新固定资产卡片,按月汇总出分部门、分类别、分增减变动方式的固定资产汇总数据,提供固定资产账簿、固定资产分析表、固定资产统计表、固定资产折旧表、固定资产减值准备表等账表。

二、固定资产管理系统的特点

1. 数据存储量大

在一般企业中,固定资产不仅价值高,而且数量也比较多,同时反映每一项资产的信息项目也比较多,根据管理的需要为每项固定资产建立卡片,所以数据存储量大。

2. 日常输入数据少

固定资产管理系统投入运行之后,一般只有在固定资产发生购入以及内部调动等情况下需要输入新数据。除此之外,需要输入的数据一般很少。这对于固定资产管理系统来说,减少了出错的可能性。

3. 输出数据多

在固定资产管理系统中，系统日常输出的数据比日常输入的数据要多。由于使用的目的不同，往往同一项固定资产数据要反映在不同的账表上。在手工方式下，这种账表编制的工作量不仅很大，而且受手工条件的限制，容易出现数据不一致的差错。采用软件进行处理后，不但输出的速度可以提高，且可以避免数据的不一致现象。

三、固定资产管理系统与其他系统的关系

固定资产管理系统中资产的增加、减少，以及原值和累计折旧的调整、折旧计提都要将有关数据通过凭证的形式向总账系统传递，由总账系统复核、记账；固定资产管理系统通过与总账系统对账保持固定资产账目与总账系统平衡；固定资产管理系统生成的凭证，总账系统无权修改或者删除，需返回固定资产管理系统修改或者删除。

另外，固定资产管理系统为成本核算系统提供计提折旧有关费用的数据，UFO报表系统通过相应的取数函数从固定资产管理系统中提取分析数据。

固定资产管理系统与其他系统的关系如图7.1所示。

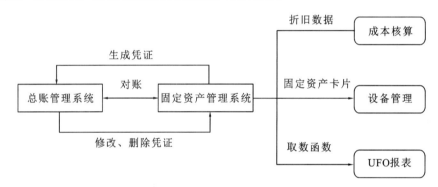

图7.1 固定资产管理系统与其他系统的关系图

四、固定资产管理系统应用准备

在正式使用固定资产管理系统前，需要整理以下的资料。

1. 整理固定资产卡片项目

固定资产卡片上显示出来的用来记录固定资产资料的栏目叫作卡片项目，例如固定资产卡片上最基本的项目包括资产名称、原值、使用年限、折旧方法等。

2. 整理卡片样式

卡片样式是指固定资产卡片的整个外观，包括其格式（是否有表格线、对齐形式、字号大小、字型等）、所包含的项目和项目的位置。不同的企业所设的卡片的样式可能不同，同一企业不同的资产所设的卡片样式也可能不同，所以系统提供卡片样式定义功能，增大了系统的灵活性。

3. 整理折旧方法

系统给出了最常用的折旧方法：不计提折旧、平均年限法（两种计算公式）、工作量法、双倍余额递减法、年数总和法。如果不能满足要求，企业可根据需要整理出需要定义的折旧方法的名称和计算公式，以便在折旧方法定义时使用。

4. 整理资产类别

固定资产一般要按类别进行管理,在使用固定资产管理系统时必须进行资产类别设置,所以需要整理出企业固定资产的分类方法,包括编码、名称及其净残值率、使用年限、计量单位、折旧方法等。

5. 整理固定资产数据

整理截至建账月份的企业固定资产数据及其他资料,目的是将这些原始资料,主要是固定资产卡片及附属资料录入系统,保持核算和管理的连贯性。

6. 整理固定资产账表

整理常用的固定资产账簿和报表,与系统默认的报表格式进行比对,看是否符合要求,如有不符合要求的,可以进行自定义。

7. 整理其他信息

固定资产管理系统中涉及的设置还有使用状况、增减方式、部门对应折旧科目等,检查是否符合要求,如不符合要求,整理出需要设置的内容,以便在系统设置时使用。

第二节 固定资产管理系统的初始设置

固定资产管理系统的初始设置,即结合企业的实际情况,将通用的固定资产管理系统打造为适合企业核算要求的专用系统的过程。

一、启用系统

在公共基础平台章节,教材详细介绍了系统启用的功能,固定资产管理系统只有经过启用才能进入操作,系统启用是指设定固定资产管理系统启用的日期。

二、设置控制参数

第一次进入固定资产管理系统需要对固定资产账套进行初始化,主要是各类参数的设置。其中,控制参数包括约定及说明、启用月份、折旧信息、编码方式、账务接口等(见图7.2),控制参数在初次启动固定资产管理系统时设置,其他参数可以在"选项"中补充(见图7.3)。

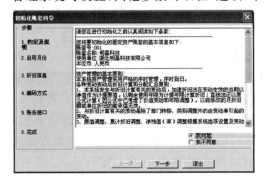

图 7.2 固定资产账套初始化

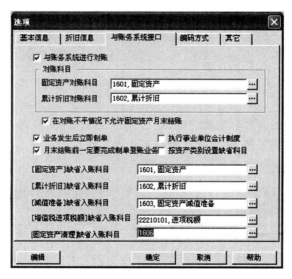

图 7.3　固定资产选项设置

三、设置基础数据

1. 设置固定资产类别

固定资产可以按其经济用途、使用情况、产权归属、实物形态和使用期限进行分类核算。固定资产的种类繁多、规格不一，要强化固定资产管理，及时准确地做好固定资产核算，必须科学地设置固定资产类别。

2. 设置部门对应折旧科目

部门对应的折旧科目是指固定资产折旧费用的入账科目，设置不同部门的固定资产折旧费用的入账科目，有助于系统自动生成折旧计提的凭证。部门对应折旧科目的设置就是给每个部门设置一个折旧科目，例如明昌科技公司管理部门的折旧入账科目为"管理费用"，销售部门的折旧入账科目为"销售费用"，车间管理部门的折旧入账科目为"制造费用"等。设置完毕在输入固定资产卡片时，一旦选择了固定资产的使用部门，对应的折旧科目会自动带入卡片中。

如果对某一上级部门设置了对应的折旧科目，则下级部门自动继承上级部门的设置。例如明昌科技公司行政部包括总经办、人事部和财务部，系统设置行政部的折旧入账科目为"管理费用"，那么，总经办、人事部和财务部三个下级部门对应的折旧入账科目会自动设置为"管理费用"。

3. 设置固定资产增减方式

固定资产的增减方式包括增加方式和减少方式两类。系统预设了六种常用的增加方式，即直接购入、投资者投入、接受捐赠、盘盈、在建工程转入、融资租入等；系统预设了七种常用的减少方式，即出售、盘亏、投资转出、捐赠转出、报废、毁损、融资租出等。除此之外，企业可根据实际需求自行设置固定资产的增减方式。确定固定资产增减方式可以明确固定资产的计价和处理原则，还可以为这些增减方式设置对应的入账科目，以便生成凭证时能自动带入默认科目。

4. 设置固定资产折旧方法

固定资产折旧方法指将应提折旧总额在固定资产各使用期间进行分配时所采用的具体计算方法,设置固定资产的折旧方法是系统自动计算折旧的基础。系统预设了六种常用的折旧方法——不计提折旧、平均年限法(一)和(二)、工作量法、年数总和法、双倍余额递减法,并列出了它们的折旧计算公式。六种折旧方法的计算公式如下:

(1)不计提折旧。

$$月折旧率 R = 月折旧额 = 0$$

(2)平均年限法(一)。

$$月折旧率 R = (1-净残值率)/(使用年限 \times 12)$$

$$月折旧额 = 月初原值 \times R$$

(3)平均年限法(二)。

$$月折旧率 R = (1-净残值率)/(使用年限 \times 12)$$

月折旧额=(月初原值-月初累计折旧-月初净残值)/(使用年限×12-已计提月份)

(4)工作量法。

单位折旧 R=(月初原值-月初累计折旧-月初净残值)/(工作总量-累计工作量)

$$月折旧额 = 本月工作量 \times R$$

(5)年数总和法。

$$月折旧率 R = 剩余使用年限/(年数总和 \times 12)$$

$$月折旧额 = (原值-净残值) \times R$$

(6)双倍余额递减法。

$$月折旧率 R = 2/(使用年限 \times 12)$$

$$月折旧额 = 期初账面余额 \times R$$

这几种方法是系统默认的折旧方法,不能删除和修改。除此之外,企业可根据实际需求自行设置固定资产的折旧方法。

四、录入期初固定资产卡片

前面我们已经介绍过,固定资产卡片即以卡片形式存在的固定资产明细账,记载着企业存放的各类固定资产的具体信息,例如固定资产的编号和名称、使用部门、增加方式、原值、使用状况、开始使用日期、折旧方法、净残值等。固定资产原始卡片是指卡片所记录的资产的开始使用日期在录入固定资产管理系统之前,即已使用过并已计提折旧的固定资产卡片,代表固定资产管理系统的期初余额。

在使用固定资产管理系统进行核算前,除了前面必要的基础工作外,还必须将固定资产的原始卡片资料,即建账日期以前的数据录入系统中,保持历史数据的连续性。原始卡片的录入不限制必须在第一个期间结账前,任何时候都可以录入原始卡片。凡是通过原始卡片录入的固定资产,本期都参与计提折旧。

第三节　固定资产管理系统的日常业务

固定资产在日常管理过程中,由于某种原因会发生增加、减少以及部门间的转移,这时需要及时地处理,否则会影响折旧的计提。固定资产日常业务管理是固定资产管理中非常重要的一部分内容,主要包括资产增加、资产减少、资产变动、资产评估、资产盘点、生成凭证和账表管理。

1. 资产增加

在固定资产管理系统日常使用过程中,可能会购进或通过其他方式增加固定资产,例如采购、盘盈、投入、捐赠等,此时可以通过"资产增加"功能输入一张新的固定资产卡片,将资产信息录入固定资产管理系统。

固定资产通过"录入原始卡片"录入还是通过"资产增加"录入,取决于资产的开始使用日期。只有当录入的月份与资产开始使用日期的月份一致时,才能通过"资产增加"录入。

2. 资产减少

资产减少是指固定资产在使用过程中,由于各种原因退出企业,如毁损、出售、盘亏等,此时要做资产减少处理,对需减少的各项资产通过固定资产管理系统提供的"资产减少"功能来实现。

如果要减少的资产较少或没有共同点,可以通过输入卡片编号减少资产;如果要减少的资产较多并且有共同点,固定资产管理系统也提供资产减少的批量操作,为同时清理一批资产提供方便。

在固定资产管理系统进行资产减少时,需要注意以下事项:

(1)只有当账套开始计提折旧后才可以使用资产减少功能,否则,减少资产只能通过删除卡片来完成。

(2)对于误减少的资产,可以使用系统提供的纠错功能来恢复。撤销已减少资产的操作是一个纠错的功能,当月减少的资产可以通过本功能恢复使用。如果资产减少操作已生成凭证,则必须删除凭证后才能恢复。

(3)只要卡片未被删除,就可以通过卡片管理中的"已减少资产"来查看减少的资产。

3. 资产变动

固定资产在使用过程中,可能会调整卡片上的某些项目,这种变动要求留下原始凭证,制作的原始凭证称为"变动单"。固定资产的变动包括原值变动、部门转移、使用状况调整、使用年限调整、折旧方法调整、净残值(率)调整、工作总量调整、累计折旧调整、资产类别调整以及变动单管理。固定资产其他项目的修改,如名称、编号、自定义项目等,可直接在卡片上进行。

资产变动要求输入相应的"变动单",以记录固定资产调整结果。

1)原值变动

固定资产的原值变动包括原值增加和原值减少。固定资产原值增减主要有以下情况:根据国家规定对固定资产进行重新估价、增加补充设备或改良设备、将固定资产的一部分拆除、根据实际价值调整原来的暂估价值、调整原记录有误的固定资产价值。原值变动通过"变动单"中的"原值增加"和"原值减少"功能实现。

2）部门转移

固定资产在使用过程中,因内部调配而发生的部门变动应及时处理,否则将影响部门的折旧计算。部门转移通过"变动单"中的"部门转移"功能实现。

3）资产使用状况的调整

固定资产使用状况分为在用、未使用、不需用、停用、封存 5 种。资产在使用过程中,可能会因为某种原因,资产的使用状况发生变化,这种变化会影响设备折旧的计算,因此应及时调整。资产使用状况的调整通过"变动单"中的"使用状况变动"功能实现。

4）资产使用年限的调整

固定资产在使用过程中,可能会由于资产的重估、大修等原因调整资产的使用年限。进行使用年限调整的资产在调整的当月就按调整后的使用年限计提折旧。资产使用年限的调整通过"变动单"中的"使用年限调整"功能实现。

5）资产折旧方法的调整

固定资产在使用过程中,会因为会计政策改变而调整折旧计算方法,例如从平均年限法调整为双倍余额递减法等,固定资产折旧方法的调整通过"变动单"中的"折旧调整单"功能实现。

6）其他变动管理

其他变动包括净残值（率）调整、工作总量调整、累计折旧调整、资产类别调整等,这些调整都会对固定资产折旧计提的数据产生影响,可以通过"变动单"功能实现相应调整。

4. 资产评估

企业在经营活动中,根据业务需要或国家要求对资产进行评估和重估。固定资产管理系统提供对固定资产评估作业的管理,主要包括如下步骤：

1）选择评估项目

进行资产评估时,每次要评估的内容可能不一样,因此应首先选择评估项目。可选择的评估项目包括固定资产的原值、累计折旧、使用年限、工作总量和净值等。

2）选择要评估的资产

可以采用手工选择,也可以输入条件,由系统筛选要评估的资产。

3）制作评估单

选择了评估项目和评估资产后,录入评估后的数据或通过自定义公式生成评估后的数据,由系统生成评估单。评估单包括资产评估前后的数据。

4）生成凭证,传递到总账系统

5. 资产盘点

固定资产盘点是指定期对固定资产进行实物清点,以确定各种财产在一定时期的实存数,由此发现固定资产账实不符情况。固定资产管理系统提供对固定资产盘点的管理功能,支持按部门或者按类别等对固定资产进行盘点,比对固定资产的实际数与账面数,进行盘盈和盘亏的确认。

6. 生成凭证

固定资产管理系统和总账系统之间存在着数据的自动传输,该传输通过制作记账凭证传递到总账系统实现。制作凭证必须保证借方和贷方的合计数与原始单据的数值是相等的,例如,增加资产制作凭证,增加资产的原值为 50 000 元,则合法的凭证的借方和贷方合计必须等于 50 000。

可以通过固定资产管理系统生成记账凭证的业务包括:资产增加(录入新卡片)、资产减少、卡片修改(涉及原值或累计折旧时)、资产评估(涉及原值或累计折旧变化时)、原值变动、累计折旧调整、折旧分配等。系统生成凭证的渠道有两种,一是业务发生后立即生成凭证,需要在"设置"—"选项"中勾选"业务发生后立即制单";另一种是业务发生后不立即生成凭证,后期通过"处理"—"批量制单"功能成批生成凭证。批量制单功能可同时将一批需要制单的业务连续制作凭证,避免了多次制单的烦琐。凡是应制单业务发生当时没有制单的,该业务自动排列在批量制单表中,表中列示应制单而没有制单的业务发生的日期、类型、原始单据号、缺省的借贷方科目和金额,以及制单选择标志。

7. 账表管理

固定资产管理过程中需要及时统计资产的各类信息,并以账表的形式将这些信息提供给财务人员和资产管理人员。固定资产管理系统的账表主要包括账簿、统计表、分析表、折旧表 4 类,选择相应的账表可查看各报表信息。另外,如果所提供的报表种类不能满足要求,还可以利用系统提供的自定义报表功能,根据实际要求进行账表管理。

账表管理提供了强大的联查功能,将各类账表与部门、类别明细和原始单据等有机地联系起来,真正实现了方便、快捷的查询方式。

1)固定资产账簿

固定资产账簿以不同的方式,序时地反映了资产变化的情况,在查询过程中可联查明细账及相应原始凭证,从而获得所需财务信息。系统自动生成的账簿有固定资产总账、固定资产明细账和固定资产登记簿。

2)固定资产统计表

固定资产统计表是出于资产管理的需要,按管理目的统计的数据。系统提供了固定资产原值一览表、固定资产统计表、评估汇总表、评估变动表、盘盈盘亏报告表等 7 种统计表。

3)固定资产分析表

固定资产分析表通过对固定资产的综合分析,反映企业资产计提折旧的程度和剩余价值的大小,为管理者提供管理和决策依据。系统提供了价值结构分析表、固定资产使用状况分析表、部门构成分析表、类别构成分析表等 4 种分析表。

4)固定资产折旧表

固定资产折旧表反映了企业资产折旧计提明细情况及汇总情况。系统提供了部门折旧计算汇总表、固定资产折旧清单表、折旧计算明细表、固定资产及累计折旧表等 4 种折旧表。

第四节 固定资产管理系统的期末处理

固定资产管理系统的期末处理工作主要包括计提减值准备、计提折旧、对账、月末结账等内容。

1. 计提减值准备

固定资产减值是指固定资产发生损坏、技术陈旧或者其他经济原因，导致其可回收金额低于其账面价值。企业应当在期末或至少在每年年度终了，对固定资产逐项进行检查，如果由于市价持续下跌，或技术陈旧等原因导致其可回收金额低于账面价值的，应当将可回收金额低于账面价值的差额作为固定资产减值准备进行处理。固定资产减值准备必须按单项资产计提。

如果已计提减值准备的固定资产价值又得以恢复，应在原已计提的减值范围内转回。在"变动单"—"转回减值准备"功能中，可进行转回减值准备的处理。

2. 折旧处理

自动计提折旧是固定资产管理系统的主要功能之一。系统会根据固定资产的基本资料，计算折旧并生成折旧分配表，然后制作记账凭证，将本期的折旧费用传递到总账系统。

1）工作量输入

当系统中的资产使用工作量法计提折旧的时候，每月计提折旧前必须录入资产当月的工作量，注意输入的本期工作量必须保证使累计工作量小于等于工作总量。

2）计提本月折旧

当开始计提折旧时，系统将自动计提所有资产当期折旧额，并将当期的折旧额自动累加到累计折旧项目中。计提工作完成后，需要进行折旧分配，形成折旧费用。系统除了自动生成折旧清单外，同时还生成折旧分配表，从而完成本期折旧费用登账工作。

3）折旧清单

折旧清单显示了所有应计提折旧的资产所计提折旧数额的列表，当期的折旧清单列示了资产名称、计提原值、月折旧率、单位折旧、月工作量、月折旧额等信息。全年的折旧清单中同时列出了各项资产在12个计提期间的月折旧额、本年累计折旧等信息。

4）折旧分配表

折旧分配表是系统生成记账凭证，把计提折旧额分配到有关成本和费用的依据。折旧分配表有两种类型：类别折旧分配表和部门折旧分配表。什么时候生成折旧分配表根据初始设置中选择的折旧汇总分配周期确定，如果选定的是1个月，则每期计提折旧后自动生成折旧分配表；如果选定的是3个月，则只有到3的倍数的期间，即第3、6、9、12期间计提折旧后才自动生成折旧分配表。

5）制作记账凭证

制作记账凭证即制单，要在生成折旧分配表后进行。利用折旧分配表制作凭证时，该表中所有缺省的借贷方的数据不允许修改，所有缺省的科目（从卡片得到）不能修改，不能增、删分录。

需要注意的是，在一个期间内可以多次计提折旧，每次计提折旧后，只是将计提的折旧累加到月初的累计折旧上，不会重复累计；若上次计提折旧已制单并传递到总账管理系统，则必须删除该凭证才能重新计提折旧；计提折旧后，又对账套进行了影响折旧计算或分配的操作，必须重新计提折旧，否则系统不允许结账。

另外，固定资产的使用部门和资产折旧要汇总的部门可能不同，为了加强资产管理，使用部门必须是明细部门，而折旧分配部门不一定要分配到明细部门。

3. 对账

为了保证固定资产管理系统的资产价值与总账管理系统中固定资产科目的金额相等，可使用对账功能对两个系统进行随时对账。对账功能使用的前提是固定资产管理系统的选项设置中勾选了"与账务系统进行对账"功能。固定资产管理系统在执行月末结账时会自动对账一次，给出对账结果，并判断是否允许固定资产管理系统结账。

4. 月末结账

当固定资产管理系统完成了本月全部制单业务后，可以进行月末结账，月末结账每月进行一次，结账后当期数据不能修改。当期不结账，则不能处理下期的固定资产业务；结账前一定要进行数据备份，否则数据一旦丢失，将造成无法挽回的后果。

如果结账后发现有未处理的业务或者需要修改的事项，可通过系统提供的"恢复月末结账前状态"功能进行反结账。由于成本系统每月从固定资产管理系统提取折旧费数据，因此一旦成本系统提取了某期的数据，则该期不能反结账。

本章小结

本章以用友 ERP 软件为例，介绍了会计信息系统中的固定资产管理系统，分析了固定资产管理系统的主要功能以及与其他系统之间的数据传递关系，阐述了固定资产管理系统的日常业务处理和期末处理。通过本章学习，需要掌握固定资产管理系统的初始设置、日常业务处理以及期末处理的理论知识和实际操作。

 拓展延伸

新版《固定资产等资产基础分类与代码》国家标准发布

近日，国家标准化管理委员会正式发布《固定资产等资产基础分类与代码》国家标准(GB/T 14885—2022)(以下简称《分类与代码》)。《分类与代码》由财政部资产管理司组织修订，在国家标准化管理委员会支持下，以《固定资产分类与代码》国家标准(GB/T 14885—2010)为基础，充分听取社会各界、行业主管部门意见，历时三年完成。《分类与代码》国家标准的发布与实施，为进一步深化预算管理制度改革，规范和加强行政事业性国有资产基础信息管理，实现资产全口径和全生命周期管理，提升资产管理信息化水平提供了基础支撑。

《分类与代码》分为房屋和构筑物、设备、文物和陈列品、图书和档案、家具和用具、特种动植物、物资等 7 个门类，并在此基础上划分了 75 个大类，以及近 3 000 项细分类目。具有以下特点：

一是扩展资产类目，满足资产全口径管理需要。《分类与代码》在原有固定资产六大门类基础上，为满足资产管理与政府采购衔接需要增加"物资"门类；为满足固定资产、公共基础设施、文物文化资产、政府储备物资、保障性住房、PPP 项目资产等资产管理需要，设置道路、桥梁、廊、水坝等小类；针对部分单位反映现行门类不便区分且存在交叉的问题，进一步简化明晰有关分类，尽可能避免一类资产归属不同分类的情况，比如将"专用设备"、"通用设备"整合为"设备"门类。

二是统一编码规则，为资产管理融入预算管理提供基础支撑。按照预算管理一体化统一编码体系要求,统一固定资产、无形资产分类代码与政府采购品目编码规则,贯通资产管理、预算编制、预算执行、政府采购、会计核算等业务环节,预算单位直接根据分品目的新增资产信息编制采购预算,并可通过分类与代码自动提取资产存量信息。

三是聚焦基础属性,实现资产管理与会计核算双向控制。在实际工作中,根据管理的需要,一类资产可以属于不同核算科目,考虑到代码的唯一性,《分类与代码》没有严格按照核算科目划分,参考各行业主管部门意见,聚焦资产基础属性进行分类,能够增强适用性。在日常管理中,以资产信息卡为载体,通过信息卡上的"资产分类"、"单位会计科目"等指标,可以实现资产全口径分类管理。为方便使用,在附录部分提供《固定资产等资产基础分类与会计科目对照关系》,为资产管理衔接会计核算提供指引。

四是规范扩展规则,实现资产全口径管理与纵深管理相结合。《分类与代码》在附录部分提供了固定资产等资产基础分类与代码拓展及映射的工作指引,方便使用单位兼顾行业管理需要对GB/T 14885规范的分类代码进行拓展。

资料来源:中国政府网

┃章节测试┃

一、单选题

1.在固定资产子系统中,哪项任务不能通过"处理"—"凭证查询"完成?(　　)

A.制作凭证　　　　　　　　B.查询凭证

C.修改凭证　　　　　　　　D.删除凭证

2.在系统设置的"选项"对话框,固定资产的缺省入账科目为空时,系统以后在制作记账凭证时,凭证缺省科目为(　　)。

A.固定资产　　　　　　　　B.累计折旧

C.减值准备　　　　　　　　D.空

3.在固定资产卡片录入中,下列哪一个项目是自动给出的,不能更改(　　)。

A.录入人　　　　　　　　　B.固定资产名称

C.存放地点　　　　　　　　D.对应折旧科目

4.(　　)反映了固定资产的最全面的资料。

A.固定资产原值一览表　　　B.固定资产到期提示表

C.役龄资产统计表　　　　　D.固定资产统计表

5.在固定资产子系统中,为了将一批需要制单的业务连续制作凭证并传输到账务系统,避免多次制单的烦琐,可采用(　　)。

A.在系统设置的"选项"中,选取"业务发生后立即制单"

B.在业务发生后点击"制单"按钮

C.在系统菜单中点击"处理"—"批量制单"

D.在系统菜单中点击"处理"—"月末结账",系统自动制单

6.固定资产减少时,该固定资产记录应(　　)。

A.直接删除

B.不能删除

C.仍保留在固定资产卡片文件中

D.转入固定资产备查文件中然后删除

7.下列固定资产变动中,不会影响折旧计提金额的是(　　)。

A.固定资产净残值变动　　　　B.固定资产使用部门变动

C.固定资产使用年限变动　　　D.固定资产折旧方法改变

8.固定资产管理系统与总账系统对账是指将固定资产管理系统内(　　)的原值、累计折旧与总账系统中的固定资产科目和累计折旧科目的余额进行核对。

A.变动资产　　　　　　　　　B.在役资产

C.增加资产　　　　　　　　　D.减少资产

二、多选题

1.固定资产管理系统初始设置包括(　　)。

A.资产类别设置　　　　　　　B.部门设置

C.增减方式设置　　　　　　　D.原始卡片录入

2.固定资产管理系统中,资产增加的主要方式对应的会计科目有(　　)。

A.银行存款　　　　　　　　　B.实收资本

C.以前年度损益调整　　　　　D.待处理财产损溢

3.固定资产卡片删除功能描述正确的是(　　)。

A.不是本月录入的卡片,不能删除

B.卡片做过资产评估,凭证保存到总账系统中,可以直接删除卡片

C.本月新增的卡片已生成凭证的,必须先在固定资产管理系统删除凭证之后,再删除卡片

D.做过月末结账的卡片不能删除

4.固定资产管理系统与总账系统对账不平,可能的原因有(　　)。

A.传到总账系统的凭证还没有记账

B.在总账系统中手工录入了固定资产业务

C.固定资产产生的凭证还没有传到总账

D.与基础设置有关

三、判断题

1.进行固定资产明细分类核算,通常按每一独立的固定资产项目设置固定资产卡片。(　　)

2.在固定资产管理系统中生成的凭证,不需审核和记账操作。(　　)

3.固定资产管理系统与总账系统存在数据传递关系。(　　)

4.固定资产业务处理完毕后,需要经过记账处理才能生成各种报表。(　　)

5.固定资产管理系统正常运行后,如果发现账套错误很多,或太乱,可以选择"维护"—"重新初始化账套"功能将账套内容全部清空。(　　)

四、简答题

1.固定资产折旧计提有哪些注意事项?

2.固定资产期末处理有哪些工作?

3.固定资产管理系统中哪些业务可以生成凭证传给总账?

实验九　固定资产管理系统

【实验目的】
(1)掌握用友 U8 中固定资产管理系统的相关内容。
(2)掌握固定资产管理系统初始化、日常业务处理及月末处理的操作。

【实验资料】

1. 初始设置

(1)控制参数(见表 7.1)。

表 7.1　控制参数

控制参数	参数设置
约定及说明	我同意
启用月份	2023.01
折旧信息	本账套计提折旧。 折旧方法:平均年限法(二)。 折旧汇总分配周期:1 个月。 当月初已计提月份＝可使用月份－1 时,将剩余折旧全部提足
编码方式	资产类别编码方式:2 1 1 2。 固定资产编码方式: 　按"类别编号＋部门编号＋序号"自动编码; 　卡片序号长度为 3
账务接口	与账务系统进行对账。 对账科目: 　固定资产对账科目:1601 固定资产。 　累计折旧对账科目:1602 累计折旧。 对账不平情况下允许固定资产月末结账
补充参数	业务发生后立即制单。 月末结账前一定要完成制单登账业务。 固定资产缺省入账科目:1601。 累计折旧缺省入账科目:1602。 固定资产减值准备缺省入账科目:1603。 增值税进项税额缺省入账科目:22210101。 固定资产清理缺省入账科目:1606

(2)资产类别(见表7.2)。

表7.2 资产类别

编码	类别名称	净残值率	计提属性	卡片样式
01	房屋及建筑物	5%	正常计提	含税卡片样式
02	交通运输设备	5%	正常计提	含税卡片样式
03	办公设备	5%	正常计提	含税卡片样式
04	其他设备	5%	正常计提	含税卡片样式

(3)部门及对应折旧科目(见表7.3)。

表7.3 部门及对应折旧科目

部门	对应折旧科目
行政部	管理费用/折旧费(660203)
采购部	管理费用/折旧费(660203)
销售部	销售费用/折旧费 660103)
生产部	制造费用/折旧费(510101)

(4)增减方式的对应入账科目(见表7.4)。

表7.4 增减方式的对应入账科目

增减方式目录	对应入账科目
增加方式	
直接购入	100201,建行存款
投资者投入	4001,实收资本
盘盈	6901,以前年度损益调整
在建工程转入	1604,在建工程
减少方式	
出售	1606,固定资产清理
毁损	1606,固定资产清理
报废	1606,固定资产清理

(5)录入原始卡片(见表7.5)。

表7.5 原始卡片

固定资产名称	类别编号	所在部门	增加方式	可使用年限(月)	开始使用日期	原值	累计折旧	对应折旧科目名称
办公楼	01	总经办	在建工程转入	240	2022-09-07	1 000 000	10 607	管理费用/折旧费

续表

固定资产名称	类别编号	所在部门	增加方式	可使用年限(月)	开始使用日期	原值	累计折旧	对应折旧科目名称
制造中心	01	生产部	在建工程转入	180	2022-07-01	3 471 000	113 705	制造费用/折旧费
奔驰轿车	02	总经办	直接购入	120	2022-03-12	400 000	30 000	管理费用/折旧费
大众轿车	02	采购部	直接购入	120	2022-02-01	250 000	20 000	管理费用/折旧费
金杯货车	02	销售一部、销售二部各占50%	直接购入	96	2022-02-01	150 000	15 000	销售费用/折旧费
手提电脑	03	总经办	直接购入	60	2021-11-12	10 000	2 000	管理费用/折旧费
打印复印一体机	03	财务部	直接购入	60	2021-11-12	5 000	1 000	管理费用/折旧费
惠普电脑	03	财务部	直接购入	60	2021-12-05	8 000	1 500	管理费用/折旧费
惠普电脑	03	生产部	直接购入	60	2021-12-05	8 000	1 500	制造费用/折旧费
合计						5 302 000	195 312	

注：净残值率均为5%，使用状况均为"在用"，折旧方法均采用平均年限法(二)。

2. 日常业务及期末业务

(1)1月20日，总经办购买扫描仪一台，取得增值税专用发票5 000.00元，增值税650.00元，款项已付。预计使用年限5年，净残值率5%。

(2)1月31日，计提本月折旧费用。

(3)1月31日，生产部惠普电脑毁损。

(4)对账。

(5)结账。

【实验要求】

(1)引入实验八账套数据。

(2)根据以上资料完成固定资产的初始化、日常操作与月末业务。

(3)为确保数据安全，请将账套进行输出备份。

【操作指导】

以账套主管"001刘强"的身份登录企业应用平台，登录时间为2023年1月1日。

1. 启用固定资产模块

在企业应用平台主界面,点击"基础设置"—"基本信息"—"系统启用",打开"系统启用"界面,勾选"FA 固定资产",弹出"日历"对话框,选择固定资产管理系统的启用日期为 2023 年 1 月 1 日,点击"确定"按钮,系统弹出"确实要启用当前系统吗?"提示框,点击"是",完成"固定资产"系统的启用。

启用固定资产模块

2. 建立固定资产账套

在企业应用平台主界面,点击"业务工作"—"财务会计"—"固定资产",双击"固定资产",系统弹出"这是第一次打开此账套,还未进行过初始化,是否进行初始化?"提示框,点击"是"按钮,打开"初始化账套向导"对话框。

在"初始化账套向导"对话框中,进入"1. 约定及说明"阶段,认真阅读相关条款之后,选择"我同意"。

建立固定资产账套

点击"下一步",进入"2. 启用月份"阶段,显示固定资产管理系统的启用月份为 2023 年 1 月。

点击"下一步",进入"3. 折旧信息"阶段,勾选"本账套计提折旧"复选框,选择"主要折旧方法"为"平均年限法(二)","折旧汇总分配周期"为"1 个月",勾选"当(月初已计提月份=可使用月份-1)时将剩余折旧全部提足(工作量法除外)"。

点击"下一步",进入"4. 编码方式"阶段,确定"资产类别编码方式"为"2112",在"固定资产编码方式"下,点击"自动编码",选择具体的编码方式为"类别编号+部门编号+序号","序号长度"为"3"。

点击"下一步",进入"5. 账务接口"阶段,勾选"与账务系统进行对账",其中"固定资产对账科目"为"1601,固定资产","累计折旧对账科目"为"1602,累计折旧",勾选"在对账不平情况下允许固定资产月末结账"。

点击"下一步",进入"6. 完成"阶段,此处可核对之前设置的信息。

点击"完成",系统提示"已经完成了新账套的所有设置工作,是否确定所设置的信息完全正确并保存对新账套的所有设置?",点击"是",系统弹出"已成功初始化本固定资产账套!"提示框,点击"确定"按钮完成本账套的初始化。

3. 基础信息设置

1)补充参数设置

在固定资产管理系统中,选择"设置"—"选项",打开"选项"对话框中的"与账务系统接口"选项卡,点击左下角"编辑"按钮。

基础信息设置 1

勾选"业务发生后立即制单"和"月末结账前一定要完成制单登账业务"前面的复选框,选择"[固定资产]缺省入账科目"为"1601,固定资产"、"[累计折旧]缺省入账科目"为"1602,累计折旧"、"[减值准备]缺省入账科目"为"1603,固定资产减值准备"、"[增值税进项税额]缺省入账科目"为"22210101,进项税额"、"[固定资产清理]缺省入账科目"为"1606,固定资产清理"。

2)资产类别设置

在固定资产管理系统中,选择"设置"—"资产类别",打开"资产类别"对话框。点击"增加"

按钮,输入"类别编码"为"01","类别名称"为"房屋及建筑物","净残值率"为"5%"。选择"计提属性"为"正常计提","折旧方法"为"平均年限法(二)","卡片样式"为"含税卡片样式",输入完毕点击"保存"按钮。

用同样的方法,根据实验资料录入其他资产类别。

3)部门对应折旧科目设置

在固定资产管理系统中,选择"设置"—"部门对应折旧科目",打开"固定资产部门编码目录"对话框。选择"部门名称"为"行政部",点击"修改"按钮。

系统显示"行政部"对应的折旧科目录入界面,点击"折旧科目"后面的"...",在弹出的参照对话框中,选择损益类中的"660203 管理费用/折旧费"。

点击"确定"按钮,系统弹出"是否将[行政部]部门的所有下级部门的折旧科目替换为[折旧费]? 如果选择是,请在成功保存后点[刷新]查看"提示框,点击"是",行政部下属的所有部门的折旧费均替换为"660203 管理费用/折旧费"。

用同样的方法,修改其他部门所对应的折旧科目。

4)增减方式对应入账科目设置

在固定资产管理系统中,选择"设置"—"增减方式",打开"增减方式"对话框。

基础信息设置 2

选择"增减方式名称"为"直接购入",点击"修改"按钮,系统显示"直接购入"方式对应的入账科目,点击"对应入账科目"后面的"...",在弹出的参照对话框中,选择资产类中的"100201 银行存款/建行存款",录入完成点击"保存"按钮。

用同样的方法,修改其他增减方式所对应的入账科目。

4. 录入原始卡片

1)录入卡片

在固定资产管理系统中,选择"卡片"—"录入原始卡片",打开"固定资产类别档案"对话框。

固定资产原始卡片录入

选择固定资产类别为"01 房屋及建筑物",点击"确定"按钮,进入"固定资产卡片"对话框。输入"固定资产名称"为"办公楼"。

点击"使用部门",勾选"单部门使用",点击"确定"按钮,在弹出的"部门基本参照"中双击选中"101 总经办"。

点击"增加方式",弹出"固定资产增加方式"对话框,双击选中"105 在建工程转入"。

点击"使用状况",弹出"使用状况参照"对话框,双击选中"1001 在用"。

输入"使用年限(月)"为"240",输入"开始使用日期"为"2022-09-07",输入"原值"为"1 000 000.00",输入"累计折旧"为"10 607.00",系统自动计算"月折旧率""本月计提折旧额""净值""对应折旧科目"等信息。

录入完成点击"保存"按钮,系统弹出"数据成功保存!"揭示框,点击"确定"即可进入下一项固定资产原始卡片的录入界面。用同样的方法,根据实验资料完成其他固定资产原始卡片的录入。

2)查询卡片

在固定资产管理系统中,选择"卡片"—"卡片管理",打开"查询条件选择-卡片管理"对话框。修改查询条件,在"开始使用日期"中,取消勾选起止日期复选框,点击"确定"按钮,系统显示已经录入的固定资产卡片,如图 7.4 所示。

图 7.4　查询卡片

新增固定资产

5. 业务处理

1)新增固定资产

在企业应用平台中,点击左上角"重注册"按钮,以账套主管"001 刘强"的身份登录企业应用平台,登录时间为 2023 年 1 月 20 日。

在固定资产管理系统中,选择"卡片"—"资产增加",打开"固定资产类别档案"对话框。

选择资产类别为"03 办公设备",点击"确定"按钮,打开"固定资产卡片"对话框。输入"固定资产名称"为"扫描仪";点击"使用部门",勾选"单部门使用",点击"确定"按钮,在弹出的"部门基本参照"中双击选中"101 总经办";点击"增加方式",弹出"固定资产增加方式"对话框,双击选中"101 直接购入";点击"使用状况",弹出"使用状况参照"对话框,双击选中"1001 在用";输入"使用年限(月)"为"60",确定"开始使用日期"为"2023-01-20",输入"原值"为"5 000.00",输入"增值税"为"650.00"。

点击"保存"按钮,打开"填制凭证"窗口。选择"凭证类别"为"付款凭证",凭证保存时,系统弹出"现金流量录入修改"界面,选择"02 投资活动"中的"13 购建固定资产、无形资产和其他长期资产所支付的现金",录入完成保存凭证,如图 7.5 所示。

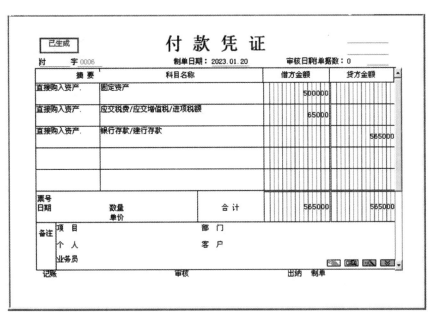

图 7.5 新增固定资产生成凭证

2）计提本月折旧

在企业应用平台中，点击左上角"重注册"按钮，以账套主管"001 刘强"的身份登录企业应用平台，登录时间为 2023 年 1 月 31 日。

在固定资产管理系统中，选择"处理"—"计提本月折旧"，弹出"是否要查看折旧清单？"提示框。点击"是"，系统弹出"本操作将计提本月折旧，并花费一定时间，是否要继续？"提示框。点击"是"，系统显示"折旧清单"界面。点击"退出"按钮退出折旧清单，系统显示"折旧分配表"界面。查看折旧额正确后，点击"确定"按钮，系统自动生成凭证，修改凭证类别为"转账凭证"，点击"保存"按钮，如图 7.6 所示。

计提折旧

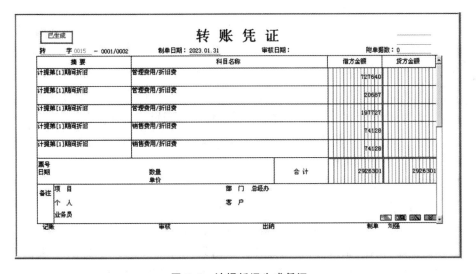

图 7.6 计提折旧生成凭证

3) 资产减少

资产减少

以账套主管"001 刘强"的身份登录企业应用平台,登录时间为 2023 年 1 月 31 日,完成资产减少的操作。在固定资产管理系统中,选择"卡片"—"资产减少",打开"资产减少"对话框。

点击资产编号后的"…",弹出"固定资产卡片档案"窗口,选择"00009"号卡片。

点击"确定"按钮,回到"资产减少"对话框,点击右上角"增加"按钮,在减少的固定资产卡片信息栏中,选择"减少方式"为"毁损"。

点击"确定"按钮,打开"填制凭证"界面,修改凭证类别为"转账凭证",点击"保存"按钮,凭证左上角出现"已生成"三个字,表示凭证保存成功,如图 7.7 所示。

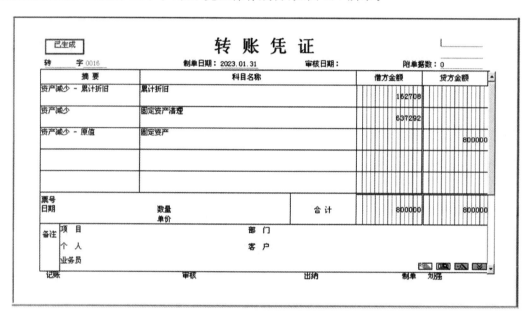

图 7.7　资产减少生成凭证

6. 凭证查询

凭证查询

在固定资产管理系统中,点击"处理"—"凭证查询",即可查询固定资产管理系统 2023 年 1 月份生成的所有凭证,点击上方的"凭证"即可联查凭证,另外,如果凭证有误,还可以在此界面对凭证进行编辑或者冲销。

固定资产管理系统生成的凭证,最终会传递到总账系统,由总账系统对凭证进行审核和记账,审核和记账的具体操作此处不再赘述。

7. 月末结账

固定资产管理系统与薪资管理系统一样,必须先于总账系统结账。在固定资产管理系统中,点击"处理"—"月末结账",打开"月末结账"对话框,如图 7.8 所示。

点击"开始结账"按钮,系统弹出"与账务对账结果"对话框,显示对账结果,确认无误后点击"确定"按钮,固定资产管理系统弹出"月末结账成功完成!"提示框。

第七章 固定资产管理系统

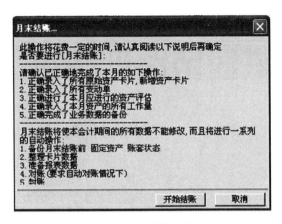

图 7.8 月末结账对话框

第八章 供应链管理系统

▪知识传授▪

1. 掌握供应链管理系统的主要功能；
2. 掌握供应链管理系统的初始设置；
3. 掌握供应链管理系统采购、销售业务流程；
4. 掌握供应链管理系统的期末处理。

▪能力培养▪

1. 能够熟练进行供应链管理系统的初始设置；
2. 能够正确进行采购业务的基本核算；
3. 能够正确进行销售业务的基本核算；
4. 能够正确进行存货成本的基本核算；
5. 能够正确进行供应链管理系统的期末处理。

▪价值塑造▪

1. 引入供给侧结构性改革等国家战略，阐述去产能、去库存、降成本等供给侧结构性改革的重要内容，深刻理解库存管理与控制对于国家战略实施的重要性；

2. 通过深度挖掘疫情背景下典型供应链库存管理案例，实现知识技能点与抗疫精神有机融合，践行社会主义核心价值观，培养爱国情怀及对中国特色社会主义道路的认同；

3. 通过采购和销售业务流程，掌握全局观、系统观、对立统一等辩证思维方法，加强爱岗敬业、诚实守信、服务客户、有效沟通的职业道德素养；

4. 将供应链成员企业的合作共赢、风险共担和利益共享、以客户为中心等核心理念与中华传统美德有机融合，培养重视整体利益、建立合作伙伴关系等中华传统美德。

第一节 系统概述

供应链是围绕核心企业，通过对信息流、物流、资金流的控制，从采购原材料开始，制成中间产品以及最终产品，最后由销售网络把产品送到消费者手中，将供应商、制造商、分销商、零售商，直到最终用户连成一个整体的功能网链结构模式。供应链管理系统基于协同供应链管理的思想,配合供应链中各实体的业务需求,使操作流程和信息系统紧密配合,做到各环节无缝连接,形成物流、信息流、单证流、商流和资金流"五流合一",从而提高管理水平。

一、企业管理系统应用方案

不同企业对信息管理的需求存在着差异,企业对信息化工作的重视程度也影响企业选择合适的管理解决方案。

1)总账+报表模式

此模式适用于对信息化管理的要求不高的中小微企业,仅选择启用"总账"和"UFO报表"两个模块,所有的业务凭证(例如:薪资、固定资产、采购、销售等)均在"总账"系统中录入。

2)总账+薪资管理+固定资产管理+报表模式

此模式适用于薪酬或固定资产核算较为复杂的中小企业,在选用"总账"和"UFO报表"模块的基础上增加"薪资管理"和"固定资产"模块,薪资业务和固定资产业务由相应系统生成之后传递到总账,其余业务凭证(例如采购、销售等)均在"总账"系统中录入。

3)总账+薪资管理+固定资产+采购管理+销售管理+库存管理+应收款管理+应付款管理+存货核算+报表模式

此模式适用于对信息管理的要求较高的大中型企业。不仅要处理财务信息,完成做账、报税等基本工作,还要更为详细地管理企业信息。比如,业务部门人员也要使用相应的模块录入和查询信息,采购人员要在"采购管理"模块进行"采购订单""到货单""采购入库单"的填写;销售人员要在"销售管理"模块进行"销售订单""销售发货单""销售发票"的填写;仓库保管人员要在"库存管理""存货核算"模块填写相关单据;往来会计要在"应收款管理""应付款管理"中确认债权债务的成立和收付。在此情况下,除了选用"总账"和"UFO报表"这两个必选模块,"薪资管理"和"固定资产"这两个可选的模块以外,还可以启用"采购管理""销售管理""库存管理""应收款管理""应付款管理""存货核算"等模块,以确保采购部门、销售部门、仓库等部门数据的录入查询。

二、供应链管理系统应用方案

供应链管理系统包括采购管理、销售管理、库存管理和存货核算四个系统,其中每个模块都可以单独使用,也可以与相关系统集成使用。存货核算系统是供应链管理系统与总账管理系统联系的桥梁,各种存货的购进、销售及其他出入库业务,均在存货核算系统中生成凭证,并传递到总账管理系统。在供应链管理系统中完成企业的购销存业务时,业务若要做到物流和资金流的统一,都必须和其他系统协作,共同完成。

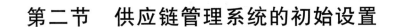

第二节 供应链管理系统的初始设置

供应链管理系统初始化包括供应链管理系统建账、基础档案设置以及录入供应链管理系统期初数据等工作。

一、建立供应链管理系统账套

在"第二章 系统管理"章节,教材已经详细阐述过企业建账的具体理论和操作过程,此处不再赘述。在启用供应链各系统时,应该首先启用销售管理与采购管理系统,然后是库存管理与存货核算系统,最后是应收款管理和应付款管理系统。

二、设置供应链管理系统基础档案

在"第三章 公共基础信息设置"章节,教材已经详细阐述过公共基础档案设置的具体理论和操作过程,但基本限于与财务相关的信息。除此以外,系统还需要增设与供应链管理系统相关的基础信息,例如仓库信息、存货的详细档案、具体的收发类别等。供应链管理系统需要增设的基础档案信息主要包括以下项目。

1. 设置仓库档案

存货一般是存放在仓库中保管的,对存货进行核算管理,就必须设置仓库档案。仓库档案包括仓库的编码、仓库名称、计价方式等内容。

2. 设置存货分类

存货分类是指按照存货固有的特征或属性将存货划分为不同的类别,以便于分类核算与统计,如果企业的存货较多,可以按照一定的方式对存货进行分类管理。例如在教材的实验部分,明昌科技公司将存货划分为原材料、库存商品、劳务。

3. 设置计量单位

企业在物资管理过程当中,要对货物进行不同计量单位的统计和考核,来反映其多种价值的换算体现,便于加强内部监控,做到对其物资的双重反映。企业中存货种类繁多,不同的存货存在不同的计量单位,企业在开展日常业务之前,需要定义存货的计量单位。例如在教材的实验部分,明昌科技公司设置了基本计量单位组,在组内设置了个、块、根、千米等基本计量单位。

4. 设置存货档案

存货是原材料、在产品、库存商品等生产经营资料的统称,存货档案是系统初始化最基本、最重要的业务数据资料,在采购、销售、库存业务单据录入时都需要参照选择存货档案信息。在存货档案的"基本"选项卡中,可以通过勾选复选框设置存货属性,以便填制单据参照存货时缩小参照范围。

内销、外销:表示该存货可用于销售,适合发货单、发票、销售出库单等与销售有关的单据参照存货时使用。

外购:适合购货所填制的采购入库单、采购发票等与采购有关的单据参照使用,在采购发票、运费发票上一起开具的采购费用,也应设置为"外购"属性。

生产耗用:表示存货可在生产过程中被领用、消耗,适用于生产产品耗用的原材料、辅助材料等在开具材料领料单时参照。

自制:表示由企业生产自制的存货,如产成品、半成品等,主要适用于开具产成品入库单时参照。

在制:表示尚在制造加工中的存货。

应税劳务:表示在采购发票上开具的运输费、包装费等采购费用及开具在销售发票或发货单上的应税劳务、非应税劳务等。

5. 设置收发类别

收发类别用来表示存货的出入库类型,便于对存货的出入库情况进行分类汇总统计。其中,入库类别的标志是"收",出库类别的标志是"发"。

6. 设置采购类型/销售类型

设置采购类型和销售类型,能够按不同的采购类型或者销售类型对采购业务数据或者销售业务数据进行统计和分析。

7. 产品结构

产品结构用来定义产品的组成,包括组成成分和数量关系,便于配比出库、组装拆卸、消耗定额、产品材料成本、采购计划、成本核算等引用。

8. 费用项目

销售过程中有很多不同的费用发生,如代垫费用、销售支出等,在系统中将其设置为费用项目,以方便记录和统计。

三、录入供应链管理系统期初数据

在供应链管理系统中,期初数据录入是一个非常关键的环节,供应链管理系统期初数据的录入内容如下。

1. 采购管理系统

1)期初数据

采购管理的期初数据是指没有完成货与票都到达企业的采购业务,包括期初暂估入库业务和期初在途存货。

①期初暂估入库业务,指货到票未到的业务。货物已经到达企业,但是发票未到,尚未完成采购业务结算,入库单还不能计入存货明细账中,此时存货系统的期初数据不包含暂估入库存货,所以必须在采购系统中录入,再计入存货明细账。

②期初在途存货,指票到货未到的业务。已经取得采购发票,但是货物还未到达企业,没有填写入库单,此时存货系统的期初数据不包含该存货,所以必须在采购系统录入,再计入存货明细账。

2)期初记账

采购管理的期初记账,指将系统期初数据计入后台的存货明细账中。采购系统的期初暂估入库业务和期初在途存货,必须在采购系统中录入,再计入存货明细账。期初记账之后,如果相关的期初数据需要增加和修改,可以取消期初记账。

2. 销售管理系统

1)期初数据

销售管理的期初数据,是指销售未完全完成的业务,货已发出但是尚未开票,包括期初发货单、期初委托代销发货单和期初分期收款发货单。

2)期初审核

销售系统期初数据录入之后,要对录入的数据进行审核,不需要进行期初记账。因为销售业务发生时,货物随着发出已经减少,存货系统已经更新了存货明细账。

3. 库存管理系统

1) 期初数据

库存管理的期初结存数据,用于录入各仓库各存货的期初结存状况,为保证数据一致,期初数据录入后要和存货核算系统进行对账。如果存货核算系统已经进行初始化,库存管理系统可以通过取数功能从存货核算系统获取数据,以确保数据一致。

2) 期初审核

库存管理系统的期初结存数据录入完毕之后,要对录入的数据以仓库为单位进行审核,以便实现数据更新,否则会阻碍出库业务正常进行。

4. 存货核算系统

1) 期初数据

存货核算系统的期初数据,主要包括存货的名称、数量、单价、金额以及存放的仓库等信息。存货核算系统与库存管理系统可以各自录入期初数据,也可以通过取数功能从对方系统中取得期初余额。

2) 期初记账

存货核算系统的期初数据录入之后,要进行期初记账,将系统期初数据计入后台的存货明细账中,以便存货核算系统进行成本核算与生成凭证。期初记账之后,如果相关的期初数据需要增加和修改,可以取消期初记账。

5. 应收款管理系统

应收款管理系统的期初数据,是指未处理完的所有客户的应收账款、预收账款、应收票据等数据,录入应收款管理系统的期初数据便于日后的核销与转账处理,保证数据的连续性和完整性。录入应收款管理系统的期初数据时,发票和应收单的方向包括正向和负向,如果是预收款和应收票据,则不用选择方向,系统默认预收款方向为贷方,应收票据方向为借方。

6. 应付款管理系统

应付款管理系统的期初数据,是指期初应付余额,包括未结算完的发票和应付单、预付款单据、未结算完的应付票据以及未结算完毕的合同金额。录入应付款管理系统的期初数据,便于日后处理,保证数据的连续性和完整性。

第三节　采购管理系统

采购业务处于企业供应链的起点,它为企业的生产、销售以及日常运作提供必备的存货,同时降低采购存货成本。采购管理系统是用友 ERP 供应链管理的一个重要系统,帮助企业对采购业务的全部流程进行管理。

采购业务常采用"采购管理系统"+"应付款管理系统"+"库存管理系统"+"存货核算系统"模式进行核算。"采购管理系统"反映了企业采购活动的物流;"应付款管理系统"反映了企业采购活动的资金流;"库存管理系统"反映了存货入库的数量;"存货核算系统"反映了存货入库的金额。采购业务相关凭证由"应付款管理系统"和"存货核算系统"生成,"采购管理"和"库存管理"两个系统本身并不生成凭证。

一、普通采购业务

普通采购业务适用于大多数企业的日常采购。普通采购业务流程如图 8.1 所示。

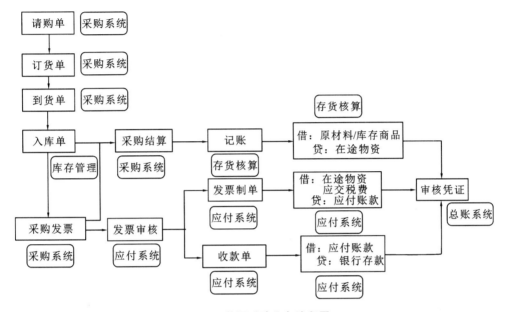

图 8.1 普通采购业务流程图

1. 采购请购

当某种存货不足时,企业内部各部门向采购部门提出采购申请,或者采购部门汇总企业内部采购需求列出采购清单,这个过程就叫作采购请购。在采购业务处理流程中,请购环节可以省略,如果提交了请购单,请购单经过审核后,可以生成订货单。

2. 采购订货

采购订货是指供应商根据签订的采购合同或采购协议组织货源,企业依据采购订货单进行验收。在采购业务处理流程中,订货环节可以省略,如果提交了订货单,订货单经过审核后,可以生成采购到货单。

3. 采购到货

采购部门人员根据供应商通知或送货单填写,确认对方所送货物、数量、价格等信息,以到货单的形式传递到仓库作为保管员收货的依据。在采购业务处理流程中,到货环节可以省略,如果提交了到货单,到货单经过审核后,可以生成入库单。

4. 采购入库

采购入库是指将检验合格的存货放入指定仓库的业务,仓库管理员根据采购到货签收的存货数量编制采购入库单。采购入库单既可以直接填制,也可以由采购订单或采购到货单生成。在采购业务处理流程中,入库环节不可以省略。

当采购管理系统与库存管理系统集成使用时,入库业务在库存管理系统中进行处理;当采购管理系统不与库存管理系统集成使用时,入库业务在采购管理系统中进行处理。

5. 采购发票

货物验收入库之后,供应商开出采购发票,系统根据采购发票确定采购成本,并据此登记应付账款。采购发票既可以直接填制,也可以由采购订单、采购入库单或其他的采购发票生成。在采购业务处理流程中,采购发票环节不可以省略。

6. 采购结算

采购结算是指根据采购入库单和采购发票确定存货采购成本,最终生成采购结算单的过程,采购结算单记载着采购入库单与采购发票之间的对应关系。采购结算分为自动结算和手工结算两种方式。自动结算是指系统自动将同一供货商、存货种类相同且数量相等的采购入库单和采购发票进行结算。

7. 入库成本核算

入库成本核算是指存货核算系统根据预先设置的成本核算方式,对入库货物进行成本核算的过程,属于采购业务处理流程中的必要环节。存货核算系统需要对采购入库单进行记账,记账后生成存货的采购入库凭证,并传递给总账。

8. 应付账款的确认与付款处理

应付款管理系统负责审核采购管理系统生成的应付单据,生成采购业务的凭证传递到总账系统,以明确应付账款款项来源。企业在支付款项时,需要在应付款管理系统中填写付款单,核销掉之前的采购发票,同时生成付款凭证传递到总账系统,以明确应付账款核销情况。

二、采购入库业务

按货物和发票到达的先后顺序,采购入库业务可以划分为货物发票同时到、货物已到发票未到和发票已到货物未到 3 种情况。

1. 货物发票同时到

当采购业务采用"采购管理系统"+"应付款管理系统"+"库存管理系统"+"存货核算系统"+"总账系统"模式进行核算时,货物发票同时到的采购业务处理流程与前述的普通采购业务流程一致。

2. 货物已到,发票未到

货物已到,发票未到的业务即暂估入库业务。本月存货已经入库,但采购发票尚未收到,不能确定存货的入库成本,月底时将这部分存货暂估入账,形成暂估凭证。

1) 月初回冲

下月初在存货核算系统生成与暂估入库单完全相同的"红字回冲单",将红字单据记账冲销原先的暂估入库成本,同时对"红字回冲单"制单,冲销上月的暂估凭证。

收到采购发票后,录入采购发票,对上月的采购入库单和本月的采购发票做采购结算;结算完毕后,在存货核算系统通过"暂估处理"功能对入库单进行记账,同时生成蓝字回冲单,根据"蓝字回冲单"生成采购入库凭证。

2) 单到回冲

下月初不做任何处理,收到采购发票后,在采购管理系统录入采购发票,对之前的采购入库单和本月的采购发票做采购结算;结算完毕后,在存货核算系统通过"暂估处理"功能对入库单进行记账,此时系统会生成两张单据——"红字回冲单"和"蓝字回冲单",红字回冲单上金额为上月暂估金额,蓝字回冲单上的金额为发票金额,根据"红字回冲单"和"蓝字回冲单"生成凭证,传递到总账。

3）单到补差

下月初不做任何处理,收到采购发票后,在采购管理系统录入采购发票,对之前的采购入库单和本月的采购发票做采购结算;结算完毕后,在存货核算系统通过"暂估处理"功能对入库单进行记账。如果发票金额与暂估金额存在差异,则存货核算系统会生成调整单,一张采购入库单生成一张调整单,根据"调整单"生成凭证,传递到总账。

3. 发票已到,货物未到

发票已到,货物未到的业务即在途存货业务,收到了供应商开具的发票,而没有收到供应商发出的货物。如果需要实时统计在途货物的情况,必须将发票录入系统,待货物到达后,再填制入库单进行采购结算。

三、采购现付业务

采购现付业务是指当采购业务发生后立即付款,供应商据此开具发票的业务。现付业务处理流程如图8.2所示。

图8.2 采购现付业务流程图

四、采购退货业务

由于材料质量不合格、企业转产等原因,企业可能发生退货业务。根据退货业务发生的时点,有不同的处理流程。

1. 发票和货物都未到

如果尚未录入采购入库单,此时只要把货退还给供应商即可,软件中不用做任何处理。

2. 货物已到,发票未到

此时已经录入采购入库单,如果是全部退货,则可删除采购入库单;如果是部分退货,则直接修改采购入库单。

3. 货物与发票已到,但尚未结算

如果是全部退货,则删除入库单与采购发票;如果是部分退货,可直接修改采购入库单和采购发票。

4. 已经结算但尚未记账

如果此时尚未付款,则删除采购结算单,再删除（或修改）采购入库单与采购发票。

5. 已经记账或付款

必须要录入退货单与红字采购发票,而后将退货单与红字采购发票进行结算,在存货核算系统进行记账,冲销入库数据。

五、单据查询业务

为了提高信息利用和采购管理水平,采购管理系统提供单据查询及账表查询功能,不仅可以查询入库单、发票、结算单、凭证等,还可查询各种采购账簿,例如在途存货余额表、采购结算余额表、代销商品台账、代销商品余额表、采购成本分析、供应商价格对比分析、采购类型结构分析、采购资金比重分析、采购费用分析等。

第四节　销售管理系统

销售是企业生产经营成果的实现过程,是企业经营活动的中心。销售业务通过订货、发货、开票等完整的销售流程,支持普通销售、委托代销、分期收款、零售等多种类型的销售业务,并可对销售价格和信用进行实时监控。销售产品必然会形成对客户的债权,因此销售业务通常采用"销售管理系统"+"应收款管理系统"+"库存管理系统"+"存货核算系统"模式。"销售管理系统"反映了企业销售活动的物流;"应收款管理系统"反映了企业销售活动的资金流;"库存管理系统"反映了存货出库的数量;"存货核算系统"更加注重反映存货出库的金额。"销售管理系统"和"库存管理系统"本身并不生成凭证,销售业务的相关凭证均由"应收款管理系统"和"存货核算系统"生成。

一、普通销售业务

普通销售业务适用于大多数企业的日常销售。普通销售业务流程如图8.3所示。

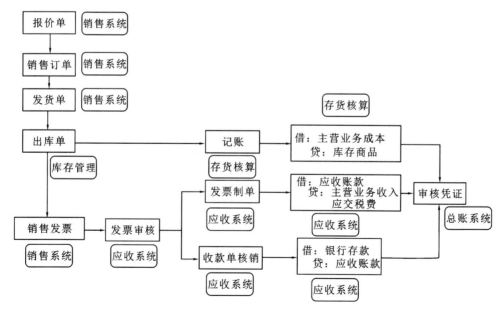

图 8.3　普通销售业务流程图

1. 销售报价

销售报价是指企业为了促进销售，提供货品、规格、价格、结算方式等信息，针对不同客户、存货、批量提出不同的报价和折扣率的过程。在销售业务处理流程中，销售报价不属于必需环节。

2. 销售订货

销售订货是指企业与客户签订销售合同，在销售管理系统生成销售订单的过程。在销售业务处理流程中，销售订货不属于必需环节，但是如果设置了销售业务必有订单，那么销售订货就是销售业务的核心环节，通过查阅销售订单可以查询业务执行进度。

3. 销售发货

销售发货是指企业按照销售订单或者销售合同，将货物发往客户的过程，属于销售业务处理流程中的必要环节。如果是参照销售订单发货，一张订单可以多次发货，多张订单也可以一次发货，系统还允许超订单数量发货。除了根据销售订单发货以外，系统也支持直接发货，即，不需要事先录入销售订单随时发货。

4. 销售开票

销售开票是指在销售过程中给客户开具销售发票的过程，属于销售业务处理流程中的必要环节。销售发票既可以直接填制，也可以参照销售订单或销售发货单生成。如果是参照销售发货单开票，一张发货单可以生成多张销售发票，多张发货单也可以汇总开票。

5. 销售出库

销售出库是指在库存管理系统中根据销售发货单生成销售出库单的过程，属于销售业务处理流程中的必要环节。销售出库单可以在销售管理系统中生成，也可以在库存管理系统中生成。如果在销售管理系统中生成出库单，则只能一次发货全部出库；如果在库存管理系统中生成销售出库单，则可实现一次销售分次出库。出库单不需要输入存货成本，在库存管理系统中核算存货出库的数量，在存货核算系统中核算存货出库的成本。

6. 出库成本核算

出库成本核算是指存货核算系统根据预先设置的成本核算方式，对出库货物进行成本核算的过程，属于销售业务处理流程中的必要环节。存货核算系统需要对核算后的出库单进行记账，记账后生成存货的销售成本结转凭证，并传递给总账系统。

如果存货采用的是先进先出、后进先出、移动加权平均或者个别计价这四种计价方式，存货核算系统进行单据记账时进行出库成本核算；如果存货采用的是全月一次性加权平均或者计划价/售价法核算，只能在期末处理时才能核算出库成本。

7. 应收账款的确认与收款处理

应收款管理系统负责审核销售管理系统生成的应收单据，生成销售收入的凭证传递到总账系统，以明确应收账款款项来源。企业在收到款项时，需要在应收款管理系统中填写收款单，核销掉之前的发票，同时生成收款凭证传递到总账系统，以明确应收账款核销情况。

二、直接开票业务

直接开票业务是指在不发货的情况下，先在销售管理系统中录入销售发票，系统会根据销售发票的内容自动生成发货单和出库单。直接开票业务流程如图8.4所示。

图 8.4 直接开票业务流程图

三、销售现收业务

销售现收业务是指在销售货物的同时完成收款行为的业务,在销售发票、销售调拨单和零售日报等单据中,可以直接处理现收业务并结算,最后由应收款管理系统生成现收凭证,并传递给总账系统。

四、零售业务

零售业务是指企业将商品销售给零售客户的业务。在零售日报业务中,相应的销售票据按日进行数据汇总,然后通过"零售日报"功能进行业务处理,常见于商场、超市及企业的各零售店。

五、销售退货业务

由于产品质量、品种、数量不符合规定要求等原因,企业可能发生销售退货业务。根据销售业务类型的不同,有不同的处理流程。

1. 先发货后开票业务

先发货后开票业务类型下,退货业务与普通销售业务的流程一致,只是每一环节的单据采用的是红字单据,如图 8.5 所示。

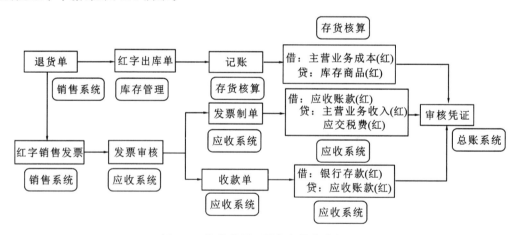

图 8.5 先发货后开票业务退货流程图

2. 先开票后发货业务

先开票后发货业务类型下,首先在销售管理系统填制并审核红字销售发票,根据审核后的红字销售发票生成相应的退货单、红字出库单和红字应收账款,然后在库存管理系统对单据进行审核,在存货核算系统进行单据记账,最后生成相应凭证传递到总账系统。

六、单据查询业务

为了提高信息利用和销售管理水平,销售管理系统提供单据查询及账表查询功能,不仅可以查询销售订单、发货单、委托代销发货单、销售发票、销售调拨单、零售日报,还可查询各种销售账簿,例如销售明细表、销售统计表、余额表及销售分析表等。

第五节 库存管理与存货核算

存货是指企业在生产经营过程中为销售或耗用而储存的各种资产,包括库存商品、产成品、半成品、在产品以及各种材料、燃料、包装物、低值易耗品等。为了保障生产经营过程连续不断地进行,企业要不断地购入、耗用或销售存货。存货的核算是企业会计核算的一项重要内容。"库存管理系统"从物流的角度管理存货的出入库业务,主要用于核算企业的入库数量、出库数量、结余数量;"存货核算系统"从资金流的角度管理存货的出入库业务,主要用于核算企业的入库成本、出库成本、结余成本。采购和销售都离不开存货的收发核算。

一、库存管理系统

1. 库存管理系统的主要功能

1) 日常收发存业务处理

对供应链系统生成的各种出入库单据进行审核,并对存货的出入库数量进行管理,处理仓库间的调拨业务、盘点业务、组装拆卸业务、形态转换业务等。

2) 库存控制

支持批次跟踪、保质期管理、委托代销商品管理、不合格品管理、现存量管理、安全库存管理,可对超储、短缺、呆滞积压、超额领料等情况进行报警。

3) 库存账簿及统计分析

提供出入库流水账、库存台账、受托代销商品备查查簿、委托代销商品备查簿、呆滞积压存货备查簿供用户查询,同时还提供各种统计报表。

2. 库存管理系统与其他系统的关系

库存管理系统可以和采购管理系统、销售管理系统、存货核算系统集成使用,也可以单独使用,在集成使用模式下,库存管理系统与其他系统的主要关系如下(见图 8.6)。

(1) 库存管理系统参照采购管理系统的订单、采购到货单生成采购入库单,将存货入库信息传递到采购管理系统;采购管理系统向库存管理系统提供存货预计入库量信息。

(2) 库存管理系统参照销售管理系统的销售发货单、销售发票生成销售出库单,向销售管理系统报送可用于销售的存货的现存量信息;销售管理系统向库存管理系统提供存货预计出库量信息。

(3) 库存管理系统负责填制出入库单,将出入库单据传递给存货核算系统,存货核算系统填写出入库单的单价、金额,并对出入库单进行记账操作,完成出入库存货的成本核算并生成凭证。

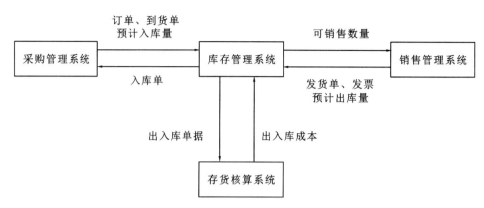

图 8.6　库存管理系统与其他系统的关系图

3. 库存管理系统日常业务处理

1）入库业务

入库业务包括采购入库、产成品入库和其他入库，库存管理系统负责对各种入库业务进行单据的填制和审核。

①采购入库。

采购业务员将采购回来的存货交到仓库时，仓库保管员对其所购存货进行验收确定，填制采购入库单。采购入库单生成的方式包括直接填制、参照采购订单、参照采购到货单、检验入库（与 GSP 集成使用时）等。采购入库单的审核相当于仓库保管员对采购的实际到货情况进行质量、数量的检验和签收。

②产成品入库。

产成品入库单是工业企业的产成品入库、退回业务的单据，商业企业没有产成品入库单。工业企业加工原材料及半成品形成产成品，然后验收入库。由于产成品在入库时暂时无法确定总成本和单位成本，因此产成品入库单上一般只有数量，没有单价和金额。

③其他入库。

其他入库单指除了采购入库、产成品入库之外的其他入库业务，如调拨入库、盘盈入库、组装拆卸入库、形态转换入库等业务形成的入库单。

2）出库业务

①销售出库。

销售出库单既可以在库存管理系统中填制，也可以在销售管理系统中生成后传递到库存管理系统，由库存管理系统进行审核。如果没有启用销售管理系统，销售出库单需要在库存管理系统中填制；如果启用了销售管理系统，则在销售管理系统中填制的销售发票、发货单、销售调拨单、零售日报，经复核后均可以参照生成销售出库单。

②材料出库。

材料出库单是工业企业领用材料时所填制的出库单据，商业企业没有此单据。

③其他出库。

其他出库指除销售出库、材料出库之外的其他出库业务，如维修、办公耗用、调拨出库、盘亏出库、组装拆卸出库、形态转换出库等。

3)存货盘点

库存管理系统提供按仓库盘点和按批次盘点两种盘点方法,定期对仓库中的存货进行盘点,生成存货盘点报告表。存货盘点报告表经企业领导批准后,可作为原始凭证入账,是证明企业存货盘盈、盘亏和毁损,并据以调整存货实存数的书面凭证。

二、存货核算系统

1. 存货核算系统的主要功能

存货核算系统是供应链的一个重要子系统,其主要功能是对企业存货的收、发、存业务进行核算,掌握存货的耗用情况,及时准确地把各类存货成本归集到各成本项目和成本对象上,为企业的成本核算提供基础数据。

2. 存货核算系统与其他系统的关系

存货核算系统可以独立使用,也可以和库存管理系统联合使用,还能和采购管理系统、销售管理系统、库存管理系统集成使用,如图 8.7 所示。

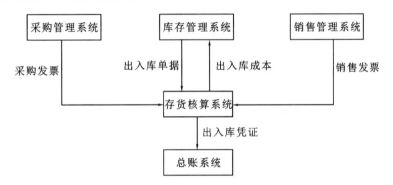

图 8.7 存货核算系统与其他系统的关系图

1)独立应用模式

在存货核算系统独立使用的情况下,所有的出入库单据均在存货核算系统填制。

2)与库存管理系统联合使用

在存货核算系统与库存管理系统联合使用的情况下,在库存管理系统中录入各种出入库单据并审核,在存货核算系统中对各种出入库单据记账并生成凭证。

3)集成应用模式

在存货核算系统与采购管理系统、销售管理系统、库存管理系统集成使用的情况下,采购管理系统使用采购入库单和采购发票来结算采购入库存货的成本,传递给存货核算系统;销售管理系统审核发货单生成销售出库单,或在库存管理系统中参照销售订单或发货单生成销售出库单,传递到存货核算系统。存货核算系统负责对各种出入库单据记账并生成凭证。

3. 存货核算系统日常业务处理

1)出入库业务

如果存货核算系统采取独立应用模式,则所有出入库单据可在存货核算系统填制。如果存货核算系统与库存管理系统联合使用,则出入库单据在库存管理系统填制,存货核算系统只负责金额的核算。

①入库业务包括采购入库、产成品入库和其他入库。采购入库单在库存管理系统中录入，在存货核算系统中可以修改采购入库单上的入库金额；产成品入库单在填制时一般只填写数量，单价与金额既可以通过修改产成品入库单直接填入，也可以由存货核算系统的产成品成本分配功能自动计算填入；其他入库单一般都是由相关业务直接生成，如果与库存管理系统集成使用，可以对生成的其他入库单的单价进行输入或修改。

②出库业务包括销售出库、材料出库和其他出库。在存货核算系统中可修改出库单据上的单价或金额。

2）单据记账

单据记账是指将输入的各种出入库原始单据登记到账簿中去的过程，例如存货明细账、受托代销商品明细账等。注意各仓库的单据按照时间顺序进行记账；记账前需要确认或修改入库单据的单价，因为没有单价的入库单据是不能记账的。单据记账之后不能修改或删除，如果发现已记账单据有错误，可以取消记账之后进行修改或删除，但是，如果已记账单据已经生成凭证，则需要先删除相关凭证后，再取消记账。

3）调整业务

出入库单据记账后，如果发现单据金额错误，需要进行调整。可以采用修改方式进行调整，通常针对录入错误的情况，也可以使用入库调整单或出库调整单进行调整，例如，暂估入库后在发票未到的情况下出库，造成出库成本不准确，或存货的库存数量为零，库存金额却不为零。

调整单据包括入库调整单和出库调整单，针对存货当月的出入库成本金额进行调整，不调整存货数量。

4）生成凭证

存货核算系统将已经记账的涉及存货增减和价值变动的单据生成凭证，并传递到总账系统，总账系统对凭证进行审核与记账。存货核算系统生成的凭证如果发现错误，需返回存货核算系统删除凭证，而后修改相应的原始单据。

5）月末处理

①期末处理。

当日常业务处理完毕，可以进行存货核算系统的期末处理。系统自动计算全月平均单价及本期出库成本，计算计划价/售价方式下的差异率，并对已完成日常业务的仓库或部门做处理标志。

②月末结账。

存货核算系统期末处理完成后，就可以进行月末结账。在存货核算系统与采购管理系统、销售管理系统、库存管理系统集成使用的情况下，必须在采购管理系统、销售管理系统、库存管理系统全部结账后，存货核算系统才能结账。

本章小结

本章以用友 ERP 软件为例，介绍了会计信息系统中的供应链管理系统，分析了供应链管理系统的主要功能以及与其他系统之间的数据传递关系，阐述了供应链管理系统的初始设置、日常业务处理和期末处理。通过本章学习,需要掌握供应链管理系统的初始设置、日常业务处理以及期末处理的理论知识和实际操作。

 拓展延伸

数智供应链

丰田汽车是精益生产概念的创始人,从零起步到世界巨头,其秘诀就是精益(基于准时制生产方式,不浪费任何一点材料、人力、时间、空间等资源),"丰田模式"之所以可以运转,一个重要支撑就是"全球供应链管理",通过即时高效的供应网络,把零部件物流、工厂生产物流、销售物流融为一体,减少公司库存压力,实现即需即用。

我国作为全球制造强国、贸易强国、大宗商品消费大国,供应链产业正面临数字化、转型重构、绿色低碳、自主可控四大发展趋势,大宗商品行业提高供应链自主可控程度,从源头降低供应链风险,构建供应链数智化转型成为支点。制造业供应链的数智化过程可分为三个阶段:第一阶段是数据标准化阶段,企业运用传感器、PLC、RFID、数据库技术等,实现企业内部及其上下游数据的快速传递、存储和处理,为流程信息化提供基石;第二阶段是流程信息化阶段,企业通过CRM、ERP、APS、MES、WMS、TMS等信息系统来管理供应链的日常运作,实现端到端的数据连接;在流程信息化的基础上,最后进入决策智能化阶段,企业运用大数据、人工智能和运筹优化算法,借助决策优化系统实现供应链管理的决策智能化。

相较于传统供应链,上下游之间往往存在资金、信息、物流等运转不畅和信息割裂的现象,数智供应链可以大幅减少上下游供需波动而产生的"叠加效应",并形成基于数据驱动的供应链协同提效。同时,借助数字化技术,数智供应链可以进行更加精确的估计和前瞻预测,并利用智能算法对供应链各环节进行优化,更好地适应外部环境变化。通过数字化转型,数智供应链也可以运用平台、网络和物联网技术形成海量接入,然后依托"链主"企业构建起具有强大共生关系的供应链网络生态。

资料来源:https://www.bilibili.com/read/cv19691550/,有改动

 章节测试

一、单选题

1. 以下模块能生成凭证传递给总账的是(   )。
   A. 采购管理　　　B. 销售管理　　　C. 库存管理　　　D. 存货核算
2. 启用系统时,如果存在货到票未到的业务,通过(   )录入系统。
   A. 采购系统中的采购入库单　　　　B. 采购系统中的采购发票
   C. 库存系统中的采购入库单　　　　D. 库存系统中的期初余额录入
3. 供应链管理系统应用方案中,一般将采购管理系统与(   )系统结合起来使用。
   A. 应收款管理　　B. 应付款管理　　C. 库存管理　　　D. 存货核算
4. 采购入库单可以参照(   )生成。
   A. 采购合同　　　B. 采购订单　　　C. 采购付款单　　D. 采购退货单
5. 在存货核算系统中,不能根据(   )生成记账凭证。

A. 采购入库单　　　B. 销售出库单　　　C. 销售发票　　　D. 销售订单

6. 在销售退货业务中，退货单中的"数量"一栏应为（　　）。
A. 红字　　　　　　B. 蓝字　　　　　　C. 负数　　　　　　D. 正数

7. 在存货核算系统中对委托代销销售专用发票记账，选择的菜单命令是（　　）。
A. "正常单据记账"　B. "特殊单据记账"　C. "直运销售记账"　D. "发出商品记账"

8. 入库调整单是对存货的（　　）进行调整的单据。
A. 入库成本　　　　B. 出库成本　　　　C. 采购成本　　　　D. 销售成本

9. 采购结算后采购入库单和采购发票显示"已结算"字样，取消采购结算在（　　）完成。
A. "采购入库单"窗口　　　　　　　　B. "采购发票"窗口
C. "采购结算列表"窗口　　　　　　　D. "采购结算"窗口

10. 在存货档案中，不能设置的项目有（　　）。
A. 保质期管理　　　B. 信用管理　　　　C. 批次管理　　　　D. 出库跟踪入库

二、多选题

1. 如果某存货设置了"外购"和"生产耗用"属性，那么填制（　　）单据时可以参照这种存货。
A. 采购入库单　　　B. 销售出库单　　　C. 材料出库单　　　D. 产成品入库单

2. 可以在（　　）设置存货的计价方式。
A. 仓库档案　　　　B. 收发类别　　　　C. 存货分类　　　　D. 存货档案

3. 根据参数设置的不同，销售出库单可在（　　）系统生成。
A. 采购管理　　　　B. 销售管理　　　　C. 库存管理　　　　D. 存货核算

4. 存货核算系统期末处理需要在（　　）系统结账后进行。
A. 应收款管理　　　B. 采购管理　　　　C. 销售管理　　　　D. 库存管理

5. 属于库存管理系统业务范围的有（　　）。
A. 产成品入库业务　B. 暂估处理方式　　C. 材料出库业务　　D. 盘点业务

三、判断题

1. 其他入库单是记录采购入库、产成品入库之外的其他入库业务。（　　）

2. 采购退货时，在应付款管理系统中填一张付款单，进行收款结算。（　　）

3. 采购管理系统月末结账后，才能进行应付款管理系统、库存管理系统、存货核算系统的月末结账。（　　）

4. 委托代销结算单审核后自动生成销售发票，取消审核后需手动删除生成的销售发票。（　　）

5. 库存调拨业务不会涉及账务处理。（　　）

四、简答题

1. 供应链管理系统包括哪些主要模块？各模块的主要功能是怎样的？
2. 采购管理的期初数据与总账的哪些科目存在关联？
3. 简述普通销售业务的处理流程。

实验十　供应链系统初始设置

【实验目的】
(1)掌握用友 U8 中供应链系统的相关内容。
(2)掌握供应链系统初始化的操作。

【实验资料】

1. 建立账套

1)账套信息

账套号:007。账套名称:明昌科技供应链账套。采用默认账套路径。启用会计期:2023 年 1 月。会计期间设置为默认。

2)单位信息

单位名称:湖北明昌科技有限公司。单位简称:明昌科技。单位地址:武汉市洪山区武珞路 888 号。邮政编码:430000。联系电话及传真:66886688。税号:111112222233333。

3)核算类型

记账本位币:人民币(RMB)。企业类型:工业。行业性质:2007 年新会计制度科目。要求按行业性质预置会计科目。

4)基础信息

明昌科技公司有外币核算,进行经济业务处理时,需要对存货、客户、供应商进行分类。

5)分类编码方案

会计科目分类编码级次为 42222;

部门编码级次为 122;

结算方式编码级次为 12;

客户分类编码级次为 122;

供应商分类编码级次为 122;

存货分类编码级次为 122;

其余分类编码级次采用默认值。

6)数据精度

采用系统默认值。

7)系统启用

启用总账、采购管理、销售管理、库存管理、存货核算、应收款管理和应付款管理子系统,启用日期均为 2023 年 1 月 1 日。

2. 操作员及权限

操作员及权限如表 8.1 所示。

表 8.1　操作员及权限

编号	姓名	口令	系统权限
001	刘强	1	账套主管(用于凭证审核)
006	李亮	6	账套主管(用于所有系统制单)
007	宋嘉	7	采购管理、库存管理
008	张峰	8	销售管理

注:操作员认证方式均为"用户+口令"。

3. 基础档案

1)机构人员

①部门档案(见表 8.2)。

表 8.2　部门档案

部门编码	部门名称
1	行政部
101	总经办
102	人事处
103	财务部
2	采购部
3	销售部
301	销售一部
302	销售二部
4	生产部

②人员类别。

湖北明昌科技有限公司在"正式工"下面设置了 5 类人员,具体人员类别如表 8.3 所示。

表 8.3　人员类别

人员类别编码	人员类别名称
10101	企业管理人员
10102	采购人员
10103	销售人员
10104	车间管理人员

续表

人员类别编码	人员类别名称
10105	生产人员

③人员档案(见表8.4)。

表8.4 人员档案

人员编码	姓名	性别	人员类别	所属部门	是否业务员
001	高波	男	企业管理人员	总经办	是
002	杨敏	女	企业管理人员	人事处	是
003	刘强	男	企业管理人员	财务部	是
004	张倩	女	企业管理人员	财务部	是
005	王宁	女	企业管理人员	财务部	是
006	李亮	男	企业管理人员	财务部	是
007	宋嘉	男	采购人员	采购部	是
008	张峰	男	销售人员	销售一部	是
009	赵敏	女	销售人员	销售二部	是
010	李佳佳	女	车间管理人员	生产部	是
011	王兵	男	生产人员	生产部	否

2)客商信息

①地区分类(见表8.5)。

表8.5 地区分类

分类编码	分类名称
1	华中地区
2	华东地区
3	华北地区
4	华南地区

②客户分类(见表8.6)。

表8.6 客户分类

分类编码	分类名称
1	长期客户
101	事业单位

续表

分类编码	分类名称
102	企业单位
2	短期客户
3	其他

③供应商分类(见表8.7)。

表8.7 供应商分类

分类编码	分类名称
1	原料供应商
2	成品供应商

④客户档案(见表8.8)。

表8.8 客户档案

客户编码	客户名称	地区分类	客户分类	税号	开户银行	银行账号
01	武汉祥光商贸公司	1	102	111112222233444	建行宝丰支行	444444444444
02	黄石人禾商贸公司	1	102	111112222233555	农行磁湖支行	555555555555
03	沈阳恒昌贸易公司	3	102	111112222233666	工行天合支行	666666666666
04	杭州飞讯贸易公司	2	2	111112222233777	建行三墩支行	777777777777
05	广州光华培训学校	4	3	111112222233333	中行天河支行	222222333333

⑤供应商档案(见表8.9)。

表8.9 供应商档案

供应商编码	供应商名称	地区分类	供应商分类	税号	开户银行	银行账号
01	武汉华彩贸易公司	1	1	111112222233888	建行江汉支行	333333333333
02	长春飞叶科技公司	3	1	111112222233999	农行卫星支行	999999999999
03	北京恒隆科技公司	3	2	111112222233111	工行武圣里支行	111111111111
04	上海云湖商贸公司	2	2	111112222233222	农行松江支行	222222222222

3)财务

①外币及汇率。

湖北明昌科技有限公司采用固定汇率核算外币,外币只涉及美元一种,假定工商银行为美元账户,币符为$,2023年1月初记账汇率为1∶6.7。

②会计科目。

用友U8中已预设了一级会计科目,湖北明昌科技有限公司根据需要对会计科目进行增加和修改,并完成会计科目的指定(见表 8.10)。将"库存现金(1001)"指定为现金总账科目;将"银行存款(1002)"指定为银行总账科目。

表 8.10 会计科目

科目编码	科目名称	外币/计量单位	方向	辅助核算
1001	库存现金		借	日记账
1002	银行存款		借	日记账、银行账
100201	建行存款		借	日记账、银行账
100202	工行存款	美元	借	日记账、银行账
1121	应收票据		借	客户往来
1122	应收账款		借	客户往来
1123	预付账款		借	供应商往来
1221	其他应收款		借	
122101	应收职工借款		借	个人往来
1403	原材料		借	
140301	主板	个	借	数量核算
140302	摄像头	个	借	数量核算
140303	表壳	套	借	数量核算
140304	表带	根	借	数量核算
1405	库存商品		借	项目核算
1604	在建工程		借	项目核算
2201	应付票据		贷	供应商往来
2202	应付账款		贷	
220201	应付货款		贷	供应商往来
220202	暂估应付款		贷	
2203	预收账款		贷	客户往来
2211	应付职工薪酬		贷	
221101	应付工资		贷	
221102	应付福利费		贷	
221103	应付工会经费		贷	
221104	应付职工教育经费		贷	
2221	应交税费		贷	

续表

科目编码	科目名称	外币/计量单位	方向	辅助核算
222101	应交增值税		贷	
22210101	进项税额		借	
22210102	销项税额		贷	
222102	应交企业所得税		贷	
222103	未交增值税		贷	
5001	生产成本		借	
500101	直接材料		借	项目核算
500102	直接人工		借	项目核算
500103	制造费用		借	项目核算
5101	制造费用		借	
510101	折旧费		借	
510102	工资		借	
510103	其他		借	
6001	主营业务收入		贷	项目核算
6401	主营业务成本		借	项目核算
6601	销售费用		借	
660101	办公费		借	
660102	差旅费		借	
660103	折旧费		借	
660104	招待费		借	
660105	工资及福利费		借	
660106	其他		借	
6602	管理费用		借	
660201	办公费		借	部门核算
660202	差旅费		借	部门核算
660203	折旧费		借	部门核算
660204	招待费		借	部门核算
660205	工资及福利费		借	部门核算
660206	其他		借	部门核算

续表

科目编码	科目名称	外币/计量单位	方向	辅助核算
6603	财务费用		借	
660301	利息		借	
660302	手续费		借	
660303	汇兑损益		借	
660304	其他		借	

③凭证类别(见表8.11)。

表8.11 凭证类别

凭证类别	限制类型	限制科目
收款凭证	借方必有	1001,1002
付款凭证	贷方必有	1001,1002
转账凭证	凭证必无	1001,1002

④项目档案。

湖北明昌科技有限公司有两大类项目,分别是产品项目和基建工程项目。

a.产品项目。

项目大类:产品。

核算科目:1405库存商品、500101生产成本/直接材料、500102生产成本/直接人工、500103生产成本/制造费用、6001主营业务收入、6401主营业务成本。

项目分类:1手表、2智能手环。

项目目录:具体项目档案如表8.12所示。

表8.12 产品项目

项目编号	项目名称	所属分类码
001	Z5手表	1
002	Q1手表	1
003	S7手环	2

b.基建工程项目。

项目大类:基建工程。

核算科目:1604在建工程。

项目分类:1外包、2自营。

项目目录:具体项目档案如表8.13所示。

表 8.13　基建工程项目

项目编号	项目名称	所属分类码
001	新建	1
002	改扩建	1
003	设备安装	2

⑤结算方式(见表 8.14)。

表 8.14　结算方式

结算方式编码	结算方式名称	票据管理
1	现金	否
2	网银转账	否
3	支票	是
301	现金支票	是
302	转账支票	是
4	商业汇票	是
401	银行承兑汇票	是
402	商业承兑汇票	是
5	其他	否

4)存货

①计量单位组及计量单位(见表 8.15)。

表 8.15　计量单位组及计量单位

计量单位组编号	计量单位组名称	计量单位组类别	计量单位编号	计量单位名称
01	基本计量单位	无换算率	01	个
			02	块
			03	根
			04	千米

②存货分类(见表 8.16)。

表 8.16　存货分类

存货类别编码	存货类别名称
1	原材料
2	库存商品
3	劳务

③存货档案(见表8.17)。

表8.17 存货档案

存货编码	存货名称	计量单位	所属分类	税率	存货属性
101	主板	个	1	13%	外购、生产耗用、内销
102	摄像头	个	1	13%	外购、生产耗用、内销
103	表壳	套	1	13%	外购、生产耗用、内销
104	表带	根	1	13%	外购、生产耗用、内销
201	Z5手表	块	2	13%	内销、自制
202	Q1手表	块	2	13%	内销、自制
203	S7手环	个	2	13%	内销、自制
301	运费	千米	3	9%	内销、外购、应税劳务

5)仓库
①仓库档案(见表8.18)。

表8.18 仓库档案

仓库编码	仓库名称	计价方式	仓库属性
1	A仓库	全月平均法	普通仓

②收发类别(见表8.19)。

表8.19 收发类别

收发类别编码	收发类别名称	收发标志
1	入库	收
11	采购入库	收
12	产成品入库	收
13	盘盈入库	收
2	出库	发
21	销售出库	发
22	领料出库	发
23	盘亏出库	发

③采购类型(见表8.20)。

表8.20 采购类型

采购类型编码	采购类型名称	入库类别	是否默认值	是否列入MPS/MRP计划
1	普通采购	采购入库	是	是

④销售类型(见表8.21)。

表 8.21 销售类型

销售类型编码	销售类型名称	出库类别	是否默认值	是否列入 MPS/MRP 计划
1	普通销售	销售出库	是	是

4. 本单位开户行信息

湖北明昌科技有限公司的开户银行为建设银行白沙洲支行,银行账号为 888888888888。

5. 供应链相关系统初始化

1)"总账管理"系统初始化

①"选项"设置(见表 8.22)。

表 8.22 总账系统控制参数

选项卡	选项设置
凭证	取消"制单序时控制"。 赤字控制:资金及往来科目。赤字控制方式:提示。 取消"可以使用应收、应付、存货受控科目"。 取消"现金流量科目必录现金流量项目"
权限	出纳凭证必须经由出纳签字。 允许修改、作废他人填制的凭证。 可以查询他人填制的凭证
会计日历	会计日历为 1 月 1 日至 12 月 31 日

注:其他控制参数默认为系统配置。

②录入期初余额。

- 会计科目期初余额(见表 8.23)。

表 8.23 会计科目期初余额

科目编码	科目名称	方向	币别	期初余额	备注
1001	库存现金	借		55 068.00	
1002	银行存款	借		206 700.00	
100201	建行存款	借		200 000.00	
100202	工行存款	借		6 700.00	
			美元	1 000.00	
1122	应收账款	借		152 700.00	见辅助账期初余额
1231	坏账准备	贷		24 570.00	
1221	其他应收款	借		23 000.00	
122101	应收职工借款	借		23 000.00	见辅助账期初余额
1403	原材料	借		1 352 400.00	
140301	主板	借		1 200 000.00	

续表

科目编码	科目名称	方向	币别	期初余额	备注
			个	10 000.00	
140302	摄像头	借		82 500.00	
			个	1 500.00	
140303	表壳	借		67 500.00	
			套	1 500.00	
140304	表带	借		2 400.00	
			根	120.00	
1405	库存商品	借		400 000.00	见辅助账期初余额
1601	固定资产	借		5 302 000.00	
1602	累计折旧	贷		195 312.00	
2001	短期借款	贷		1 500 000.00	
2202	应付账款	贷		65 000.00	
220201	应付货款	贷		55 000.00	见辅助账期初余额
220202	暂估应付款	贷		10 000.00	
2211	应付职工薪酬	贷		45 468.00	
221101	应付工资	贷		35 000.00	
221102	应付福利费	贷		10 468.00	
2221	应交税费	贷		125 018.00	
222102	应交企业所得税	贷		35 018.00	
222103	未交增值税	贷		90 000.00	
4001	实收资本	贷		5 000 000.00	
4104	利润分配	贷		801 500.00	
5001	生产成本	借		255 000.00	见辅助账期初余额

• 辅助账期初余额。

会计科目:1122 应收账款。余额:借 152 700.00 元(见表 8.24)。

表 8.24 应收账款辅助账期初余额

日期	摘要	客户	凭证号	方向	期初余额
2022-12-11	销售 Z5 手表	祥光公司	转 0102	借	96 200.00
2022-12-20	销售 Q1 手表	恒昌公司	转 0127	借	16 500.00
2022-12-28	销售 Z5 手表及 S7 手环	飞讯公司	转 0190	借	40 000.00

会计科目:122101 其他应收款/应收职工借款。余额:借 23 000.00 元(见表 8.25)。

表 8.25　应收职工借款辅助账期初余额

日期	摘要	部门	个人	凭证号	方向	期初余额
2022-11-07	出差借款	采购部	宋嘉	付 0078	借	5,000.00
2022-12-12	出差借款	总经办	高波	付 0115	借	18,000.00

会计科目:1405 库存商品。余额:借 400 000.00 元(见表 8.26)。

表 8.26　库存商品辅助账期初余额

项目	期初余额
Z5 手表	305,000.00
Q1 手表	45,000.00
S7 手环	50,000.00
合计	400,000.00

会计科目:220201 应付货款。余额:贷 55 000.00 元(见表 8.27)。

表 8.27　应付货款辅助账期初余额

日期	摘要	供应商	凭证号	方向	期初余额
2022-10-28	采购摄像头	飞叶公司	转 0187	贷	55 000.00

会计科目:5001 生产成本。余额:借 255 000.00 元(见表 8.28)。

表 8.28　生产成本辅助账期初余额

项目	期初余额
直接材料	175 000.00
直接人工	55 000.00
制造费用	25 000.00
合计	255 000.00

注:全部用于生产 1 000 块 Z5 手表。

2)"应收款管理"系统初始化

①初始设置。

- 控制参数(见表 8.29)。

表 8.29　应收款管理系统控制参数

选项	控制参数设置
坏账处理方式	应收余额百分比法
自动计算现金折扣	是
受控科目制单方式	明细到客户
核销生成凭证	是

注:其他控制参数默认为系统配置。

- 设置科目(见表8.30)。

表8.30 应收款管理系统科目设置

科目类别	设置方式
基本科目设置	应收科目(人民币):1122 应收账款
	预收科目(人民币):2203 预收账款
	销售收入科目(人民币):6001 主营业务收入
	坏账入账科目:6701 资产减值损失
	汇兑损益科目:660303 财务费用/汇兑损益
	现金折扣科目:660304 财务费用/其他
	税金科目:22210102 应交税费/应交增值税/销项税额
结算方式科目设置	结算方式:现金结算。币种:人民币。科目:1001 库存现金
	结算方式:现金支票。币种:人民币。科目:100201 银行存款/建行存款
	结算方式:转账支票。币种:人民币。科目:100201 银行存款/建行存款

- 坏账准备设置(见表8.31)。

表8.31 坏账准备设置

控制参数	参数设置
提取比率	0.5%
坏账准备期初余额	24 570.00元
坏账准备科目	1231 坏账准备
对方科目	6701 资产减值损失

- 账期内账龄区间设置(见表8.32)。

表8.32 应收款系统账龄区间设置

序号	起止天数	总天数
01	1～30	30
02	31～60	60
03	61～90	90
04	91 以上	

②录入期初余额。

会计科目:1122 应收账款。余额:借 152 700.00元。

- 普通发票(见表8.33)。

表 8.33 销售普通发票

开票日期	客户	销售部门	科目	货物名称	数量	含税单价	价税合计
2022-12-28	飞讯公司	销售二部	1122	S7 手环	35	481	16 835.00

- 增值税专用发票(见表 8.34)。

表 8.34 销售增值税专用发票

开票日期	客户	销售部门	科目	货物名称	数量	无税单价	税率	价税合计
2022-12-11	祥光公司	销售一部	1122	Z5 手表	200	420	13%	94 920.00
2022-12-20	恒昌公司	销售二部	1122	Q1 手表	20	700	13%	15 820.00
2022-12-28	飞讯公司	销售二部	1122	Z5 手表	50	410	13%	23 165.00

- 其他应收单(见表 8.35)。

表 8.35 销售其他应收单

单据日期	客户	销售部门	科目	金额	摘要
2022-12-11	祥光公司	销售一部	1122	1 280.00	代垫运费
2022-12-20	恒昌公司	销售二部	1122	680.00	代垫运费

3)"应付款管理"系统初始化

①初始设置。

- 控制参数(见表 8.36)。

表 8.36 应付款管理系统控制参数

选项	控制参数设置
自动计算现金折扣	是
受控科目制单方式	明细到供应商
核销生成凭证	是

注:其他控制参数默认为系统配置。

- 设置科目(见表 8.37)。

表 8.37 应付款管理系统科目设置

科目类别	设置方式
基本科目设置	应付科目(本币):220201 应付账款/应付货款
	预付科目(本币):1123 预付账款
	采购科目(本币):1402 在途物资
	银行承兑科目:2201 应付票据
	现金折扣科目:660304 财务费用/其他
	税金科目:22210101 应交税费/应交增值税/进项税额

续表

科目类别	设置方式
结算方式 科目设置	结算方式:现金结算。币种:人民币。科目:1001 库存现金
	结算方式:现金支票。币种:人民币。科目:100201 银行存款/建行存款
	结算方式:转账支票。币种:人民币。科目:100201 银行存款/建行存款

- 账期内账龄区间设置(见表 8.38)。

表 8.38 应付款系统账龄区间设置

序号	起止天数	总天数
01	1~30	30
02	31~60	60
03	61~90	90
04	91 以上	

- 报警级别设置(见表 8.39)。

表 8.39 报警级别设置

序号	起止比率	总比率	级别名称
01	0 以上	10%	A
02	10%~30%	30%	B
03	30%~50%	50%	C
04	50%~100%	100%	D
05	100%以上		E

② 录入期初余额。

- 增值税专用发票(见表 8.40)。

表 8.40 采购增值税专用发票

开票日期	供应商	采购部门	科目	货物名称	数量	无税单价	税率	价税合计
2022-10-28	飞叶公司	采购部	220201	摄像头	860	55	13%	53 449.00

- 其他应付单(见表 8.41)。

表 8.41 采购其他应付单

单据日期	供应商	方向	金额	业务员	摘要
2022-10-28	飞叶公司	贷	1 551.00	宋嘉	代垫运费

4)"销售管理"系统初始化

- 录入期初发货单。

2022年12月26日,销售一部张峰向黄石人禾商贸公司销售Q1手表50块,单价700.00元,销售类型为普通销售,货已从仓库出库,销售发票未开,款未收。

5)"采购管理"系统初始化

①选项设置。

设置单据默认税率为13%。

②录入期初采购入库单。

2022年12月23日,采购部宋嘉从长春飞叶公司采购表带500根,单价20.00元,采购类型为普通采购,已暂估入库,采购发票未到,款未付。

6)"库存管理"系统初始化

①选项设置。

设置"自动带出单价的单据"为"销售出库单"。

②录入期初库存数据(见表8.42)。

表8.42 期初库存数据

存货编码	存货名称	计量单位	库存数量	单位成本	库存金额
101	主板	个	10 000	120.00	1 200 000.00
102	摄像头	个	1 500	55.00	82 500.00
103	表壳	套	1 500	45.00	67 500.00
104	表带	根	120	20.00	2 400.00
201	Z5手表	块	1 000	305.00	305 000.00
202	Q1手表	块	100	450.00	45 000.00
203	S7手环	个	200	250.00	50 000.00

7)"存货核算"系统初始化

①选项设置。

设置"销售成本核算方式"为"销售出库单"。

②录入期初存货余额。

【实验要求】

(1)根据资料建立账套,增加用户,并给用户设置权限。

(2)以"001 刘强"的身份完成各个子系统的初始化工作。

(3)为确保数据安全,请将账套进行输出备份。

【操作指导】

1. 建立账套

以系统管理员(admin)的身份注册登录"系统管理"平台,根据实验资料建立"007 明昌科技供应链账套",具体步骤教材在财务模块已详细阐述,此处不再赘述。

2. 操作员及权限

以系统管理员(admin)的身份注册登录"系统管理"平台,根据实验资料增加操作员,并对操作员设置相应功能级权限,具体步骤教材在财务模块已详细阐述,此处不再赘述。

3. 基础档案

双击打开"企业应用平台"界面,以账套主管"001 刘强"的身份注册登录,登录时可以用操作员的编号"001",也可以用操作员的姓名"刘强",登录密码为"1",账套选择"007 明昌科技供应链账套",登录日期为 2023 年 1 月 1 日,点击"登录"按钮。

启用总账、采购管理、销售管理、库存管理、存货核算、应收款管理和应付款管理子系统,启用日期均为 2023 年 1 月 1 日,如图 8.8 所示。

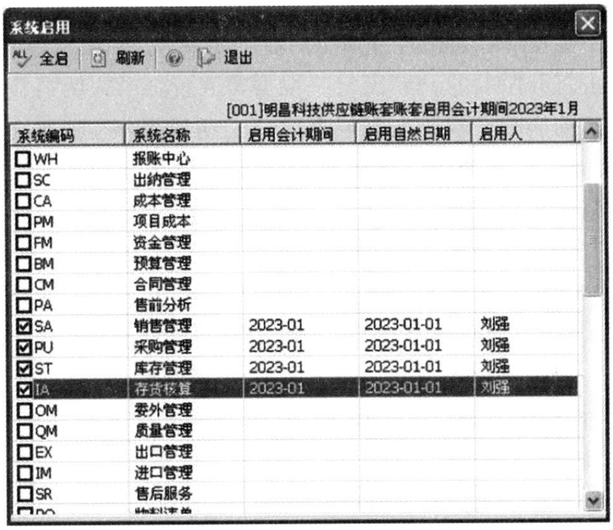

图 8.8 启用相关子系统

根据实验资料进行机构人员、客商信息、财务、存货的基础档案设置,具体步骤教材在财务模块已详细阐述,此处不再赘述。

仓库基础档案设置:

1) 仓库档案

在"基础设置"中选择"基础档案"—"业务"—"仓库档案",双击打开"仓库档案"窗口,点击左上角"增加"按钮,根据实验资料录入仓库信息。

仓库信息

2) 收发类别

在"基础设置"中选择"基础档案"—"业务"—"收发类别",双击打开"收发类别"窗口,点击上方"增加"按钮,根据实验资料录入收发类别信息。

3) 采购类型

在"基础设置"中选择"基础档案"—"业务"—"采购类型",双击打开"采购类型"窗口,点击上方"增加"按钮,根据实验资料录入采购类型信息。

4) 销售类型

在"基础设置"中选择"基础档案"—"业务"—"销售类型",双击打开"销售类型"窗口,点击上方"增加"按钮,根据实验资料录入销售类型信息。

4. 本单位开户行信息

在"基础设置"中选择"基础档案"—"收付结算",双击打开"收付结算"窗口,点击上方"增加"按钮,根据实验资料录入明昌科技公司开户行信息。

本单位开户行信息

5. 供应链相关系统初始化

1)"总账管理"系统初始化

①"选项"设置。

在"企业应用平台"主窗口,点击左下角的"业务工作",选择"财务会计"—"总账"—"设置"—"选项",双击打开"选项"窗口,点击"编辑"按钮,根据实验资料勾选所需选项,设置完成点击"确定"按钮。

②录入期初余额。

在"企业应用平台"主窗口,点击左下角的"业务工作",选择"财务会计"—"总账"—"设置"—"期初余额",双击打开"期初余额"窗口。根据实验资料录入明昌科技公司会计科目的期初余额信息。所有科目的期初余额录入完成之后,在"期初余额"界面,点击"试算"按钮,打开"期初试算平衡表"对话框,期初余额试算平衡,表示总账管理系统的初始化工作完成。

2)"应收款管理"系统初始化

应收款管理系统
初始化:初始设置

①初始设置。

• 设置控制参数。

在"企业应用平台"主窗口,点击左下角的"业务工作",选择"财务会计"—"应收款管理"—"设置"—"选项",双击打开"账套参数设置"窗口。点击"编辑"按钮,系统弹出"选项修改需要重新登录才能生效"提示框,点击"确定"按钮。

根据实验资料设置账套参数。点击"常规"页签,将坏账处理方式修改为"应收余额百分比法",勾选"自动计算现金折扣"复选框。

点击"凭证"页签,选择受控科目制单方式为"明细到客户",勾选"核销生成凭证"复选框。

• 设置科目。

在"业务工作"中,选择"财务会计"—"应收款管理"—"设置"—"初始设置",双击打开"初始设置"窗口。选择"基本科目设置",点击上方"增加"按钮,录入应收科目"1122 应收账款",预收科目"2203 预收账款",销售收入科目"6001 主营业务收入",坏账入账科目"6701 资产减值损失",汇兑损益科目"660303 财务费用/汇兑损益",现金折扣科目"660304 财务费用/其他",税金科目"22210102 应交税费/应交增值税/销项税额"。

选择"结算方式科目设置",点击上方"增加"按钮,根据实验资料录入结算方式对应科目。

选择"坏账准备设置",根据实验资料录入提取比率0.5%,坏账准备期初余额24 570.00元,坏账准备科目1231,对方科目6701,录入完毕点击"确定"按钮,系统提示"储存完毕"。

选择"账期内账龄区间设置",点击左上方"增加"按钮,根据实验资料录入相关信息。

应收款管理系统
初始化:期初余额

②录入期初余额。

• 普通发票。

在"企业应用平台"主窗口,点击左下角的"业务工作",选择"财务会计"—"应收款管理"—"设置"—"期初余额",双击打开"期初余额——查询"窗口。

点击"确定"进入"期初余额"窗口。在"期初余额"窗口点击左上角"增加"按钮,弹出"单据类别"对话框。选择"单据名称"为"销售发票","单据类型"为"销售普通发票"。

点击"确定"进入"期初销售发票"窗口。在"期初销售发票"窗口点击左上角"增加"按钮,输入"开票日期"为 2022-12-28,选择"科目"为"1122","客户名称"为"飞讯公司","销售部门"为"销售二部","业务员"为"赵敏";选择"货物名称"为"S7 手环",输入"数量"为 35,"含税单价"为 481.00,系统自动计算出"价税合计"。

点击"保存"按钮退出,返回"期初余额"窗口,可以在"期初余额明细表"中查询到录入的增值税普通发票。

• 增值税专用发票。

在"期初余额"窗口点击左上角"增加"按钮,弹出"单据类别"对话框。选择"单据名称"为"销售发票","单据类型"为"销售专用发票"。

点击"确定"进入"期初销售发票"窗口。在"期初销售发票"窗口点击左上角"增加"按钮,输入"开票日期"为 2022-12-11,选择"科目"为"1122","客户名称"为"祥光公司","销售部门"为"销售一部","业务员"为"张峰";选择"货物名称"为"Z5 手表",输入"数量"为 200,"无税单价"为 420.00,系统自动计算出"价税合计"。点击"保存"按钮退出,返回"期初余额"窗口。用同样的方法,录入其余期初销售专用发票。

• 其他应收单。

在"期初余额"窗口点击左上角"增加"按钮,弹出"单据类别"对话框。选择"单据名称"为"应收单","单据类型"为"其他应收单"。

点击"确定"进入"单据录入"窗口。在"单据录入"窗口点击左上角"增加"按钮,输入"单据日期"为 2022-12-11,"金额"为"1 280.00","摘要"为"代垫运费";选择"客户名称"为"祥光公司","科目"为"1122","销售部门"为"销售一部","业务员"为"张峰"。点击"保存"按钮退出,返回"期初余额"窗口。用同样的方法,录入其余期初应收单。

• 期初对账。

在"期初余额"界面,可以在"期初余额明细表"中查询到录入的所有单据。

点击左上角"对账"按钮,进入"期初对账"窗口,可以查看应收款管理系统与总账管理系统的期初余额是否平衡,如图 8.9 所示。

科目		应收期初		总账期初		差额	
编号	名称	原币	本币	原币	本币	原币	本币
1121	应收票据	0.00	0.00	0.00	0.00	0.00	0.00
1122	应收账款	152,700.00	152,700.00	152,700.00	152,700.00	0.00	0.00
2203	预收账款	0.00	0.00	0.00	0.00	0.00	0.00
	合计		152,700.00		152,700.00		0.00

图 8.9 应收款管理系统期初对账

3)"应付款管理"系统初始化

①初始设置。

• 控制参数。

在"企业应用平台"主窗口,点击左下角的"业务工作",选择"财务会计"—"应付款管理"—"设置"—"选项",双击打开"账套参数设置"窗口。点击"编辑"按钮,系统弹出"选项修改需要重新登录才能生效"提示框,点击"确定"按钮。

应付款管理系统
初始化:初始设置

根据实验资料设置账套参数。点击"常规"页签,勾选"自动计算现金折扣"复选框。

点击"凭证"页签,选择受控科目制单方式为"明细到供应商",勾选"核销生成凭证"复选框。

• 设置科目。

在"业务工作"中,选择"财务会计"—"应付款管理"—"设置"—"初始设置",双击打开"初始设置"窗口。选择"基本科目设置",点击上方"增加"按钮,录入应付科目"220201 应付账款/应付货款",预付科目"1123 预付账款",采购科目"1402 在途物资",银行承兑科目"2201 应付票据",现金折扣科目"660304 财务费用/其他",税金科目"22210101 应交税费/应交增值税/进项税额"。

选择"结算方式科目设置",点击上方"增加"按钮,根据实验资料录入结算方式对应科目。
选择"账期内账龄区间设置",点击左上方"增加"按钮,根据实验资料录入相关信息。
选择"报警级别设置",点击左上方"增加"按钮,根据实验资料录入相关信息。

②录入期初余额。

• 增值税专用发票。

应付款管理系统
初始化:期初余额

在"企业应用平台"主窗口,点击左下角的"业务工作",选择"财务会计"—"应付款管理"—"设置"—"期初余额",双击打开"期初余额——查询"窗口。

点击"确定"进入"期初余额"窗口。在"期初余额"窗口点击左上角"增加"按钮,弹出"单据类别"对话框。选择"单据名称"为"采购发票","单据类型"为"采购专用发票"。

点击"确定"进入"采购发票"窗口。在"采购发票"窗口点击左上角"增加"按钮,输入"开票日期"为 2022-10-28,税率为 13%;选择"科目"为"220201","供应商"为"飞叶公司","部门"为"采购部","业务员"为"宋嘉";选择"存货名称"为"摄像头",输入"数量"为 860,"原币单价"为 55.00,系统自动计算出"原币价税合计"。录入完毕退出"采购发票"窗口,返回"期初余额"窗口。

• 其他应付单。

在"期初余额"窗口点击左上角"增加"按钮,弹出"单据类别"对话框。选择"单据名称"为"应付单","单据类型"为"其他应付单"。

点击"确定"进入"单据录入"窗口。在"单据录入"窗口点击左上角"增加"按钮,输入"单据日期"为 2022-10-28,"金额"为"1 551.00","摘要"为"代垫运费";选择"供应商"为"飞叶公司","科目"为"220201","部门"为"采购部","业务员"为"宋嘉"。点击"保存"按钮退出,返回"期初余额"窗口。

• 期初对账。

在"期初余额"界面,可以在"期初余额明细表"中查询到录入的所有单据,如图 8.10 所示。

点击左上角"对账"按钮,进入"期初对账"窗口,可以查看应付款管理系统与总账管理系统的期初余额是否平衡,如图 8.11 所示。

4)"销售管理"系统初始化

• 录入期初发货单。

销售管理系统初始化:
录入期初发货单

在"企业应用平台"主窗口,点击左下角的"业务工作",选择"供应链"—"销售管理"—"设置"—"期初录入"—"期初发货单",双击打开

图 8.10 应付款管理系统期初余额明细表

图 8.11 应付款管理系统期初对账

"期初发货单"窗口。

点击左上角"增加"按钮,输入"发货日期"为 2022-12-26,选择"客户简称"为"人禾公司","销售部门"为"销售一部","业务员"为"张峰";继续选择仓库名称、存货名称、数量、无税单价,系统自动计算"价税合计"。录入完毕点击"保存"按钮,并点击"审核"按钮对期初发货单进行审核。

5)"采购管理"系统初始化

①选项设置。

在"企业应用平台"主窗口,点击左下角的"业务工作",选择"供应链"—"采购管理"—"设置"—"采购选项",双击打开"采购系统选项设置"窗口。选择"公共及参照控制"选项卡,修改"单据默认税率"为 13%,修改完毕点击"确定"按钮保存。

采购管理系统初始化

②录入期初采购入库单。

在"企业应用平台"主窗口,点击左下角的"业务工作",选择"供应链"—"采购管理"—"采购入库"—"采购入库单",双击打开"期初采购入库单"窗口。注意:在采购期初记账前进入显示的是"期初采购入库单",在采购期初记账后进入显示的是"采购入库单"。

点击左上角"增加"按钮,输入"入库日期"为 2022-12-23,选择"仓库"为"A 仓库","供货单位"为"飞叶公司","部门"为"采购部","业务员"为"宋嘉";继续选择存货名称、数量、本币单价,系统自动计算"本币金额"。录入完毕点击"保存"按钮。

在"业务工作"中,选择"供应链"—"采购管理"—"设置"—"采购期初记账",双击打开"采购期初记账"窗口,系统弹出"关于期初记账"的信息提示框,点击"记账"按钮,系统提示"期初记账完毕!",点击"确定"按钮,完成"采购管理"系统的初始化。

6)"库存管理"系统初始化

①选项设置。

在"企业应用平台"主窗口,点击左下角的"业务工作",选择"供应链"—"库存管理"—"初始设置"—"选项",双击打开"库存选项设置"窗口。选择"专用设置"选项卡,设置"自动带出单价的单据"为"销售出库单",设置完毕点击"确定"按钮保存。

库存管理系统初始化

②录入期初库存数据。

在“业务工作”中,选择“供应链”—“库存管理”—“初始设置”—“期初结存”,双击打开“库存期初数据录入”窗口。点击左上角“修改”按钮,根据实验资料录入存货编码、存货名称、库存数量以及单位成本,录入完成点击“保存”按钮,如图 8.12 所示。

库存期初　　仓库 (1)A仓库

表体排序

	仓库	仓库编码	存货编码	存货名称	规格型号	主计量单位	数量	单价	金额	入库类别
1	A仓库	1	101	主板		个	10000.00	120.00	1200000.00	
2	A仓库	1	102	摄像头		个	1500.00	55.00	82500.00	
3	A仓库	1	103	表壳		套	1500.00	45.00	67500.00	
4	A仓库	1	104	表带		根	120.00	20.00	2400.00	
5	A仓库	1	201	Z5手表		块	1000.00	305.00	305000.00	
6	A仓库	1	202	Q1手表		块	100.00	450.00	45000.00	
7	A仓库	1	203	S7手环		个	200.00	250.00	50000.00	
8										
9										

图 8.12　期初库存数据

点击上方“批审”按钮,完成对库存期初的审核。

7)“存货核算”系统初始化

①选项设置。

在“企业应用平台”主窗口,点击左下角的“业务工作”,选择“供应链”—“存货核算”—“初始设置”—“选项”—“选项录入”,双击打开“选项录入”窗口。选择“核算方式”选项卡,设置“销售成本核算方式”为“销售出库单”,设置完毕点击“确定”按钮保存。

②录入期初存货余额。

在“业务工作”中,选择“供应链”—“存货核算”—“初始设置”—“期初数据”—“期初余额”,双击打开“期初余额”窗口。选择“A 仓库”后点击“取数”按钮,将数据从“库存管理”子系统中读取过来,录入存货科目代码为“1405 库存商品”,如图 8.13 所示。

期初余额

年度 2023　仓库 1 A仓库　计价方式:全月平均法　存货分类

存货编码	存货名称	规格型号	计量单位	数量	单价	金额	计划价	计划金额	存货科目编码	存货科目
101	主板		个	10,000.00	120.00	1,200,0...			1405	库存商品
102	摄像头		个	1,500.00	55.00	82,500.00			1405	库存商品
103	表壳		套	1,500.00	45.00	67,500.00			1405	库存商品
104	表带		根	120.00	20.00	2,400.00			1405	库存商品
201	Z5手表		块	1,000.00	305.00	305,000.00			1405	库存商品
202	Q1手表		块	100.00	450.00	45,000.00			1405	库存商品
203	S7手环		个	200.00	250.00	50,000.00			1405	库存商品
合计:				14,420.00		1,752,4...				

图 8.13　期初存货余额

点击“记账”按钮,系统弹出“期初记账成功!”提示框。

点击“对账”按钮,系统弹出“库存与存货期初对账查询条件”对话框,点击“确定”,提示“对账成功!”,此时“库存管理”系统与“存货核算”系统期初对账平衡。

实验十一　供应链系统业务处理

【实验目的】
(1)掌握用友 U8 中供应链系统的日常处理。
(2)掌握用友 U8 中供应链系统的期末处理。

【实验资料】

1. 日常采购及付款业务

1)上月入库、本月单到的现付业务

2023 年 1 月 27 日,收到上月暂估入库的从长春飞叶公司采购表带 500 根的增值税专用发票,财务部通过现付方式支付货款。

2)本月采购挂账业务

2023 年 1 月 13 日,明昌科技公司与武汉华彩贸易公司签订采购合同,以单价 50.00 元的价格采购表壳 100 套,发票已收到,表壳已验收入库,货款尚未支付。

3)支付前欠货款

2023 年 1 月 27 日,明昌科技公司开出转账支票,结清长春飞叶科技公司的货款 55 000.00 元。

2. 日常销售及收款业务

1)收到上月货款

2023 年 1 月 27 日,收到武汉祥光商贸公司以转账支票形式支付的上月货款 96 200.00 元。

2)期初发货单开出发票确认收入

2023 年 1 月 28 日,明昌科技公司开出发票确认收入(注:期初发货单,2022 年 12 月 26 日,销售一部张峰向黄石人禾商贸公司销售 Q1 手表 50 块,单价 700.00 元,销售类型为普通销售,货已从仓库出库,销售发票未开,款未收)。

3)收到货款

2023 年 1 月 28 日,收到黄石人禾商贸公司以转账支票形式支付的货款 39 550 元。

4)现销业务

2023 年 1 月 29 日,明昌科技公司与杭州飞讯贸易公司签订销售合同,以单价 400.00 元的价格出售 Z5 手表 100 块,当日发货,开出增值税发票的同时收到货款。

5)有现金折扣的赊销

2023 年 1 月 30 日,销售二部赵敏与沈阳恒昌贸易公司签订销售合同,以单价 400.00 元的价格出售 Z5 手表 100 块,当日发货并开出增值税发票,给沈阳恒昌贸易公司的付款条件为(2/10,1/20,n/30)。

6)有现金折扣的收款

2023 年 1 月 31 日,收到沈阳恒昌贸易公司支付的合同价款 44 296.00 元,按合同规定给予对方 2% 的现金折扣 904.00 元。

3. 供应链期末业务

(1)存货盘亏业务处理。

2023年1月31日,明昌科技有限公司进行存货清查,盘亏S7手环10个,经查盘亏的手环系宋嘉不慎丢失,应由其赔偿。

(2)结转销售成本。

2023年1月31日,结转所有销售成本。

(3)计提坏账准备。

2023年1月31日,根据应收账款余额计提坏账准备。

(4)供应链月末处理。

【实验要求】

(1)引入实验十账套数据。

(2)以"006李亮"的身份登录企业应用平台,根据实验资料完成供应链业务处理,并生成凭证传递到总账管理系统,由"001刘强"在总账管理系统对凭证进行审核、记账。

(3)为确保数据安全,请将账套进行输出备份。

【操作指导】

采购业务:
现付业务

1. 日常采购及付款业务

1)上月入库、本月单到的现付业务

2023年1月27日,收到上月暂估入库的从长春飞叶公司采购表带500根的增值税专用发票,财务部通过现付方式支付货款。

操作步骤:以账套主管"006李亮"的身份登录"企业应用平台",登录时间为2023年1月27日。在"业务工作"下选择"供应链"—"采购管理"—"采购入库"—"采购入库单",双击打开"采购入库单"窗口,点击左上角"←"按钮调出"期初采购入库单"。

点击"生成"按钮弹出"查询条件选择-入库单批量生成发票选单过滤"窗口。

点击"确定"按钮进入"入库单批量生成发票"窗口,双击选中2022年12月23日单号为0000000001的那张期初采购入库单,选择发票类型为"专用发票",如图8.14所示。

选择	入库单号	入库日期	仓库编码	仓库名称	供应商	部门	业务员	存货编码	存货名称	数量	单价	金额	订单号	规格型号
√	0000000001	2022-12-23	1	A仓库	飞叶公司	采购部	宋嘉	104	表带	500.00	20.00	10,000.00		
合计														

图8.14 生成发票

点击"生单"按钮,系统弹出"生成发票完毕,共成功生成1张。"信息提示框,点击"确定"按钮后退出。

在"业务工作"下选择"供应链"—"采购管理"—"采购发票"—"专用采购发票",双击打开"专用发票"窗口,点击左上角"←"按钮调出发票号为"0000000002"的专用发票,点击"结算"对该发票进行结算。

点击"现付"按钮弹出"采购现付"窗口,录入结算方式"转账支票"、原币金额"11 300",录入完毕点击"确定"按钮退出。

在"业务工作"下选择"财务会计"—"应付款管理"—"应付单据处理"—"应付单据审核",双击"应付单据审核"打开"应付单查询条件"窗口,勾选"包含已现结发票"。

点击"确定"进入"单据处理"窗口。选中"0000000002"的采购专用发票,点击左上角"审核"按钮进行审核,审核完毕点击"确定"按钮退出。

在"业务工作"下选择"供应链"—"存货核算"—"业务核算"—"结算成本处理",双击"结算成本处理"打开"暂估处理查询"。

点击"确定"按钮进入"结算成本处理"窗口,双击选中入库单号为0000000001的单据,点击上方"暂估"按钮,系统弹出"暂估处理完成。"信息提示框,点击"确定"按钮退出。

在"业务工作"下选择"供应链"—"存货核算"—"财务核算"—"生成凭证",双击打开"生成凭证"窗口,点击上方"选择"按钮,弹出"查询条件"窗口,选择"红字回冲单"。

点击"确定"按钮,弹出"选择单据"窗口,选中单据号为0000000001的红字回冲单。

点击"确定"按钮,系统弹出"生成凭证"窗口,选择凭证类别为"转账凭证",输入存货的科目编码为"140304 原材料/表带",输入应付暂估的科目编码为"220202 应付账款/暂估应付款"。

点击左上角"生成"按钮,系统自动生成转账凭证,点击"保存"按钮,如图8.15所示。

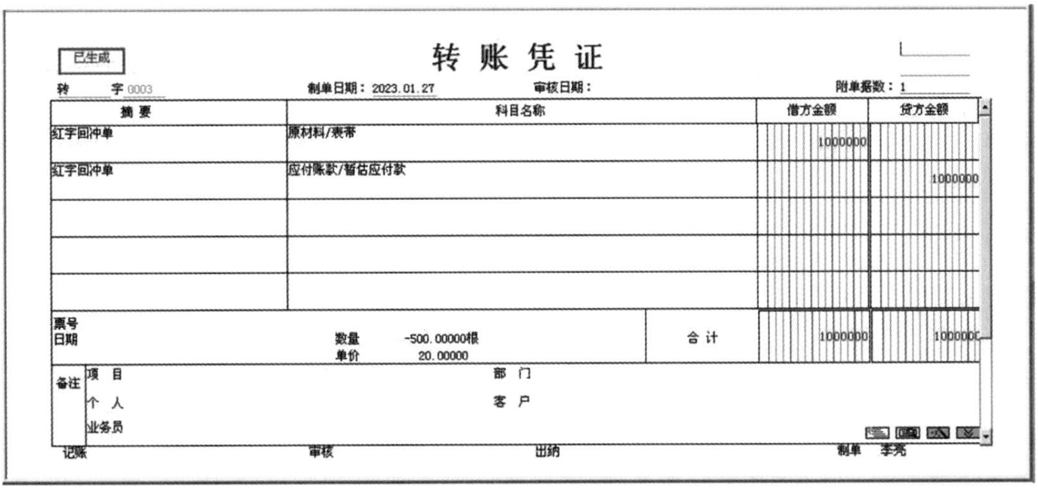

图8.15 生成转账凭证

在"业务工作"下选择"财务会计"—"应付款管理"—"制单处理",双击打开"制单查询"窗口,勾选"现结制单"复选框。

点击"确定"按钮弹出"制单"窗口,双击选中单号为0000000001的业务,选择凭证类别为"转账凭证"。

点击左上角"制单"按钮,系统自动生成付款凭证,点击"保存"按钮,如图8.16所示。

在"业务工作"下选择"供应链"—"存货核算"—"财务核算"—"生成凭证",双击打开"生成凭证"窗口,点击上方"选择"按钮弹出"查询条件"窗口,选择"蓝字回冲单(报销)"。

点击"确定"按钮,弹出"选择单据"窗口,选中单据号为0000000001的蓝字回冲单。

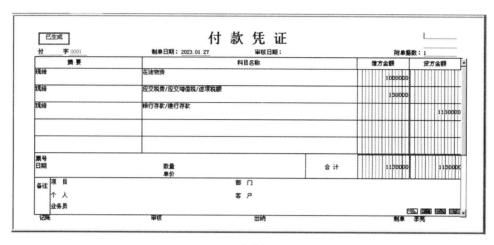

图 8.16 生成付款凭证

点击"确定"按钮,系统弹出"生成凭证"窗口,选择凭证类别为"转账凭证",输入存货的科目编码为"140304 原材料/表带",输入对方科目编码为"1402 在途物资"。

点击左上角"确定"按钮,系统自动生成转账凭证,点击"保存"按钮,如图 8.17 所示。

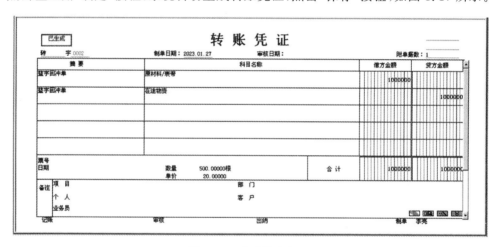

图 8.17 生成转账凭证

2)本月采购挂账业务

2023 年 1 月 13 日,明昌科技公司与武汉华彩贸易公司签订采购合同,以单价 50.00 元的价格采购表壳 100 套,发票已收到,表壳已验收入库,货款尚未支付。

采购业务:
挂账业务

操作步骤:以账套主管"006 李亮"的身份登录"企业应用平台",登录时间为 2023 年 1 月 13 日。在"业务工作"下选择"供应链"—"采购管理"—"采购订货"—"采购订单",双击打开"采购订单"窗口,点击"增加"按钮后录入信息,然后点"保存"、"审核"按钮。

在"业务工作"下选择"供应链"—"采购管理"—"采购到货"—"到货单",双击打开"到货单"窗口,点击"增加"按钮增加一张空白到货单,在"生单"下拉菜单中选择"订单",弹出"查询条件选择-采购订单列表过滤"。

点击"确定"按钮,弹出"拷贝并执行"窗口,双击选中订单号为 0000000001 的订单。

点击"确定"按钮直接从订单引入到货单数据,点击"保存"按钮保存数据,点击"审核"按钮审核数据。

在"业务工作"下选择"供应链"—"库存管理"—"入库业务"—"采购入库单",双击打开"采购入库单"窗口,在"生单"下拉菜单中选择"采购到货单(蓝字)",弹出"查询条件选择-采购到货单列表"。

点击"确定"后弹出"到货单生单列表"窗口,双击选中订单号为 0000000001 的订单。

点击"确定"按钮自动填入采购入库单信息,选择仓库为"A 仓库"后保存。

在"业务工作"下选择"供应链"—"采购管理"—"采购入库"—"采购入库单",双击打开"采购入库单"窗口。在"采购入库单"窗口,点击"生成"按钮,弹出"查询条件选择-入库单批量生成发票选单过滤"对话框。

点击"确定"按钮,进入"入库单批量生成发票"窗口,双击选中 2023 年 1 月 13 日的业务,选择发票类型为"专用发票",勾选"自动结算"复选框,点击"生单"按钮,系统弹出"生成发票完毕,共成功生成 1 张。"信息提示框。

点击"确定"按钮,系统弹出"是否开始自动结算?"提示框,点击"是",系统弹出"所有单据全部结算成功"信息提示框。

在"业务工作"下选择"财务会计"—"应付款管理"—"应付单据处理"—"应付单据审核",双击"应付单据审核"打开"应付单查询条件"窗口。

点击"确定"按钮,进入"单据处理"窗口。选中"0000000003"的采购专用发票,点击左上角"审核"按钮进行审核。

在"业务工作"下选择"财务会计"—"应付款管理"—"制单处理",双击"制单处理"打开"制单查询"窗口,勾选"发票制单"。

点击"确定"按钮,进入"制单"窗口,选择凭证类别为"转账凭证",选中单据号为"0000000003"的采购专用发票。

点击左上角"制单"按钮,生成凭证并保存,如图 8.18 所示。

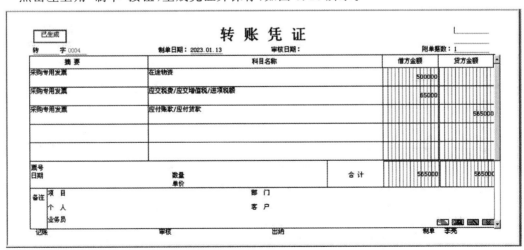

图 8.18 生成转账凭证

在"业务工作"下选择"供应链"—"存货核算"—"业务核算"—"正常单据记账",双击"正常单据记账",打开"查询条件选择"窗口。

点击"确定"按钮,显示"未记账单据一览表",点击"全选"选中所有单据,点击"记账"按钮,显示记账成功,如图 8.19 所示。

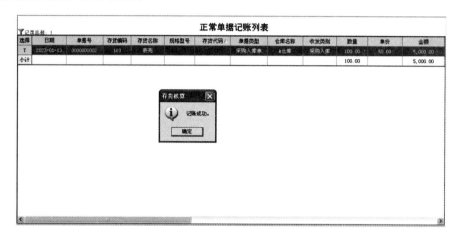

图 8.19 单据记账

在"业务工作"下,选择"供应链"—"存货核算"—"财务核算"—"生成凭证",双击打开"生成凭证"窗口,点击上方"选择"按钮,弹出"查询条件"窗口,选择"采购入库单(报销记账)"。

点击"确定"按钮,弹出"选择单据"窗口,选中单据号为 0000000002 的采购入库单。

点击"确定"按钮,系统弹出"生成凭证"窗口,选择凭证类别为"转账凭证",输入存货的科目编码为"140303 原材料/表壳",输入对方科目编码为"1402 在途物资"。

点击左上角"生成"按钮,系统自动生成转账凭证,点击"保存"按钮,如图 8.20 所示。

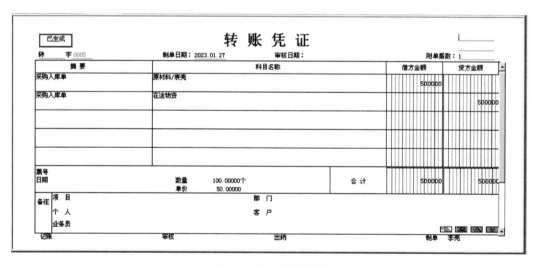

图 8.20 生成转账凭证

3)支付前欠货款

2023 年 1 月 27 日,明昌科技公司开出转账支票,结清长春飞叶科技公司的货款 55 000.00 元。

操作步骤:以账套主管"006 李亮"的身份登录"企业应用平台",登录时间为 2023 年 1 月

27日。在"业务工作"下选择"财务会计"—"应付款管理"—"付款单据处理"—"付款单据录入",双击打开"收付款单录入"窗口,点击"增加"按钮,增加一张空白的付款单,录入信息后点击"保存"按钮。

点击"审核"按钮,系统弹出"是否立即制单?"信息提示框。

点击"是",系统自动生成凭证,修改凭证类别为"付款凭证",点击"保存"按钮保存凭证,如图8.21所示。

采购业务:支付前欠货款

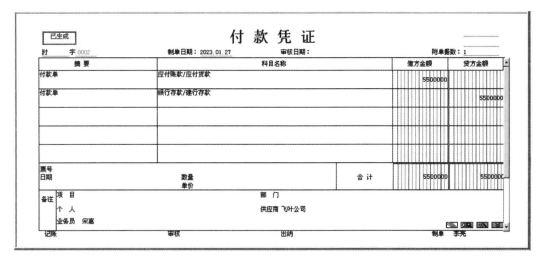

图 8.21 生成付款凭证

2. 日常销售及收款业务

1)收到上月货款

2023年1月27日,收到武汉祥光商贸公司以转账支票形式支付的上月货款96 200.00元。

操作步骤:以账套主管"006 李亮"的身份登录"企业应用平台",登录时间为2023年1月27日。在"业务工作"下选择"财务会计"—"应收款管理"—"收款单据处理"—"收款单据录入",双击打开"收付款单录入"窗口,点击"增加"按钮,增加一张空白的收款单,录入信息后点击"保存"按钮。

销售业务:收到上月货款

点击"审核"按钮,系统弹出"是否立即制单?"提示框。

点击"是",系统自动生成凭证,修改凭证类别为"收款凭证",点击"保存"按钮保存凭证,如图8.22所示。

2)期初发货单开出发票确认收入

2023年1月28日,明昌科技公司开出发票确认收入(注:期初发货单,2022年12月26日,销售一部张峰向黄石人禾商贸公司销售Q1手表50块,单价700.00元,销售类型为普通销售,货已从仓库出库,销售发票未开,款未收)。

销售业务:期初发货单开出发票确认收入

操作步骤:以账套主管"006 李亮"的身份登录"企业应用平台",登录时间为2023年1月28日。在"业务工作"下选择"供应链"—"销售管理"—"销售开票"—"销售专用发票",双击打开"销售专用发票"窗口。点击左上角"增加"按钮,系统弹出"查询条

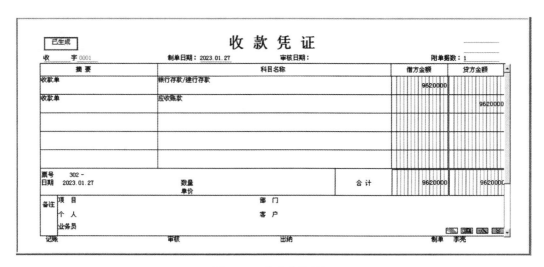

图 8.22　生成收款凭证

件选择-参照订单"窗口。

点击"取消"按钮退出,返回"销售专用发票"窗口。点击"生单"下拉菜单,选择"参照发货单",系统弹出"查询条件选择-发票参照发货单"窗口。

点击"确定"按钮,系统弹出"参照生单"窗口。双击选中单号为 0000000001 的发货单(2022 年 12 月 26 日,销售一部张峰向黄石人禾商贸公司销售 Q1 手表 50 块,单价 700.00 元,销售类型为普通销售,货已从仓库出库,销售发票未开,款未收)。

点击"确定"按钮,引入专用发票所需数据,点击"保存"按钮保存信息,点击"复核"按钮复核信息。

在"业务工作"下选择"供应链"—"库存管理"—"出库业务"—"其他出库单",双击"其他出库单",点击"→"按钮调出"其他出库单",点击"修改"按钮修改单价(此处为期初发货的 50 块 Q1 手表,成本价为 450 元/块)后保存、审核。

在"业务工作"下选择"财务会计"—"应收款管理"—"应收单据处理"—"应收单据审核",双击"应收单据审核",弹出"应收单查询条件"窗口。

点击"确定"按钮进入"单据处理"窗口,双击选中单据号为 0000000004 的销售专用发票,点击"审核"按钮,系统弹出"提示"窗口显示审核成功。

在"业务工作"下选择"财务会计"—"应收款管理"—"制单处理",双击"制单处理"打开"制单查询"窗口,勾选"发票制单"。

点击"确定"按钮,进入"制单"窗口,选中单据号为"0000000004"的销售专用发票。

点击左上角"制单"按钮,修改"凭证类别"为转账凭证,修改"主营业务收入"科目的项目名称为 Q1 手表,保存凭证,如图 8.23 所示。

3)收到货款

2023 年 1 月 28 日,收到黄石人禾商贸公司以转账支票形式支付的货款 39 550 元。

操作步骤:以账套主管"006 李亮"的身份登录"企业应用平台",登录时间为 2023 年 1 月 28 日。在"业务工作"下选择"财务会计"—"应收款管理"—"收款

销售业务:
收到货款

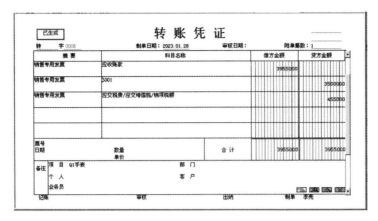

图 8.23 生成转账凭证

单据处理"—"收款单据录入",双击打开"收付款单录入"窗口,点击"增加"按钮,增加一张空白的收款单,录入信息后保存。

点击"审核"按钮,系统弹出"是否立即制单?"提示框。

点击"是",系统自动生成凭证,修改凭证类别为"收款凭证",点击"保存"按钮保存凭证,如图 8.24 所示。

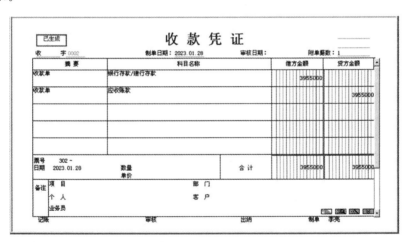

图 8.24 生成收款凭证

4)现销业务

2023 年 1 月 29 日,明昌科技公司与杭州飞讯贸易公司签订销售合同,以单价 400.00 元的价格出售 Z5 手表 100 块,当日发货,开出增值税发票的同时收到货款。

操作步骤:以账套主管"006 李亮"的身份登录"企业应用平台",登录时间为 2023 年 1 月 29 日。在"业务工作"下选择"供应链"—"销售管理"—"销售订货"—"销售订单",双击打开"销售订单"窗口,点击"增加"按钮,录入信息后点击"保存"按钮保存信息,点击"审核"按钮审核信息。

在"业务工作"下选择"供应链"—"销售管理"—"销售发货"—"发货单",双击打开"发货单"窗口,点击"增加"按钮,弹出"查询条件选择-参照订单"。

销售业务:
现结业务

点击"确定"弹出"参照生单"窗口,双击选中0000000001号订单。

点击"确定"按钮引入发货单信息,录入仓库名称为"A仓库",点击"保存"按钮保存信息,点击"审核"按钮审核信息。

在"供应链"—"销售管理"—"销售开票"—"销售专用发票"中,双击打开"销售专用发票"窗口。点击左上角"增加"按钮,弹出"查询条件选择-参照订单"窗口,点击"取消"退出该窗口。

在"销售专用发票"窗口,点击"生单"下拉菜单,选择"参照发货单",弹出"查询条件选择-发票参照发货单"窗口。

点击"确定"按钮,弹出"参照生单"窗口。双击选中单号为0000000002的发货单。

点击"确定"按钮引入数据,点击"保存"按钮保存数据。

点击"现结"按钮,系统弹出"现结"窗口,录入结算方式"转账支票"、结算金额"45 200.00"。

点击"确定"按钮,返回"销售专用发票"窗口,此时销售专用发票已打上"现结"标志,点击"复核"按钮进行复核。

在"财务会计"—"应收款管理"—"应收单据处理"—"应收单据审核"中,双击"应收单据审核",打开"应收单查询条件"窗口,勾选"包含已现结发票"。

点击"确定"进入"单据处理"窗口,双击选中"0000000005"的销售专用发票,点击左上角"审核"按钮进行审核,系统弹出"提示"窗口显示审核成功。

在"财务会计"—"应收款管理"—"制单处理"中,双击打开"制单查询"窗口,勾选"现结制单"复选框。

点击"确定"按钮,进入"制单"窗口,选中单据号为"0000000003"的业务。

点击左上角"制单"按钮,修改"凭证类别"为收款凭证,修改"主营业务收入"科目的项目名称为Z5手表,保存凭证,如图8.25所示。

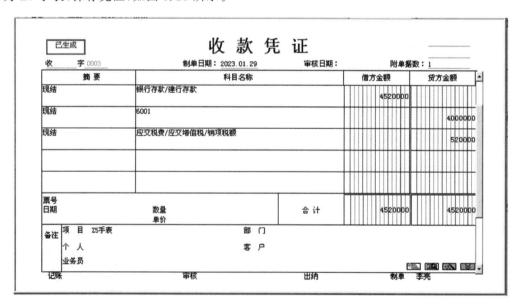

图8.25 生成收款凭证

5)有现金折扣的赊销

2023年1月30日,销售二部赵敏与沈阳恒昌贸易公司签订销售合同,以单价400.00元的价格出售Z5手表100块,当日发货并开出增值税发票,给沈阳恒昌贸易公司的付款条件为(2/10,1/20,n/30)。

操作步骤:以账套主管"006 李亮"的身份登录"企业应用平台",登录时间为2023年1月30日。在"业务工作"下选择"供应链"—"销售管理"—"销售订货"—"销售订单",双击打开"销售订单"窗口,点击"增加"按钮生成一张空白销售订单。

销售业务:有现金折扣的赊销

点击"付款条件"栏后面的"...",进入"付款条件基本参照"界面。

点击"编辑"按钮,进入"付款条件"界面,点击"增加"按钮,录入付款条件编码、信用天数、优惠天数1、优惠率1、优惠天数2、优惠率2后点击"保存"按钮,系统自动生成付款条件名称。

点击右上角"退出"按钮,退出"付款条件"窗口,返回"付款条件基本参照"窗口。

点击"确定"按钮选入付款条件,录入销售订单数据后,点击"保存"按钮保存信息,点击"审核"按钮审核信息。

在"业务工作"下选择"供应链"—"销售管理"—"销售发货"—"发货单",双击打开"发货单"窗口,点击"增加"按钮,弹出"查询条件选择-参照订单"。

点击"确定"弹出"参照生单"窗口,双击选中0000000002号订单。

点击"确定"按钮引入发货单信息,录入仓库名称"A仓库"后,点击"保存"按钮保存信息,点击"审核"按钮审核信息。

在"供应链"—"销售管理"—"销售开票"—"销售专用发票",双击打开"销售专用发票"窗口,点击左上角"增加"按钮,弹出"查询条件选择-参照订单"窗口。

点击"取消"按钮退出,返回"销售专用发票",在"生单"下拉菜单选择"参照发货单",弹出"查询条件选择-发票参照发货单"窗口。

点击"确定"按钮,弹出"参照生单"窗口,双击选中单号为0000000003的发货单。

点击"确定"按钮引入发货单信息,点击"保存"按钮保存信息,点击"复核"按钮复核信息。

在"财务会计"—"应收款管理"—"应收单据处理"—"应收单据审核",双击"应收单据审核",打开"应收单查询条件"窗口。

点击"确定"进入"单据处理"窗口,双击选中"0000000006"的销售专用发票,点击左上角"审核"按钮进行审核,系统弹出"提示"窗口显示审核成功。

在"财务会计"—"应收款管理"—"制单处理"中,双击打开"制单查询"窗口,勾选"发票制单"复选框。

点击"确定"按钮,进入"制单"窗口,选中单据号为"0000000006"的销售专用发票。

点击左上角"制单"按钮,修改"凭证类别"为转账凭证,修改"主营业务收入"科目的项目名称为Z5手表,保存凭证,如图8.26所示。

6)有现金折扣的收款

2023年1月31日,收到沈阳恒昌贸易公司支付的合同价款44 296.00元,按合同规定给予对方2%的现金折扣904.00元。

销售业务:现金折扣收款

操作步骤:以账套主管"006 李亮"的身份登录"企业应用平台",登录时间为2023年1月31日。在"业务工作"下选择"财务会计"—"应收款管理"—"选择收款",双击打开"选择收款——条件"窗口,选择客户为"沈阳恒昌贸易公司",勾选"可享受折扣"复选框。

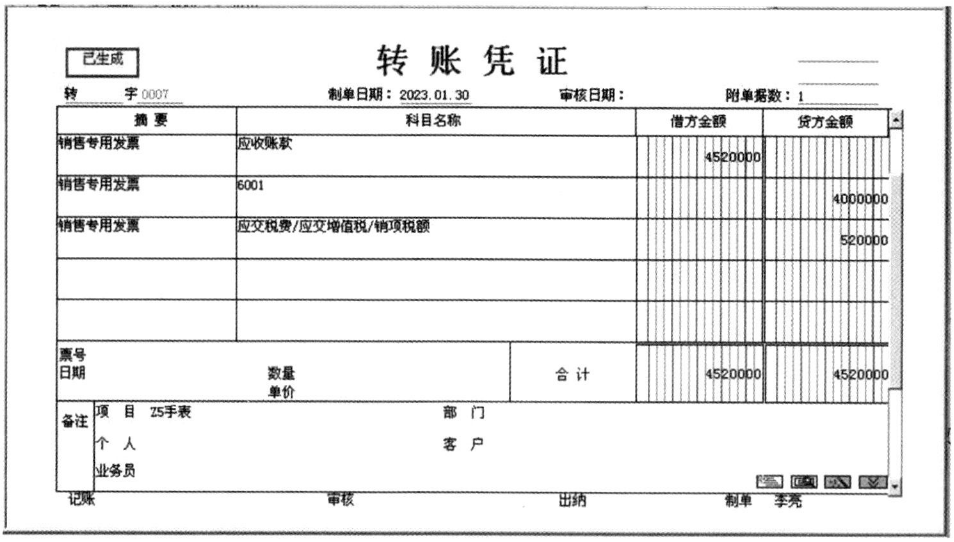

已生成

转 账 凭 证

转 字 0007 制单日期：2023.01.30 审核日期： 附单据数：1

摘要	科目名称	借方金额	贷方金额
销售专用发票	应收账款	4520000	
销售专用发票	6001		4000000
销售专用发票	应交税费/应交增值税/销项税额		520000
票号 日期	数量 单价 合计	4520000	4520000

备注 项目 Z5手表 部门

个人 客户

业务员

记账 审核 出纳 制单 李亮

图 8.26 生成转账凭证

点击“确定”按钮进入“选择收款——单据”窗口，双击系统自动根据单据日期和到期日计算本次折扣和收款金额，点击“确认”按钮，弹出“选择收款——收款单”，选择结算方式为转账支票，点击“确定”按钮退出。

在“财务会计”—“应收款管理”—“制单处理”，双击打开“制单查询”窗口，勾选“收付款单制单”复选框。

点击“确定”按钮，进入“制单”窗口，选中单据号为“0000000004”的收款单。

点击左上角“制单”按钮，修改“凭证类别”为收款凭证，保存凭证，如图 8.27 所示。

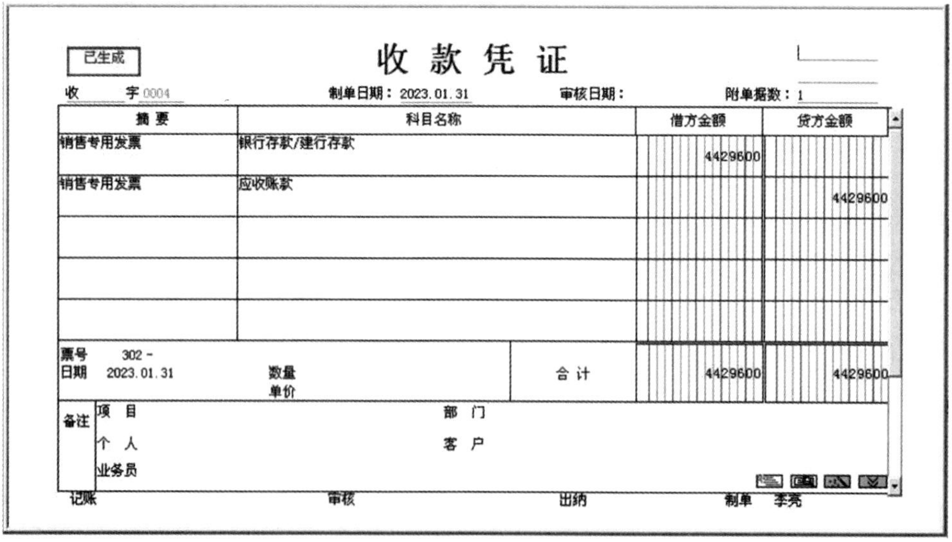

已生成

收 款 凭 证

收 字 0004 制单日期：2023.01.31 审核日期： 附单据数：1

摘要	科目名称	借方金额	贷方金额
销售专用发票	银行存款/建行存款	4429600	
销售专用发票	应收账款		4429600
票号 302 - 日期 2023.01.31	数量 单价 合计	4429600	4429600

备注 项目 部门

个人 客户

业务员

记账 审核 出纳 制单 李亮

图 8.27 生成收款凭证

在“财务会计”—“应收款管理”—“制单处理”，双击打开“制单查询”窗口，勾选“核销制单”复选框。

点击"确定"按钮,弹出"制单"窗口,双击选中收到 2023 年 1 月 31 日沈阳恒昌贸易公司 45 200.00 元的这笔款项(注:原金额为 45 200.00 元,因享受现金折扣 904.00 元,所以实际收到 44 296.00 元,但核销是按全额显示,实际收到 44 296.00 元已生成收款凭证)。

点击左上角"制单"按钮,修改"凭证类别"为转账凭证,保存凭证,如图 8.28 所示。

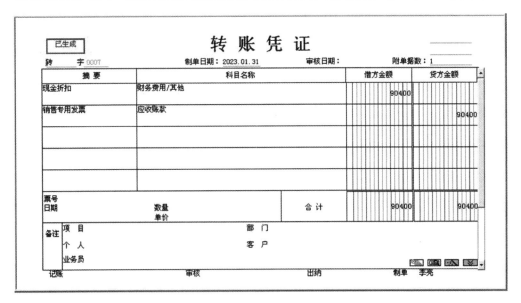

图 8.28　生成转账凭证

3. 供应链期末业务

1)存货盘亏业务处理

2023 年 1 月 31 日,明昌科技有限公司进行存货清查,盘亏 S7 手环 10 个,经查盘亏的手环系宋嘉不慎丢失,应由其赔偿。

期末业务:
盘亏

操作步骤:以账套主管"006 李亮"的身份登录"企业应用平台",登录时间为 2023 年 1 月 31 日。在"业务工作"下选择"供应链"—"库存管理"—"盘点业务",双击打开"盘点单"窗口,点击左上角"增加"按钮,调出新"盘点单",选择盘点仓库为"A 仓库"。

点击上方"盘库"按钮,系统提示"盘库将删除未保存的所有记录,是否继续?"

点击"是"按钮,系统弹出"盘点处理"窗口。

点击"确认"按钮进入盘点单,录入 S7 手环的盘点数量为 190 个,比账面数少 10 个,点击"保存"按钮后点击"审核"按钮,如图 8.29 所示。

2)结转销售成本

2023 年 1 月 31 日,结转所有销售成本。

期末业务:结转
销售成本

操作步骤:以账套主管"006 李亮"的身份登录"企业应用平台",登录时间为 2023 年 1 月 31 日,结转销售成本前审核出、入库单。在"供应链"—"库存管理"—"入库业务"—"采购入库单",双击打开"采购入库单"窗口。点击"→"按钮调出采购入库单,点击"审核"按钮进行审核。

在"供应链"—"库存管理"—"出库业务"—"销售出库单",双击打开"销售出库单"窗口。

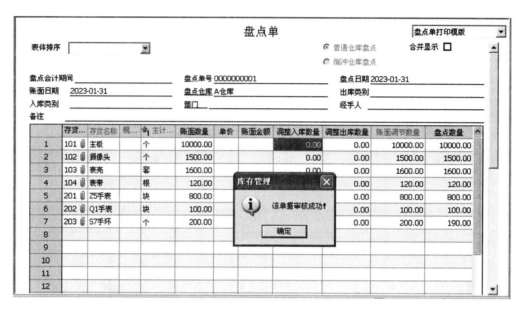

图 8.29　单据审核

点击"→"按钮调出销售出库单,点击"审核"按钮逐张检查,发现未审核的进行审核。

在"业务工作"下选择"供应链"—"库存管理"—"出库业务"—"其他出库单",双击"其他出库单",点击"→"按钮调出其他出库单,逐张检查,发现未审核的进行审核。

在"业务工作"下选择"供应链"—"存货核算"—"业务核算"—"正常单据记账",双击"正常单据记账",打开"查询条件选择"窗口。

点击"确定"按钮,显示"未记账单据一览表",点击"全选"按钮选中所有单据,点击"记账"按钮显示"记账成功"。

在"业务工作"下选择"供应链"—"存货核算"—"业务核算"—"期末处理",双击打开"期末处理-1 月"窗口。

点击对话框左边的"处理"按钮,系统弹出"仓库平均单价计算表",如图 8.30 所示。

部门编码	部门名称	仓库编码	仓库名称	存货编码	存货名称	存货代码	存货规格	存货单位	期初数量	期初金额	入库数量	入库金额	有金额出库数量
		1	A仓库	203	S7手环			块	200.00	50,000.00	0.00	0.00	
小计													

图 8.30　仓库平均单价计算表

点击"确定"按钮,系统弹出"期末处理完毕!"

在"业务工作"下选择"供应链"—"存货核算"—"财务核算"—"生成凭证",双击打开"生成凭证"窗口,点击上方"选择"按钮,弹出"查询条件"窗口。全选后点击"确定"按钮,弹出"选择单据"窗口。勾选"已结算采购入库单自动选择全部结算单上单据(包括入库单、发票、付款单),非本月采购入库单按蓝字报销单制单"复选框,点击"全选"选中所有单据,如图 8.31 所示。

点击"确定"按钮,弹出"生成凭证"窗口,修改凭证类别为"转账凭证",录入缺失的科目。

点击"合成"按钮生成凭证并保存,如图 8.32 所示。

图8.31 选择单据

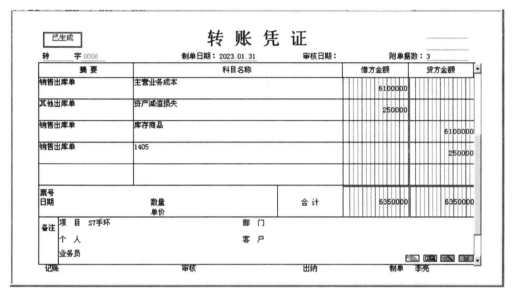

图8.32 生成转账凭证

3)计提坏账准备

2023年1月31日,根据应收账款余额计提坏账准备。

操作步骤:以账套主管"006李亮"的身份登录"企业应用平台",登录时间为2023年1月31日。在"业务工作"下选择"财务会计"—"应收款管理"—"坏账处理"—"计提坏账准备",双击"计提坏账准备"按钮,打开"应收账款百分比法"窗口,如图8.33所示。

期末业务:计提坏账准备

应收账款总额	计提比率	坏账准备	坏账准备余额	本次计提
56,500.00	0.500%	282.50	24,570.00	-24,287.50

图8.33 应收账款百分比法窗口

点击"确认"按钮,系统弹出"是否立即制单"提示框。

点击"是",系统自动生成凭证,选择凭证类别为"转账凭证"并保存,如图8.34所示。

供应链系统生成的凭证,最终会传递到总账系统,由总账系统对凭证进行审核和记账,如图8.35所示,审核和记账的具体操作此处不再赘述。

4)供应链月末处理

操作步骤:以账套主管"006李亮"的身份登录"企业应用平台",登录时间为2023年1月31日。

①"销售管理"系统月末处理。

在"业务工作"下选择"供应链"—"销售管理"—"月末结账",双击打开"月

期末业务:月末处理

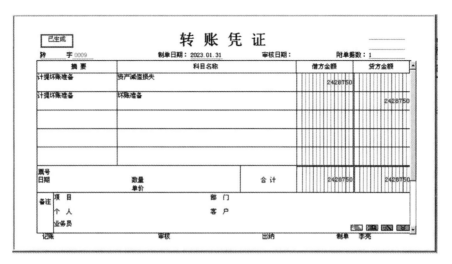

图 8.34　生成转账凭证

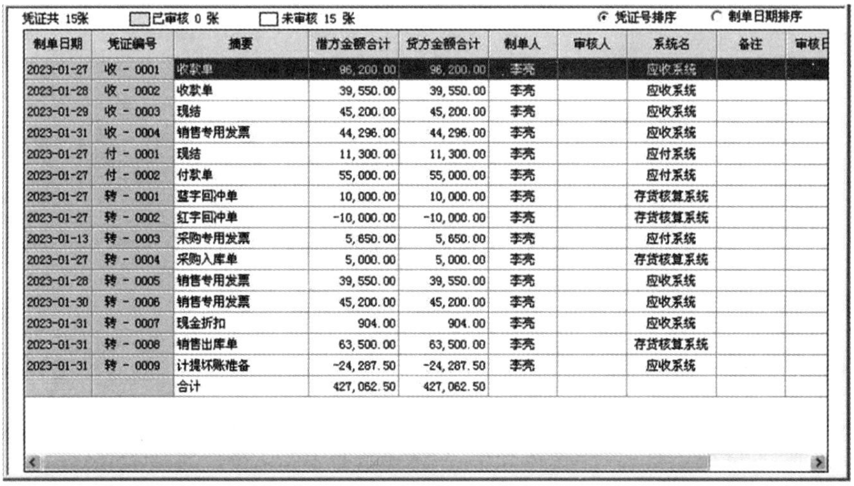

图 8.35　供应链系统生成的凭证

末结账"窗口。选择结账月份为 2023 年 1 月,点击"结账"按钮,系统弹出"是否关闭订单?"的信息提示框。点击"否",系统开始结账,结账完成后"是否结账"栏显示"是"字样,表示销售管理系统 2023 年 1 月结账成功。

②"采购管理"系统月末处理。

在"业务工作"下选择"供应链"—"采购管理"—"月末结账",双击打开"月末结账"窗口。选择结账月份为 2023 年 1 月,点击"结账"按钮,系统弹出"是否关闭订单?"的信息提示框。点击"否",系统开始结账,结账完成后"是否结账"栏显示"是"字样,表示采购管理系统 2023 年 1 月结账成功。

③"库存管理"系统月末处理。

在"业务工作"下选择"供应链"—"库存管理"—"月末结账",双击打开"月末结账"窗口。选择结账月份为 2023 年 1 月,点击"结账"按钮,系统弹出"库存启用月份结账后将不能修改期初数据,是否继续结账?"的信息提示框。点击"是",系统开始结账,结账完成后"是否结账"栏显示"是"字样,表示库存管理系统 2023 年 1 月结账成功。

④"存货核算"系统月末处理。

"存货核算"系统的月末处理需要在采购管理、销售管理、库存管理系统结账后进行。在"业务工作"下选择"供应链"—"存货核算"—"业务核算"—"月末处理",双击打开"月末处理"窗口。选择结账月份为 2023 年 1 月,点击"结账"按钮,系统弹出"月末结账完成!"的信息提示框。

⑤"应收款管理"系统月末处理。

在"业务工作"下选择"财务会计"—"应收款管理"—"期末处理"—"月末结账",双击打开"月末处理"窗口,在结账月份"一月"处双击打上结账标志"Y"。点击"下一步",系统显示各处理类型的处理情况,在处理情况都为"是"的情况下,点击"完成"按钮,系统弹出"1 月份结账成功"信息提示框。

⑥"应付款管理"系统月末处理。

在"业务工作"下选择"财务会计"—"应付款管理"—"期末处理"—"月末结账",双击打开"月末处理"窗口,在结账月份"一月"处双击打上结账标志"Y"。点击"下一步",系统显示各处理类型的处理情况,在处理情况都为"是"的情况下,点击"完成"按钮,系统弹出"1 月份结账成功"信息提示框。

附录 财务业务一体化综合实验

一、企业基本情况

武汉华源医疗器械有限公司(以下简称华源公司)是一家专门从事医疗器械研发、生产、销售的企业,开户银行为中国建设银行武汉支行(账号:050591200018920),公司为一般纳税人。2022年年底公司选购了用友 U8 V10.1 总账、固定资产管理、薪资管理、应收款管理、应付款管理、销售管理、采购管理、存货核算、库存管理和 UFO 报表系统,并于 2023 年 1 月正式投入使用。

二、初始化资料

(一)基础信息

1. 账套信息

账套号:01。公司全称:武汉华源医疗器械有限公司。单位简称:华源公司。启用日期:2023 年 1 月。记账本位币:人民币。企业类型:工业。行业性质:2007 年新会计制度科目。账套主管:孙红。按行业性质预置会计科目。客户和供应商分类,编码级次:22。企业有外币核算。部门编码级次:2。会计科目编码级次:4222。小数位均为 2。

2. 用户及其权限

用户及其权限如附表 1 所示。

附表 1 用户及其权限

编码	人员姓名	口令	职务	权限
001	孙红	01	总经理	账套的全部权限
002	赵双双	02	财务经理	公共单据、公用目录设置、总账(审核凭证、恢复记账前状态)的所有权限
003	李丽	03	会计	总账(除审核凭证和恢复记账前状态外)、固定资产、应收款管理、应付款管理、存货核算的所有权限
004	李波	04	出纳	总账系统中出纳签字及出纳的所有权限
005	刘磊	05	销售员	公共单据、公用目录设置、应收款管理、销售管理的所有权限

续表

编码	人员姓名	口令	职务	权限
006	周明	06	采购员	公共单据、公用目录设置、应付款管理、采购管理的所有权限
007	郭强兴	07	库管员	库存管理的所有权限
008	刘雯	08	人事经理	公共单据、公用目录设置、薪资管理的所有权限

3. 基础档案

1)部门档案

部门档案如附表2所示。

附表2 部门档案

部门编码	部门名称
01	总经理办公室
02	财务部
03	采购部
04	销售部
05	仓储部
06	人事部

2)人员类别

本公司正式员工分为企业管理人员、财务人员、销售人员和采购人员。

3)人员档案

人员档案如附表3所示。

附表3 人员档案

人员编码	人员姓名	性别	人员类别	所属部门	是否为业务员	银行账号
001	孙红	女	企业管理人员	总经理办公室	是	2023001001
002	赵双双	女	企业管理人员	财务部	是	2023001002
003	李丽	女	财务人员	财务部	是	2023001003
004	李波	男	财务人员	财务部	是	2023001004
005	刘磊	男	销售人员	销售部	是	2023001005
006	周明	男	采购人员	采购部	是	2023001006
007	郭强兴	男	企业管理人员	仓储部	是	2023001007
008	刘雯	女	企业管理人员	人事部	是	2023001008

4）客户与供应商分类

01：北方地区。02：南方地区。

5）客户档案

客户档案明细如附表4所示。

附表4 客户档案

客户编码	客户名称	客户简称	所属分类	税号	开户银行	银行账号
01	北京远程公司	北京远程	01	22010058875321	建设银行北京支行	54230087
02	山西福润公司	山西福润	01	11028003765210	建设银行山西支行	65479901
03	深圳光华公司	深圳光华	02	44032299547321	建设银行深圳支行	89774310
04	武汉瑞达公司	武汉瑞达	02	55060021789403	建设银行武汉支行	90682165

6）供应商档案

供应商档案明细如附表5所示。

附表5 供应商档案

供应商编码	供应商名称	供应商简称	所属分类	税号	开户银行	银行账号
01	陕西万明公司	陕西万明	01	21010968835520	建设银行陕西支行	23810921
02	郑州杰达公司	郑州杰达	01	19027665432010	建设银行郑州支行	67121782
03	上海光明公司	上海光明	02	43056190811203	建设银行上海支行	21008542

7）结算方式

结算方式明细如附表6所示。

附表6 结算方式

结算方式编码	结算方式名称	票据管理
1	现金结算	否
2	支票结算	是
201	现金支票	是
202	转账支票	是

8）开户银行

开户银行如附表7所示。

附表7 开户银行

编码	银行账号	币种	开户银行	所属银行编码
0201	050591200018920	人民币	中国建设银行武汉支行	02-中国建设银行

9)存货分类

存货分类如附表8所示。

附表8 存货分类

存货分类编码	存货分类名称
01	原材料
02	产成品
03	配件
04	应税劳务

10)计量单位

计量单位明细如附表9所示。

附表9 计量单位

计量单位编码	计量单位名称	所属计量单位组
01	吨	无换算单位
02	台	无换算单位
03	件	无换算单位
04	千米	无换算单位

11)存货档案

存货档案明细如附表10所示。

附表10 存货档案

存货编码	存货名称	所属类别	主计量单位	税率/(%)	存货属性
01	材料A	01	吨	13	外购、内销、生产耗用
02	材料B	01	吨	13	外购、内销、生产耗用
03	甲产品	02	台	13	外购、内销
04	乙产品	02	台	13	外购、内销
05	包装物	03	件	13	外购、内销、生产耗用
06	运输费	04	千米	9	应税劳务

12)凭证类别

凭证类别如附表11所示。

附表11 凭证类别

类别字	凭证类别	限制类型	限制科目
收	收款凭证	借方必有	1001,100201,100202

续表

类别字	凭证类别	限制类型	限制科目
付	付款凭证	贷方必有	1001,100201,100202
转	转账凭证	凭证必无	1001,100201,100202

13) 会计科目

指定现金为现金总账科目,银行存款为银行总账科目。会计科目明细如附表12所示。

附表12 会计科目

科目编码	科目名称	辅助账类型
1001	库存现金	日记账
100201	建行存款	日记账、银行账
100202	工行存款	外币核算、日记账、银行账
1121	应收票据	客户往来
1122	应收账款	客户往来
122101	职工借款	个人往来
140301	材料A	数量核算
140302	材料B	数量核算
1405	库存商品	项目核算
190101	待处理非流动资产损溢	
2201	应付票据	供应商往来
2202	应付账款	供应商往来
221101	工资	
221102	工会经费	
222101	应交增值税	
22210101	进项税额	
22210102	销项税额	
222102	应交所得税	
500101	直接材料	项目核算
500102	直接人工	项目核算
500103	制造费用	项目核算
660101	折旧费	部门核算
660201	工资	部门核算
660202	福利费	部门核算
660203	办公费	部门核算

续表

科目编码	科目名称	辅助账类型
660204	差旅费	部门核算
660205	招待费	部门核算
660206	折旧费	部门核算
660207	其他	部门核算

14）项目目录

项目目录明细如附表13所示。

附表13　项目目录

项目设置	设置内容
项目大类	生产成本
核算科目	生产成本(5001) 直接材料(500101) 直接人工(500102) 制造费用(500103)
项目分类	1:自行开发产品 2:委托开发产品
项目名称	101:甲产品 102:乙产品

15）仓库档案

仓库档案明细如附表14所示。

附表14　仓库档案

仓库编码	仓库名称	计价方式
01	原材料库	移动平均法
02	产成品库	移动平均法
03	配件库	先进先出法

16）收发类别

收发类别明细如附表15所示。

附表15　收发类别

类别编码	类别名称	收发标志	类别编码	类别名称	收发标志
1	入库	收	2	出库	发
101	采购入库	收	201	销售出库	发

续表

类别编码	类别名称	收发标志	类别编码	类别名称	收发标志
102	产成品入库	收	202	领料出库	发
103	盘盈入库	收	203	盘亏出库	发
104	其他入库	收	204	其他出库	发

17)采购类型

采购类型明细如附表16所示。

附表16 采购类型

采购类型编码	采购类型名称	入库类别	是否默认值
01	普通采购	采购入库	是

18)销售类型

销售类型明细如附表17所示。

附表17 销售类型

销售类型编码	销售类型名称	出库类别	是否默认值
01	普通销售	销售出库	是

(二)总账系统期初设置

1. 选项

制单序时控制;不允许修改、作废他人填制的凭证;现金流量必录现金流量项目;数量小数位和单价小数位设置为两位。

2. 期初余额

公司期初余额如附表18所示。

附表18 期初余额

科目名称	辅助账明细	方向	期初余额
库存现金		借	40 000
建行存款		借	60 000
工行存款		借	20 000
应收账款	日期:2022年12月20日。客户:深圳光华。摘要:销售商品。方向:借。金额:67 800	借	67 800
职工借款	日期:2022年11月25日。部门:采购部。员工:周明。摘要:出差借款。方向:借。金额:16 800	借	16 800
材料A		借	45 000
材料B		借	80 000

续表

科目名称	辅助账明细	方向	期初余额
库存商品		借	512 000
固定资产		借	1 007 500
累计折旧		贷	242 000
短期借款		贷	600 000
应付账款	日期:2022年12月15日。供应商:郑州杰达。摘要:购货款。方向:贷。金额:47 100	贷	47 100
实收资本		贷	1 000 000
直接材料	甲产品:10 000。乙产品:12 000	借	22 000
直接人工	甲产品:8 000。乙产品:10 000	借	18 000

(三)薪资管理系统期初设置

1. 工资类别
公司采用单个工资类别;从工资中代扣个人所得税;不进行扣零处理;其他参数默认。

2. 人员类别设置
公司人员类别分为四类,分别是企业管理人员、财务人员、销售人员和采购人员。

3. 工资项目设置
工资项目设置明细如附表19所示。

附表19 工资项目设置

项目名称	类型	长度	小数位数	增减项
基本工资	数字	8	2	增项
岗位工资	数字	8	2	增项
交通补贴	数字	8	2	增项
应发合计	数字	10	2	增项
请假天数	数字	8	2	其他
请假扣款	数字	8	2	减项
医疗保险	数字	8	2	减项
代扣税	数字	10	2	减项
扣款合计	数字	10	2	减项
实发合计	数字	10	2	增项

4. 公式设置
公式设置如附表20所示。

附表20 公式设置

工资项目	定义公式
请假扣款	请假天数×50
医疗保险	(基本工资+岗位工资)×0.05
交通补贴	Iff(人员类别="销售人员"or 人员类别="采购人员",500,200)

(四)固定资产期初设置

1. 账套参数

账套参数如附表21所示。

附表21 账套参数

账套参数	参数设置
启用月份	2023.01
折旧信息	本账套计提折旧。 折旧方法:平均年限法(一)。 当月初已计提月份=可使用月份-1时,将剩余折旧全部提足
编码方式	资产类别编码方式:2-1-1-2。 固定资产编码方式:按"类别编号+部门编号+序号"自动编码;卡片序号长度为3
账务接口	与账务系统进行对账。 对账科目: 　固定资产对账科目:1601 固定资产。 　累计折旧对账科目:1602 累计折旧
补充参数	月末结账前一定要完成制单登账业务。 固定资产缺省入账科目:1601。累计折旧缺省入账科目:1602。 对账不平的情况不允许月末结账

2. 资产类别

资产类别如附表22所示。

附表22 资产类别

编码	类别名称	净残值率	计提属性
01	房屋及建筑物	5%	正常计提
02	交通运输设备	5%	正常计提
03	电子设备	0	正常计提

3. 部门及对应折旧科目

部门及对应折旧科目如附表23所示。

附表 23　部门及对应折旧科目

部门	对应折旧科目
总经理办公室	管理费用/折旧费
财务部	管理费用/折旧费
采购部	管理费用/折旧费
销售部	销售费用/折旧费
仓储部	管理费用/折旧费
人事部	管理费用/折旧费

4. 增减方式的对应入账科目

增减方式如附表 24 所示。

附表 24　增减方式

增加方式	对应入账科目	减少方式	对应入账科目
直接购买	银行存款/建行存款(100201)	出售	固定资产清理(1606)
盘盈	以前年度损益调整(6901)	盘亏	待处理财产损溢/待处理非流动资产损溢(190101)

5. 原始卡片

固定资产原始卡片如附表 25 所示。

附表 25　固定资产原始卡片

固定资产名称	类别编号	使用部门	增加方式	可使用年限	开始使用日期	原值	已提折旧	净残值率
办公楼	01	总经理办公室	直接购入	20	2019-01-01	500 000	95 000	5%
小轿车	02	总经理办公室	直接购入	10	2020-01-01	300 000	85 500	5%
小客车	02	销售部	直接购入	10	2020-01-01	200 000	57 000	5%
电脑	03	财务部	直接购入	5	2020-01-01	7 500	4 500	0

(五)应收款管理系统期初设置

1. 账套参数

应收款核销方式:按单据。坏账处理方式:应收余额百分比法。其他参数为系统默认。

2. 基本科目设置

基本科目如附表 26 所示。

附表26　基本科目

基本科目	对应科目
应收科目	应收账款(1122)
销售收入科目	主营业务收入(6001)
税金科目	应交税费/应交增值税/销项税额(22210102)
销售退回科目	主营业务收入(6001)

3. 结算方式科目设置

现金结算对应科目:库存现金(1001)。现金支票、转账支票结算对应科目:银行存款/建行存款(100201)。

4. 坏账准备设置

提取比例:0.2%。坏账准备期初余额:0。坏账准备科目:坏账准备(1231)。对方科目:资产减值损失(6701)。

5. 期初数据

应收账款期初数据如附表27所示。

附表27　应收账款期初数据

日期	客户	摘要	方向	金额
2022-12-20	深圳光华	销售商品	借	67 800

(六)应付款管理系统期初设置

1. 基本科目设置

基本科目如附表28所示。

附表28　基本科目

基本科目	对应科目
应付科目	应付账款(2202)
采购科目	在途物资(1402)
税金科目	应交税费/应交增值税/进项税额(22210101)

2. 结算方式科目设置

现金结算对应科目:库存现金(1001)。现金支票、转账支票结算对应科目:银行存款/建行存款(100201)。

3. 期初数据

应付账款期初数据如附表29所示。

附表 29 应付账款期初数据

日期	供应商	摘要	方向	金额
2022-12-15	郑州杰达	购货款	贷	47 100

(七)采购管理系统期初设置

1. 参数设置

专用发票默认税率:13%。

2. 期初数据

2022年12月20日,收到陕西万明公司提供的A材料20吨,单价500元,商品验收入原材料库,但至今尚未收到相关发票。

(八)销售管理系统期初设置

1. 参数设置

是否销售生成出库单:是。报价是否含税:否。新增发货单默认:参照订单。新增退货单默认:参照发货。新增发票默认:参照发货。其他参数采用系统默认。

2. 期初数据

2022年11月25日,公司向北京远程公司销售甲产品10台,报价2 000元,由产成品库发货,发货单尚未开票。

(九)库存管理系统期初设置

1. 参数设置

自动带出单价的单据:盘点单。其他参数采用系统默认。

2. 期初数据

各仓库期初库存数如附表30所示。

附表 30 各仓库期初库存数

仓库名称	存货名称	数量	结存单价
原材料库	材料A	100	450
	材料B	200	400
产成品库	甲产品	140	1 500
	乙产品	100	3 000
配件库	包装物	100	20

(十)存货核算系统期初设置

1. 参数设置

暂估方式:月初回冲。销售成本核算方式:销售出库单。其他参数采用系统默认。

2. 存货科目设置

存货科目设置如附表31所示。

附表 31　存货科目设置

存货分类	存货科目
原材料	材料 A(140301)
产成品	库存商品(1405)
配件	库存商品(1405)

3. 存货对方科目设置

存货对方科目设置如附表 32 所示。

附表 32　存货对方科目设置

收发类别	对方科目
采购入库	在途物资(1402)
产成品入库	生产成本/直接材料(500101)
领料出库	生产成本/直接材料(500101)
销售出库	主营业务成本(6401)

4. 期初数据

各仓库期初库存数如附表 30 所示。

三、2023 年 1 月业务处理

1. 日常业务处理

(1)将上月暂估入库的会计分录红字冲回。

(2)1 月 4 日,销售部刘磊出差借款 10 000 元,财务部以现金支付。

(3)1 月 5 日,公司收到投资 5 000 美元,汇率为 1∶7.1531。

(4)1 月 7 日,采购员周明向郑州杰达公司询问材料 B 的价格(400 元/吨),随即向上级主管提出请购要求,请购数量为 50 吨,采购员据此填制请购单。

(5)1 月 8 日,上级主管同意向郑州杰达公司订购材料 B 50 吨,单价为 400 元/吨。

(6)1 月 9 日,公司收到所订购的材料 B 50 吨,填制到货单,并当天将所收到的原材料验收入库,同时收到该批原材料的普通专用发票一张。

(7)1 月 11 日,财务部开出转账支票一张,结清货款。

(8)1 月 12 日,公司收到深圳光华转账支票一张,用以偿还 2022 年 12 月份未结清的货款。

(9)1 月 13 日,武汉瑞达公司欲购买 50 台乙产品,销售部报价为 4 000 元/台,填制并审核报价单。

(10)1 月 14 日,武汉瑞达公司要求订购 50 台乙产品,要求当天发货,填制并审核销售订单。

(11)1 月 14 日,销售部从产成品库向武汉瑞达公司发出 50 台乙产品,同时开出普通专用发票一张,并将发票交给财务部。

(12)1月16日,财务部收到武汉瑞达公司的现金支票一张,用以结清货款。

(13)1月17日,公司为人事部和采购部各买一台电脑,原值为5 000元,预计使用年限为5年,净残值率为5%。

(14)1月20日,公司偿还前期所欠郑州杰达公司47 100元,以建行存款支付。

(15)1月25日,公司对原材料库进行盘点,发现多出材料A 10吨。

(16)1月公司员工薪资数据如附表33所示。

附表33　2023年1月薪资数据

人员编码	人员姓名	基本工资	岗位工资	缺勤天数
001	孙红	8 000	2 000	
002	赵双双	7 000	1 500	
003	李丽	5 000	1 000	2
004	李波	5 000	1 000	
005	刘磊	4 500	1 200	1
006	周明	4 500	1 200	
007	郭强兴	5 500	1 500	2
008	刘雯	5 500	1 500	

(17)按薪资总额的2%计提工会经费。

(18)1月31日,公司对各部门固定资产计提折旧。

2.期末业务处理

(1)期间损益结转。

(2)计算并结转本月应缴纳的所得税。

(3)采购管理、销售管理、库存管理、存货核算、应收款管理、应付款管理、薪资管理、固定资产管理和总账系统月末结账。

(4)编制2023年1月份的资产负债表和利润表。

四、2023年2月业务处理

1.日常业务处理

(1)2月1日,人事部刘雯购买1 000元办公用品,以现金支付。

(2)2月10日,销售部刘磊出差归来,报销差旅费8 000元。

(3)2月12日,采购员周明向陕西万明公司询问材料B的价格(400元/吨),随即向上级主管提出请购要求,请购数量为50吨,采购员据此填制请购单。

(4)2月13日,上级主管同意向陕西万明公司订购材料B 50吨,单价为400元/吨。

(5)2月15日,公司收到所订购的材料B 50吨,填制到货单,并当天将所收到的原材料验收入库,同时收到该批原材料的普通专用发票一张。

(6)2月20日,财务部开出转账支票一张,结清货款。

(7)2月21日,销售部上月出售给武汉瑞达公司的乙产品因质量问题,退回2台,收回产成品库,同时开具红字专用发票一张。

(8)2月23日,收到武汉瑞达公司交来的转账支票一张,用以结清退货款。

(9)2月公司员工薪资数据如附表34所示。

附表34　2023年2月薪资数据

人员编码	人员姓名	基本工资	岗位工资	缺勤天数
001	孙红	8 000	2 000	
002	赵双双	7 000	1 500	1
003	李丽	5 000	1 000	
004	李波	5 000	1 000	2
005	刘磊	4 500	1 200	
006	周明	4 500	1 200	
007	郭强兴	5 500	1 500	
008	刘雯	5 500	1 500	

(10)按薪资总额的2%计提工会经费。

(11)2月28日,公司对各部门固定资产计提折旧。

2. 期末业务处理

(1)期间损益结转。

(2)计算并结转本月应缴纳的所得税。

(3)采购管理、销售管理、库存管理、存货核算、应收款管理、应付款管理、薪资管理、固定资产管理和总账系统月末结账。

(4)编制2023年2月份的资产负债表和利润表。

参 考 文 献

[1] 王新玲,汪刚.会计信息系统实验教程(用友 ERP-U8.72)[M].3 版.北京:清华大学出版社,2018.

[2] 张华英,徐庆林,许多.会计信息化教程——用友 ERP-U8 V10.1 版[M].长沙:湖南大学出版社,2022.

[3] 王珠强,王海生.会计信息化——用友 ERP-U8 V10.1 版[M].3 版.北京:人民邮电出版社,2021.

[4] 张瑞君,殷建红,蒋砚章.会计信息系统(第 9 版·立体化数字教材版)——基于用友新道 U8+V15.0[M].北京:中国人民大学出版社,2021.

[5] 汪刚,王新玲.会计信息化实用教程——畅捷通 T3(V10.8.3 新税制 微课版)[M].北京:清华大学出版社,2021.

[6] 宋红尔.会计信息系统应用——基于业财融合(用友 ERP-U8 V10.1 版)[M].大连:东北财经大学出版社,2020.

[7] 刘春玉.会计信息系统[M].北京:经济科学出版社,2019.

[8] 王新玲.用友 U8(V10.1)会计信息化应用教程[M].北京:人民邮电出版社,2016.

[9] 周丽.会计电算化[M].北京:中国财政经济出版社,2016.